吴大学书局

李長之著

司馬遷之人格與風格

里仁書局印行

自序

在最近接到葉聖陶先生的覆信，知道開明書店有著肯收印這部稿子的好意以後，我重把全稿校改了一遍，並把去年五月二十九日（全稿寫成的日子）初寫的序文以及今年八月三十日重寫的序文都割棄了。現在願意報告給讀者的是：本書蓄意要寫，是二十七年的秋天的事；在這年的夏天，我由昆明到重慶，由重慶到成都，在路上纔對史記有著整個的接觸，直到在成都住定下來，纔把意見整理了一下，又對全書作了一個自己行文時需要的索引，可是沒有動筆。不久又到重慶去了，經過了三年，首先寫出的只是司馬遷在文學批評上之貢獻一文，日子是三十年四月九日，原因是這時擔任著中央大學的中國文學批評史課程，所以先把這方面的意見寫成了，現在收入本書的第九章第三節。後來又因為在中央大學講中國小說史，便常想把史記之史詩性底優良寫出，但老沒有實現，只是同時卻重新有著要把全書寫出的衝動了。又過了三年，這衝動到了三十三年的春天，是再也不能遏止了，便一氣寫了二、三、四、五、六各章，第一章的附錄司馬遷生年為建元六年辨則是這一組的文字中最早的一篇，日子是三月五日，第六章最遲，日子是八月十六日，還有第七章第十一節司馬遷之民間精神也在這期間寫出，日子是三月二十七日，一共差不多費了半年的功夫，書寫成了小半（司馬遷的生活方面是告一段落了），而第一章的正文仍空著；第一章因爲是對司馬遷的時代之整個把握，我不敢輕易寫，也曾寫出一部分，又爲一個無知的妄人撕掉，興致也就索然。（我頂痛恨一個人打斷我的工作！）關於司馬遷之思想和藝術方面，則懷著畏難更大。接著我健康上和心情上最惡劣的時候來了，我很少寫東西，教書生活也放棄了，我離開了住久了的沙坪壩，遷到北碚，北碚自然是鳥語花香的地方，可是與我似乎沒有什末相關，日本投降雖給我了一時的興奮，也苦爲時極暫。——三十四年是這樣空白地過去了。到了三十五年的春天，我隻身飛到了南京，心情和健康都慢慢好轉，頭兩個月在忙我的翻譯康德判斷力批判的工作，到了四月，我決計推開一切，全力寫司馬遷，首先把第一章補寫起來了，十分高興，果然寫得很順利，到了五月底，就又把思想和藝術的方面也完成了，結論也寫出了，兩月的功夫得了十二萬字，在我自己是最得意的記錄，而全書告成了！南京不是我怎末喜愛的地方，可是回想起寫作時面對著的雞鳴寺以及玄武湖上的風光，卻也戀戀！

有人問我寫作時的參考書怎麼樣？我很慚愧，老實說，一點兒也不博！有人有著史記會註考證，可是鎖在箱子裏，不借給人看。學校裏有一部，可是被一位去職的先生拿走了十分之六，我有什末辦法？我在寫完司馬遷以後的四個月到了北平，多少買了點書，關於史記的也有十幾種，史記會註考證即在其中。但仔細看下去，這些書也似乎沒有什末可以改動我的全文的地方。我只好解嘲地說：阿Q不是會唱「手拿鋼鞭將你打」，也不曾有人教麼？我也有「無師自通」的地方呵！況且，我認爲，史料不可貴，可貴是在史料中所看出的意義，因此，歷史不該只在求廣，而且在求深！近人動輒以參考書多少爲計較，我便不太重視了。自然，我有叨惠於前人的地方，書中多已隨文註明。現在我只想特別提出，給我啓發最多的是姚祖恩（史記菁華錄的著者，只有最近朱佩弦和葉聖陶兩先生在所編的略讀指導舉隅中纔爲他說了幾句公道話，我在論及屈原賈生列傳或魏其武安侯列傳時得到他的提示之益尤大）和張裕釗（我所說的奇兵律，即由他之批平準書而得），他們對於史記的貢獻，我想以後作史記研究書目提要時再爲表彰吧。同時，我卻也可以坦白地承認，我們比以前人占便宜處，是我們懂得了體系化，但他們的功勞究竟是值得感謝的。

又有人見我分別發表了的本書的幾章時，曾問我：是不是在大學裏正開「史記研究」的課？我也只有笑了。第一是，現在的大學裏就是有「史記研究」的課，也不許我這樣講法，他們要的是板本，是訓詁，是甲說乙說，而自己不說，甚而有的人只以點點「句讀」爲事，充其量不過搖頭擺尾地講講「義法」，如此而已。我們這樣講法，卻是「無本之學」，是不登「大雅之堂」的。哪裏可以在大學裏講？第二是，我寫一部東西，很少是基於外在的動機，卻往往基於自己的一點創作慾求。在我創作衝動不強烈時，我不能寫；在我醞釀不成熟時，我不能寫；在我沒感到和自己的生命有著共鳴時，我也根本不能選擇了作爲我寫作的對象。——我管什末大學裏有沒有這門課？

在我寫作時的確經過了些艱辛，可是寫完了，校完了，也覺得仍是十分空虛，彷彿有一種莫名其妙地若有所失之感似的。只是在初寫時，最不滿意的是關於李陵案的一章，誰知在重校時，我卻爲這一章哭了，淚水一直模糊著我的眼。那一天是中秋的上午，我自己也覺得好笑。自己看自己的作品原不足爲憑，有時希望太切，就容易格外不滿，又有時不免溺愛，也就有些過分的寬容。總之，寫過的東西，頗有些像瘡痕，非不得已是不大願意再去揭開的。——是非還是訴諸讀者吧！

本書的書名，原想叫抒情詩人司馬遷及其悲劇，這是因爲初意只在傳記，而傳記的中心是在李陵案。後來因爲論史記各篇著作先後的一文寫得太長，想改爲司馬遷和史記，以表示「人」與「作品」並重。但以後寫風格的分析時是占了更大的比重了，所以終於定名爲司馬遷之人格與風格，人格與風格也有一個共同中心，那就是「浪漫的自然主義」。本也想把這個形容詞加在書名上，可是那就更累贅了，而且不如現在這樣有點含蓄，雖然我是不慣於，也不肯，要什末含蓄的。

去年十月五號到北平，現在恰恰一年了。校完了這稿子，在感到這稿子本身空虛之外，纔覺得來了北平還沒做什末事之愧恥，是更有些悵悵然了。

想到最初寫此稿時，我的朋友蔚初所給的鼓勵之大，這鼓勵令我永不能忘卻，現在遠隔萬里，就謹以此書作爲紀念，祝她康樂，祝她勤奮地寫作吧。葉聖陶先生和開明書店的好意，也一併謝謝！

三十六年十月三日，夜深人靜，皓月當空，長之記於北平廣濟寺

目次

第三章　司馬遷和孔子

第一章　司馬遷及其時代精神

一　偉大的時代

我們常聽人講「唐詩、晉字、漢文章」，這就是說每一個時代各有它的特別卓絕的藝術的。假若藝術活動乃是人類精神活動的頂點的話，這三種藝術也可說都是那每一個時代的各別的精華了。在這每一種精華裏，逢巧都有一個集中地表現了的偉大人物，這就是杜甫、王羲之和司馬遷！

我們當然可以從各方面去看司馬遷，但即單以文章論，他也已是可以不朽了！試想在中國的詩人（廣義的詩人，但也是眞正意義的詩人）中，有誰能像司馬遷那樣有著廣博的學識，深刻的眼光，豐富的經驗，雄偉的氣魄的呢？試問又有誰像司馬遷那樣具有大量的同情，卻又有那樣有力的諷刺，以壓抑的情感的洪流，而使用著最造型底史詩性底筆鋒，出之以唱歎的抒情詩底旋律的呢？在中國的文學史上，再沒有第二人！

司馬遷使中國散文永遠不朽了！司馬遷使以沒有史詩爲遺憾的中國古代文壇依然令人覺得燦爛而可以自傲了！司馬遷使到了他的筆下的人類的活動永遠常新，使到了他的筆下的人類的情感，特別是寂寞和不平，永遠帶有生命，司馬遷使可以和亞歷山大相比的雄才大略的漢武帝也顯得平凡！這樣一個偉大的詩人（眞的，我們只可能稱司馬遷是詩人，而且是抒情詩人！）讓我們首先想到的，乃是他那偉大的時代。

我們說司馬遷的時代偉大，我們的意思是說他那一個時代處處是新鮮豐富而且強有力！奇花異草的種子固然重要，而培養的土壤也太重要了！產生或培養司馬遷的土壤也畢竟不是尋常的。

二　楚文化的勝利

按照我們的考證，司馬遷應該生在公元前一三五年，這就是漢武帝建元六年。（關於這一節的辯論，我們放在這文字的附錄。）這時離漢朝的初立（公元前二〇六年）只有七十多年的光景，一切政治或文化上的規模還沒有十分成爲定型，所以司馬遷也可以說多少還能夠呼吸著「先秦」的學術精神或者氣息的。許多大師的流風餘韻應該對司馬遷並不生疏，而活得較爲老壽的人物像伏生、申公，更幾乎年代和司馬遷相接。伏生是秦博士，申公曾見過漢高祖，這恰是可以傳遞先秦的文化的人，和他們同年輩的人也一定還不在少。——這樣便可以想像司馬遷和先秦的精神之銜接了。

不過我們大可注意的是，漢的文化並不接自周、秦，而是接自楚，還有齊。原來就政治上說，打倒暴秦的是漢；但就文化上說，得到勝利的乃是楚。這一點必須詳加說明，然後纔能瞭解司馬遷的先驅實在是屈原。

不錯，在公元前二九七年，楚懷王被囚於秦而死，但後來過了九十年左右項羽起來反抗秦，依然找到了楚懷王的孫子，立爲「楚懷王」，纔能號召。可見楚的勢力——精神上的勢力——之大了。當時陳涉起事也稱爲張楚，張楚就是張大楚國。楚國愛國的詩人屈原雖然在郢都被破（公元前二七九年）後不久就自殺了，可是從另一方面說，就正是像表現在屈原身上的楚人愛國的情緒似的，推翻了暴秦，報了仇。「楚雖三戶，亡秦必楚。」這句話假若當做一種象徵的意義看，是應驗了！

就精神上看，楚實在是直接繼續秦而統治著的，漢不過是一個執行上的傀儡而已。我們試舉幾件事情看：

第一、語言，漢代承襲著楚的語言。例如當時稱公即是楚語，而司馬遷爲太史令又稱太史公者，也是因楚語而然。（據朱希祖說，見其中國史學通論。）當時有所謂楚聲，可知楚語有很大的勢力。

第二、風俗習慣，有許多是得自楚的。例如中國古代是尚右的，楚人卻尚左，後來中國人也尚左了，這關鍵就在漢。（可參看蔣錫昌老子校詁頁二一一。）在漢時還有所謂楚冠，也很盛行。

第三、楚歌、楚舞，在漢代流行起來。不惟項羽會作那楚詞式的歌，「力拔山兮氣蓋世」；就是漢高祖，也會作楚詞式的歌，「大風起兮雲飛揚」。到了漢高祖看到戚夫人的兒子趙王如意不得立爲太子了，便又對戚夫人說：「爲我楚舞，吾爲若楚歌。」（見史記留侯世家。）

第四、從漆畫的藝術看，漢之承繼楚的文化處尤爲顯著。在許多年前，日本在朝鮮樂浪郡所發現的彩篋塚中的許多漆器，讓我們看到漢代那樣筆勢飛動的人物畫。可是在抗日戰爭發動的頭幾年，我國學者商承祚卻在長沙又發現了楚國漆器，我們在那上面便看到同樣的筆意飛動的人物畫。——那精神是多麼相像！

例子不必再多舉了，楚人的文化實在是漢人精神的骨子。這種文化的特質是什麼呢？假若我們和周代的文化比，那就更容易瞭解。周的文化可說最近於數量的、科學的、理智的、秩序的。具體的例子像按爵位及事情性質不同而用的圭（有大圭、鎮圭、躬圭、桓圭、琬圭、琰圭之別），像按器用不同而有一定比例的合金（考工記所謂「金有六齊」），街道吧，是像詩人所說「周道如砥，其直如矢。」（小雅大東）他們的精神重在凝重典實，那農業社會的精神狀態乃是像詩人所歌詠的農作物似的：「實發實秀，實堅實好。」（大雅生民）這種凝重堅實的文化的最好代表可以看銅器，尤其是鼎。楚文化和這恰可以作一個對照。它是奔放的、飛躍的、輕飄的、流動的，最好的象徵可說就是漆畫了。這兩種文化，也可說一是色彩學的，一是幾何學的。在周文化那裏，彷彿不以規矩不能成方圓；在楚文化這裏，卻是像「青黃雜揉」的大橘林似的，鮮豔奪目。簡單一句話，周文化是古典的，楚文化是浪漫的。就是這種浪漫的文化征服了漢代，而司馬遷是其中的一個代表人物。

至於楚文化何以在漢代有這樣大的勢力，我們似乎也可以看出一些成爲原因的事實來。第一，我們必須注意到楚的實力之大，蘇秦所謂「從合則楚王，衡成則秦帝」，可知惟一能和秦對立的只有楚。第二，我們必須考慮到楚國的民氣之盛，報仇心之切。我們看范增初見項梁時的談話：「陳勝敗固當，夫秦滅六國，楚最無罪，自懷王入秦不返，楚人憐之至今。故楚南公曰：『楚雖三戶，亡秦必楚也。』今陳勝首事，不立楚後而自立，其勢不長。今君起江東，楚蠭起之將皆爭附君者，以君世世楚將，爲能立楚後也。」項梁聽了他的話，纔把楚懷王的孫子——一個牧羊兒——找了來，又立爲懷王，以爲號召。可見楚的潛勢力了。第三，我們不要忽略楚國占地之廣。自從兩次遷都後，已經擴張到了現在江蘇的北部，在某一種意義上說，劉邦一般人已經是楚人，不要說項羽了。第四，在漢高祖九年（公元前一九八）曾把楚的貴族昭、屈、景、懷遷入關中。這一方面固見出楚的勢力仍不可侮，另一方面卻也見出這是楚文化之直接對漢代的傳遞。大凡一個時代的文化，往往有一個最顯著的共同特點，這就是時代精神。漢代——特別是西漢的時代精神，就是浪漫情調，而楚文化者恰與這切合，自然爲人所熱烈吸取了。

假若再問何以楚國產生的文化是那樣的？我們可以說經濟力的膨脹乃是一個大因素。我們試看春申君客人的豪奢吧！「趙平原君使人於春申君，春申君舍之於上舍。趙使欲夸楚，爲瑇瑁簪，刀劍室，以珠玉飾之，請命春申君客。春申君客三千餘人，其上客皆躡珠履，以見趙使，趙使大慙。」（史記春申君列傳）再看招魂、大招裏的鋪陳，那生活的豪華富貴更不難想像。在這樣的經濟條件之下所產生的文化一定是浪漫的，正如在農村的勤苦生活之下所產生的文化一定是古典的。我們用這同樣的原因不唯可說明楚，而且可說明齊，又可說明一部分的秦，更可說明漢代文化的本身。

三　齊學

齊也是一個在經濟上富裕的地方，它所發展的文化，也和楚十分相似，便又同樣爲漢所吸收。我們試看齊、楚兩國人同樣善於想像，齊人鄒衍有海外九州之說，楚人屈原也有「九州安錯？川谷何洿？」之問，這都是「閎大不經」，而且「迂怪」的，此其一。齊人喜歡講「隱」（如淳于髡用「三年不飛不鳴的鳥」來諫齊威王，齊客用「海大魚」來諫靖郭君），楚人也喜歡講「隱」（如伍舉也曾用三年不飛不鳴的鳥來諫楚莊王），此其二。齊國最發達的是兵家，戰國時的兵家幾乎全是齊人，如司馬穰苴、孫吳、孫臏，一直到蒙恬，都可以爲例。他們兵家所最愛講的是術，是知白守黑，是人先我後（因爲誰先作戰，誰就有被第三者看穿了實力的危險），而楚國的哲學卻就從兵家一轉而爲形上學，這就是後來的老子，此其三。

在這些和楚國文化相似之點上，卻也正是浪漫精神的寄託。閎大不經，不用說是浪漫精神，因爲那其中含有想像力的馳騁，無限的追求故。隱語也是浪漫精神的一端，因爲這正是一種曲折，正是追求質實的古典精神的反面。至於兵家，兵家是所謂出奇制勝的，「奇」又恰是浪漫精神之最露骨的表現。

因為齊、楚文化有這樣的接近，所以楚國的正統文人如屈原輩也往往是親齊派。屈原本人就曾三次出使過齊國。這樣一來，齊、楚文化的連繫就更密切了。

說到齊，我們就更容易想到魯。齊、魯雖然相距很近，而文化系統上卻絕然兩事。正如齊、楚的文化為一系一樣，魯乃是和周為一系的。魯幾乎是周文化的一個保存所，試看在公元前五四四年，吳國的季札到了魯，就聽見了周的音樂。又過了四年，就是公元前五四〇年，晉國的韓宣子又到魯國，便看見了「易象」和「春秋」，他高興的說：「周禮盡在魯矣！吾今乃知周公之德與周之所以王也。」我們必須瞭解周、魯的文化這樣密切，我們纔能夠明白產生在魯國的孔子是那樣羨慕周，一則說：「周監於二代，郁郁乎文哉！吾從周。」二則說：「吾其為東周乎！」三則說：「久矣！吾不復夢見周公。」

正如周與楚之相對立似的，魯與齊在文化上也是對立的。即以經學論，便有魯學、齊學之分。同是解春秋，公羊傳那麼多「非常異義可怪之論」（何休公羊解詁序），穀梁傳便非常謹愿而很少誇張了。這就是因為公羊是齊學，穀梁是魯學呵！（班固漢書藝文志注）以孔、孟二人而論，孔子是純然魯國精神的，而孟子卻多少染了一些齊氣。——孟在齊較久。

西漢的經學多半是齊學。你看春秋吧，史記上說：「漢興在於五世之間，唯董仲舒為明於春秋，其傳公羊氏也。」公羊是齊學，我們已經說過的了。易則「本之楊何之家」，楊何是齊人，而且楊何是自田何傳來的，田何也是齊人。書是傳自濟南伏生，濟南也是齊地。詩之中，大師有轅固生，轅固生也是齊人，而且「諸齊人以詩顯貴」。只有禮是傳自魯高堂生，可稱為魯學，然而實際上訂漢代禮儀的卻是叔孫通，而叔孫通的為人，不惟有齊氣，而且變服改為楚裝，以悅漢高祖，這就尤其是低首於齊、楚一系的文化的了。

以上是就經學範圍以內說，也可以說是就儒家範圍以內說，是如此。假如就儒家以外看，則西漢最盛的學術是黃、老，黃、老也是齊學。照史記上說：「樂氏之族有樂瑕公、樂臣公，趙且為秦所滅，亡之齊高密。樂臣公善修黃帝、老子之言，顯聞於齊，稱賢師。」又說：「樂臣公學黃帝、老子，其本師號曰河上丈人，不知其所出。河上丈人教安期生，安期生教毛翕公，毛翕公教樂瑕公，樂瑕公教樂臣公，樂臣公教蓋公，蓋公教於齊高密、膠西，為曹相國師。」（均見樂毅列傳）可見齊是黃、老之學的大本營。

同時我很懷疑黃、老之學的黃、老原先並非指黃帝、老子，而是指張良所見的黃石公。黃石公也不一定真有這個人，卻可能是張良所假託的。我們要注意的是黃石公教給他的一卷書是什麼書？原來是封在齊地的姜太公的兵法。又要注意張良所說的黃石公的最後歸宿是什麼地方？原來是齊地的濟北穀城下。這無異於透露了一個破綻，就是這一套學問乃是來自齊地。大概是張良學自齊地（也許就在東見倉海君的時候），後來張良卻不公開這個來源，因此託名黃石公。黃石公是張良自述的一個神話，當然是他編造的。張良是秦、漢間人，造了這個圯上老人黃石公以後，於是到了漢初，便有「黃老」這個名稱了。後來的「黃老派」也的確是拿兵家的道理而應用在人事上的。不管我這個推測錯不錯，漢朝盛行的是黃、老，而黃、老之學是齊學，這是沒有問題的。

至於漢初的黃、老勢力，那是大極了！不但漢高祖時代的張良、陳平、曹參是「黃老派」，就是漢高祖本人講鬥智不鬥力，能以退求進，能欲取先予，也是深得黃、老三昧的。這樣一直到了漢武帝建元元年（公元前一三六，是司馬遷生年的前一年）纔死去的景帝母親竇太后，以及武帝時直言敢諫的汲黯，好推舉人才的鄭當時，還有田叔、直不疑、鄧章、王生等，都是「黃老派」。

我們再拆穿了說，西漢何嘗有眞儒家？秦時的儒家已經和方士不分，所以我們在現在雖然稱秦始皇坑儒，在西漢卻稱秦坑術士。（史記淮南衡山列傳，伍被諫淮南的話便有：「昔秦絶先王之道，殺術士，燔詩書。」儒林列傳裏太史公也說：「及至秦之季世，焚詩書，坑術士。」何嘗稱爲儒？）就是在秦始皇本紀裏，記載秦始皇大怒道：「吾前收天下書不中用者，盡去之，悉召文學方術士甚衆，欲以興太平，方士欲練以求奇藥。今聞韓衆去不報，徐市等費以巨萬計，終不得藥，徒姦利相告日聞，……或爲妖言以亂黔首！」於是使御史悉問諸生。諸生傳相告引，乃自除犯禁者四百六十餘人，皆坑之咸陽。被坑的也哪裏是純粹的儒家？

到了西漢，書呆子式的儒家固有，但當權的儒家都是方士和「黃老派」合流的人物。試看爲漢代制禮儀的叔孫通，弟子們罵他「專言大猾」，意思就是誇大而狡猾，而他罵那說他面諛的兩個魯生卻是「若眞鄙儒也，不知時變！」無怪乎司馬遷譏諷他說「大直若詘，道固委蛇，蓋謂是乎？」這哪裏是儒家，簡直是黃老！

再一個提倡儒學的人物，就是公孫弘，由於他的請求，「自此以來，則公卿大夫士吏斌斌多文學之士矣。」可是他根本是一個多詐的齊人。起初放豬，四十歲以後，纔學春秋雜說。他是從來「不肯面折人過」的，史記上說他只是「緣飾以儒術」。他和汲黯同時去見皇帝，總是「汲黯先發之，弘推其後」，而且和別的大臣本來議好的事情，見了皇帝，他也每每「皆倍其約，以順上旨」。他的眞面目是：「外寬內深，諸嘗與弘有郤者，雖詳與善，陰報其禍。」這難道不是一個典型的「黃老派」麼？

我們不妨再提出大家公認爲是儒家的董仲舒，這是在公元前一四〇年向漢武帝建議「春秋大一統者，天地之常經，古今之通誼也。今師異道，人異論，百家殊方，指意不同，是以上無以持一統之法，法制數變，下不知所守。臣愚以爲諸不在六藝之科，孔子之術者，皆絕其道，勿使並進」的，這就是歷史上所謂罷黜百家，把儒術定於一尊的大功臣，可是他的爲人怎麼樣呢？雖然號稱「廉直」，可是受了打擊，也就竟「不敢復言災異」了！所以這也仍然是「黃老式」的人物。

在漢武帝心目中，儒家也仍然是方士之流，所以當「羣儒既已不能辨明封禪事」時，便「盡罷羣儒不用」（見封禪書）了！

這樣看來，從漢高祖一直到漢武帝，儒家並沒有被重視，事實上這些方士和黃、老合流的人物也不值得重視，痛快的說，西漢並沒有眞儒家，滔滔天下者乃是黃、老，黃、老是齊學！

除了當時在經學上是齊學，在黃、老上是齊學之外，當時的宗教更是齊學。我們剛纔說當時的儒家多半是方士和「黃老派」的合流，而方士又大多是齊人。像漢武帝時著名的方士如少翁、欒大、公孫卿、丁公等，都是齊人。原來終始五德之運的學說，就是開始於齊人騶衍，爲秦始皇所聽得入耳而採用，又爲漢文帝所向往，到了漢武帝就完成了巡狩封禪改曆服色等事的。這一串的把戲，是發源於齊。再說漢代所崇敬的神，原是一些地方神，隨著政治上的統一，這些神也被統一了。這些地方神中有大部分神是齊神，如所謂八神之屬：「一曰天，主祠天齊，天齊淵水，居臨菑南郊山下者。二曰地，主祠太山、梁父。蓋天好陰，祠之必於高山之下，小山之上，命曰時；地貴陽，祭之必澤中圓丘云。三曰兵，主祠蚩尤，蚩尤在東平陸監鄉，齊之西境也。四曰陰，主祠三山。（索隱：顧氏案地理志，東萊曲成有參山，即此三山。）五曰陽，主祠之罘。六曰月，主祠之萊山，皆在齊北，並勃海。七曰日，主祠成山，成山斗入海，（集解韋昭曰：「成山在東萊。」）最居齊東北隅，以迎日出云。八曰四時，主祠琅琊。琅琊在齊東方，蓋歲之所始。」（史記封禪書）這就是齊人的宗教體系，秦始皇追求於此，漢武帝也追求於此。至於所謂封禪者，不過在八神之中，特別提出在泰山、梁父的地方神而加以崇禮而已。從一方面說，這種地方神因秦而有統一於中央之勢，因漢而有統一於中央之實，但是反過來，實在不如說是這地方性的宗教恰正統一著漢人的信仰。這也可以說是齊學的又一表現了。

總之，漢代的經學，黃、老，宗教，在在被浸潤著齊學的成分。經學作用了漢人的學術，黃、老支配了漢代的政治，宗教風靡了漢家的君臣。齊學的力量多麼大！

我們說過，齊、楚文化是一系，都是浪漫精神的代表，那末，漢代在楚文化的勝利之餘，又加上齊，眞是如虎添翼，自然可以造成浪漫文化的奇觀了。

四 異國情調和經濟勢力的膨脹

然而還不止此。浪漫精神大抵是偏於幻想、追求新奇的，於是異域的文化的傾慕也是一個不可或缺的成分。逢巧在漢武帝的時代又大通西域，所以許多見所未見、聞所未聞的風俗便被介紹進來了。

我們就看史記大宛列傳上所記的異國情調吧：「安息……以銀爲錢，錢如其王面，王死，輒更錢效王面焉。畫革旁行，以爲書記。」這種雕刻人像的錢幣，橫行的文字，也就是西洋現在的樣子，和中國那時的見聞是太有距離了，在那時的人看來，一定是十分有趣的。況且，「條枝，在安息西數千里……而安息役屬之以爲外國，國善眩。」眩就是魔術，所謂吞刀吐火、殖瓜種樹、屠人截馬一類的戲法，這又是中國人所不曾飽過眼福的。還有呢，「宛左右以蒲陶爲酒，富人藏酒至萬餘石，久者數十歲不敗。俗嗜酒，馬嗜苜蓿。漢使取其實來，於是天子始種苜蓿、蒲陶肥饒地。及天馬多，外國使來衆，則離宮別館旁，盡種蒲陶、苜蓿極望。自大宛以西至安息國，雖頗異言，然大同俗，相知言。其人皆深眼，多鬚頓。善市賈，爭分銖。俗貴女子，女子所言，而丈夫乃決正。其地皆無絲、漆，不知鑄錢器。」這眞煞是好看，他們的蒲陶、苜蓿也帶進來了，一種就種一大片，望不到邊兒。那副深眼多鬚的樣子，斤斤較量的精神，尊重女權的風俗，這是和東方多末成爲對照的呢！浪漫精神是追求異域情調的，而異域情調又豐富了浪漫精神的營養，西漢之爲西漢，我們是大可想像了！

然而又還不止此。助長浪漫精神的另一因素乃是經濟力的膨脹。而西漢在這上面又是條件具備的。我們且看司馬遷的記載：「至今上即位數歲，漢興七十餘年之間，國家無事，非遇水旱之災，民則人給家足，都鄙廩庾皆滿，而府庫餘貨財，京師之錢累巨萬，貫朽而不可校。太倉之粟，陳陳相因，充溢露積於外，至腐敗不可食。衆庶街巷有馬，阡陌之間成羣，而乘字牝者，擯而不得聚會。守閭閻者食粱肉，爲吏者長子孫，居官者以爲姓號。」（平準書）大凡人在不得解決現實問題的時候，就要先解決現實的問題，迨現實的問題既已解決，就要去滿足理想、幻像、想像了。這後者是產生浪漫文化的最重要的條件。楚如此，齊如此，西漢（尤其是武帝時代）更如此。我在以前說這也可以部分的說明秦者，是因爲秦雖物產不豐，但也據有一個商業中心（這就是李斯所謂：「物不產於秦，可寶者多。」）假若秦能維持久一些，她也是依然會循著齊、楚文化的線索而前進的。現在，她卻是只作了漢文化的前奏而已了！

五　這個時代的象徵人物——漢武帝

在這浪漫精神的大時代裏，那些人物都是怎樣呢？我們不妨從楚文化的最後一個代表人物說起，那就是項羽。這眞是一個天馬橫空的人物，他少時學書不成，去學劍，又不成。因爲劍是一人敵不足學，要學是學萬人敵，那就是兵法。學兵法大喜，可是略知其意，又不肯竟學。他身長八尺餘，力能扛鼎，才氣過人。他的作戰完全以氣勝。他可以帶三萬精兵，就打敗了漢高祖的五十六萬大軍。他是道地的英雄色彩，他要與漢高祖決戰，他說：「天下匈匈數歲者，徒以吾兩人耳，願與漢王決雌雄！」只要他一出馬，讓交戰的人目不敢視，手不敢發，只有逃走。到了失敗的時候，他愛的只有美人與名馬，他會對美人和名馬唱歌，慷慨悲泣，一灑英雄之淚。最後他會以二十八匹馬還擺作陣勢而突圍，仍然以少勝多，證明自己之不敗。他愛的名馬，他送了好漢；他自己的頭顱，也送給老朋友。他是自殺，他不能受辱。這一個咤叱風雲的英雄在起事時，纔二十四歲；到拔劍自刎時，也纔三十一歲。他所代表的是狂飆式的青年精神，他處處要衝開形式。他是浪漫精神的絕好典型。他的魄力和豪氣就是培養司馬遷的精神的氛圍，他的人格就是司馬遷在精神上最有著共鳴的！（所以項羽本紀寫得那樣好！）

項羽死於公元前二〇二年，這距司馬遷之生還有半世紀，所以這不過在楚文化的精神上是一線相遞，鼓舞著司馬遷而已。另一個和司馬遷的年代相接的人物卻是李廣，在李廣自殺時（公元前一一九），司馬遷年十七。李廣也可以說是項羽的化身。他同樣是失敗的英雄，他同樣有豪氣，他同樣是「才氣天下無雙」。他的豪氣也同樣是衝開了形式，表現著浪漫的濃厚氣息。他帶兵是沒有部伍行陣的，「就善水草屯舍止，人人自便，不擊刁斗以自衛，莫府省約文書籍事。」他有無比的勇氣，他曾以四千人被十倍的匈奴所包圍，兵死了一半，箭也光了，到黃昏的時候，別人都嚇得面無人色，但他意氣自如。他又有超絕的體力和射法，曾射箭穿石，以爲是老虎。平常善射虎，虎也常常傷著他。這樣的人最後也失敗了，而且也是自殺。他這浪漫的精神是同樣和司馬遷的內心有著深深的契合的。——所以李將軍列傳又寫得那樣出色！

然而項羽和李廣卻都還不能比另一個屹立於司馬遷之勞，差不多和司馬遷相終始，更能作爲這一個時代的象徵的人物——這就是漢武帝。

漢武帝比司馬遷大二十二歲，但漢武帝有著七十一歲的高齡，而司馬遷恐怕在武帝死前已經逝世了。（司馬遷在四十六歲以後的生活已經沒有記載可尋。）

武帝以十幾歲執政，統治中國的年代超過半世紀。這是一個充分表現浪漫精神的人物。他的一生，簡直像一部劇本。我們舉幾件具體的事情來看吧。例如他在即位後三年的時候，那時他已經二十歲了，就喜歡微服出來打獵，自稱平陽侯，而且有一次住在人家裏，被人疑爲小偷，幾乎灌了一嘴尿，這生活夠浪漫了！我們再看他那封禪求仙的事吧！這事開始很早，在元光二年（公元前一三三），那時武帝二十五歲，就有李少君獻鍊丹長壽之術，他說他吃過安期生給他的棗，棗大如瓜。李少君永遠不說自己的年齡，有人問他，便永遠答覆是七十；而且有一次在衆人廣座中，他找著一個九十多歲的老頭兒，談到那老頭的祖父的遊射之所，於是一座大驚，大家以爲他是好幾百歲了。從這時起，武帝便派方士向東海求仙。此後在元狩四年（公元前一一九，武帝年三十九），又有少翁之事。少翁被拜爲文成將軍，說能夠招鬼神，武帝信以爲眞。後來文成將軍寫好了字，給牛吃了，裝做不知，說是殺牛可以得奇書。果然把牛殺了，書也有了，但漢武帝認出是他的手跡，便把他殺了。這樣武帝應該覺悟了吧，可是不，他像吃鴉片一樣，時而覺悟戒絕，卻又時而癮發再來。到了元鼎四年（公元前一一三，武帝年四十五），就又來了一個方士叫欒大，他不唯說：「黃金可成，不死之藥可得，仙人可致。」而且「河決可塞」。河患本是當時的大問題，自然武帝聽得更入耳了。但是這人的下場卻和文成將軍一樣，也是所說不能兌現而被誅。然而就在這年的冬天又有公孫卿稱說「黃帝且戰且學仙」的榜樣，武帝又動心了，說：「嗟乎！吾誠得如黃帝，吾視去妻子如脫躧耳。」這樣到了元封元年（公元前一一〇，武帝年四十八），那十八萬騎兵，千有餘里旗幟，一萬八千里行程的大規模的封禪典禮就實現了。（這是司馬遷年二十六歲，接受父親遺命的一年。）由於公孫卿說「仙人好樓居」，於是堂皇的建築也發達起來了。這是封禪求仙的副產物。最後一直到征和四年（公元前八九），武帝六十九歲了，纔眞正覺悟，承認過去的「狂悖」，把方士們都驅逐了，並說：「天下豈有仙人，盡妖妄耳。節食服藥，差可少病而已。」然而這時已到了他的生命的盡頭，他的一生實在是「且戰且學仙」裏度過的。

打獵和封禪的生活之外，我們再舉他一件求馬的故事，也是富有喜劇性的。他爲了聽說大宛有好馬，便發動了四年大規模的戰爭，先是發了六千騎兵，幾萬的浮浪子弟，叫李廣利率領前往。因爲名馬在貳師城，便叫李廣利爲貳師將軍，指明是求馬。可是兩年過去了，沒有成功，兵只餘了十分之一二。武帝大怒，不許他們入關，入者斬之。凡是建議罷兵的，也都治了罪。於是又發了六萬人，還有十萬匹牛，三萬多匹馬，驢、騾、駱駝也各有萬餘，再去伐宛。因爲宛王城中無水，要到城外來取水，便又派了水工去，封鎖了他們的水源。還怕人數不夠，又發十八萬的預備補充的士兵。更重要的是，找了兩個看馬的專家，去選擇馬。這樣小題大作的結果，當然成功了，可是收穫不過上等馬幾十四，中等馬三千多匹而已。這時武帝已經是五十幾歲的人了，可是作得多麼天眞！

漢武帝的眞相，可由汲黯的批評看出來，汲黯的批評是說他「多欲」；也可由他自己的認識看出來，他不滿意他的長子，因爲他「仁恕溫謹，才能少，不類己」；而武帝自己當然是這樣的反面了。

武帝自己有才，也愛才，看他留下的詩歌，如秋風辭、塞河歌，都是飄逸蒼涼兼而有之。他之愛才，可從他的求賢詔看出來：「蓋有非常之功，必待非常之人。故馬或奔踶而致千里，士或有負俗之累而立功名。夫泛駕之馬，跅弛之士，亦在御之而已。其令州郡，察民吏有茂才異等，可爲將相及使絕國者！」他的求才卻也是浪漫的。他喜歡奇才。例如他想伐南越，想派兩千人去，莊參說兩千人不夠，他就把莊參罷免了。卻有一個韓千秋說兩百人就行，便立刻爲漢武帝所賞識。這可以見出他的作風。他那一時人才之盛，可參看班固的話：「漢之得人，於茲爲盛。儒雅則公孫弘、董仲舒、兒寬，篤行則石建、石慶，質直則汲黯、卜式，推賢則韓安國、鄭當時，定令則趙禹、張湯，文章則司馬遷、相如，滑稽則東方朔、枚皋，應對則嚴助、朱買臣，曆數則唐都、落下閎，協律則李延年，運籌則桑弘羊，奉使則張騫、蘇武，將帥則衞青、霍去病，受遺則霍光、金日磾。」他們各有個性，各有特長，不拘常調，不拘一格，就恰像浪漫作品之形形色色似的，——而籠罩這一切的是漢武帝！

六　司馬遷在這一個時代中的意義

在這種種氛圍，種種作料，種種色彩，種種音符之中，而出現了司馬遷。

大凡一種文化成自統治已久的中央地帶的，多是古典的；而成自地方的，成自異域的，則是浪漫的。齊、楚的地方文化代周而起了，稍試其鋒於秦，而完成於漢。齊人的倜儻風流，楚人的多情善感，都叢集於司馬遷之身。周、魯式的古典文化所追求於「樂而不淫，哀而不傷」者，到了司馬遷手裏，便都讓他樂就樂、哀就哀了！所以我們在他的書裏，可以聽到人類心靈眞正的呼聲。以詩經爲傳統的「思無邪」的科條是不復存在了，這裏乃是楚詞的宣言：「道思作頌，聊以自救兮！」「發憤以抒情！」司馬遷直然是第二個屈原！

老子也罷，「黃、老」也罷，齊也罷，楚也罷，他們的哲學基礎是自然主義。這一點也成了司馬遷的思想的骨子。自然主義和浪漫精神本是這一時代的精神生活的核心。如果用一句話以代表司馬遷的人格時，只有「自然主義的浪漫派」一個形容！到了東漢，那自然主義的色彩是保留了，而浪漫精神的熱燄已熄，所以那時產生的人物便只可以有班固、桓譚、王充了。這浪漫文化的復活，便是後來的魏、晉。然而濃烈和原始，卻遠不如司馬遷了！司馬遷是像屈原一樣，可以和孔子（雖然在追慕著他）對立的！

漢武帝在許多點上，似乎是司馬遷的敵人，抑且是司馬遷所瞧不起，而玩弄於狡猾的筆墨之上的人；然而在另一方面，他們有許多相似處，而且太相似了！漢武帝之征服天下的雄心，司馬遷表現在學術上。「天人之際」，「古今之變」，「一家之言」，這同樣是囊括一切的，征服一切的力量。武帝是亞歷山大，司馬遷就是亞里斯多德。這同是一種時代精神的表現而已。漢武帝之求才若渴，欣賞奇才，司馬遷便發揮在文字上。漢武帝之有時而幼稚，可笑，天眞，不實際，好奇，好玩，好幻想，司馬遷也以同樣的內心生活而組織成了他的書。漢武帝的人格是相當複雜的，而司馬遷的內心寶藏也是無窮無盡！

馳騁，衝決，豪氣，追求無限，苦悶，深情，這是那一個時代的共同情調，而作爲其焦點，又留了一個永遠不朽的記錄的，那就是司馬遷的著作！

附錄　司馬遷生年爲建元六年辨

關於司馬遷的生年，向來有許多說法。根據都是由於太史公自序的兩條註。那自序的原文是：「太史公……卒三歲，而遷爲太史令，紬史記石室金匱之書，五年而當太初元年。」在「遷爲太史令」下，有司馬貞的索隱：「博物志：『太史令茂陵顯武里大夫司馬年二十八，三年六月乙卯，除六百石也。』」在「五年而當太初元年」下，有張守節的正義：「按遷年四十二歲。」

我們知道司馬談是死於元封元年（公元前一一〇）的，所謂「卒三歲」就是到了元封三年（公元前一〇八），假若索隱是對的，這一年司馬遷二十八歲，那末，司馬遷應該生於漢武帝建元六年（公元前一三五）。

太初元年是公元前一〇四，假若正義是對的，這一年司馬遷四十二歲，那末，司馬遷應該生於漢景帝中元五年（公元前一四五）。

這兩種說法的差異是相去有十年。如果遷就索隱，則正義所謂四十二歲應該是三十二歲的誤記；如果遷就正義，則索隱所謂二十八歲就是三十八歲的錯寫。

王靜安、梁任公都是主張正義的，現在幾乎已成爲定說。只有張惟驤卻另有一說，認爲正義所謂四十二歲卻並非是指太初元年時司馬遷年四十二歲，乃是說司馬遷只活了四十二歲。他說索隱所謂年二十八，也不是指元封三年司馬遷年二十八，乃是指太初三年（公元前一〇二）司馬遷年二十八，所以司馬遷應該生於元光六年（公元前一二九）。

我卻認爲仍是索隱對，司馬遷應該生於公元前一三五。我的理由是：

第一、司馬遷報任少卿書明明說：「早失二親。」（據漢書）如果生於前一四五，則司馬談死時，遷已經三十六歲，說不上早。他決不能把父母是否早死也弄不清楚。假若生於前一三五，遷那時便是二十六，卻纔說得過去。

第二、報任少卿書的年代是可考的，這就是太始四年（公元前九三）。其中有「僕賴先人緒業，得待罪輦轂下，二十餘年矣」的話。如果他生於前一四五，則這一年他五十三歲，而他做郎中又是二十歲遨遊全國以後不久的事，那末，他就應該說待罪輦轂下三十餘年了。他不會連自己作事的歲月又記不清楚。晚生十年，這話卻纔符合。

第三、班固說：「司馬遷亦從安國問故，」按王國維的考證，孔安國大概在元光、元朔間爲博士。元朔三年是公元前一二七，如果司馬遷生於前一三五，則「十歲誦古文」正符合。

第四、司馬遷是一個不甘於寂寞的人，如果照鄭鶴聲的年譜（他也是主張生於前一四五的），司馬遷在元朔五年（前一二四）仕爲郎中，一直到元封元年（前一一〇），前後一共是十五年，難道除了在元鼎六年（前一一一）奉使巴蜀滇中以外，一點事情也沒有麼？這十幾年的空白光陰恐怕就是由於多推算了十年而造出的。假若眞是過了十四年的空白光陰（算至奉使以前），司馬遷不會在自序裏不提及。看他說：「於是遷仕爲郎中，奉使西征巴蜀以南，南略邛笮、昆明，還報命，」似乎中間爲時極短。倘若生於前一三五，則仕於前一一五或一一四之際，跟著沒有三年，就有扈從西至空峒之事（前一一二），奉使巴蜀之事（前一一一），不是更合情理麼？

第五、自序上說：「太史公仕於建元、元封之間，……太史公既掌天官，不治民，有子曰遷，遷生龍門。」看口氣，也很像是他父親任爲太史公之後纔生他。那末，這也是他生於建元六年，即公元前一三五，較比提前十年更可靠的證據。

第六、自序上，司馬談臨死時，執遷手而泣，告訴他「且夫孝始於事親，中於事君，終於立身，揚名於後世，以顯父母，此孝之大者。」他聽了後，便俯首流涕，這也宛然是告誡一個青年的光景，說他這時是三十六歲，遠不如說他是二十六歲，更逼眞些。

第七、司馬遷在元封三年始爲太史令，高士傳上說他既親貴，因而有向摯峻勸進之書。那一種少年躁進的態度，與其說出自一個將近不惑之年（三十八歲）的人，決不如說出自還不到而立之年（二十八歲）的人，更適合些。

第八、郭解被殺於元朔二年（公元前一二七）。司馬遷是曾經見過郭解的。但郭解並沒有到過京師，只是郭解在死前卻到過夏陽（司馬遷的故里韓城）安置外祖家的老小，倘此年爲司馬遷之九歲，則司馬遷在十歲學古文之前還在家鄉，因而見到郭解是最可能的，否則這一年十九歲，就未必有見郭解的機會了。

第九、李廣自殺於元狩四年（公元前一一九），遷及見廣。但遷與李廣之孫李陵爲友，則遷見廣時應很年幼，說李廣死時司馬遷二十七歲是不如說他十七歲更合理的。況且李廣只活了六十幾歲！

第十、照王靜安說，索隱所引，是和敦煌漢簡上的格式正是一樣的，應該是「本於漢時簿書，爲最可信之史料」，那末二十八歲之說也就應該信爲實據，此條既系於「卒三歲，而遷爲太史令」

之下，那就是生於公元前一三五無疑了。王靜安、梁任公一定要說是二十八是三十八之誤者，不過是爲符合正義太初元年四十二歲之說。但我想正義四十二歲之說的確可能並非指太初元年四十二歲，卻只是指司馬遷一生有四十二歲。再看正義原文：「按遷年四十二歲，」不似特別標明某一年多大歲數，而且書中也很少有在某年忽然註出那人是某年幾歲的例。索隱所引也是重在「爲太史令」，不過很幸運，附帶報告了一段信史，讓我們知道了司馬遷爲太史令時的年歲，又因而讓我們推出生於建元六年而已。四十二歲既不一定是指太初元年：王靜安、梁任公改二十八爲三十八之說也就不必了。張惟驤解釋正義並不錯，錯只在不肯承認索隱所謂三年是元封三年，而硬說是太和三年，殊不知照史記自序恰恰是指元封，可惜他一轉手之間，竟面對眞理而交臂失之了。至於司馬遷年壽是否只有四十二歲，我們暫不討論，現在只說他的生年，索隱未必誤，而情事一切吻合罷了。

自序和報任少卿書是第一等史料，和這符合與否，就是試金石。

生年的考訂，有人也許覺得不關重要，以爲差十年也沒有大關係。但我以爲不然，因爲假若司馬遷早生十年，則史記是四十二歲到五十幾歲的作品，那是一部成年人的東西，否則晚生十年，史記便是三十二歲到四十幾歲的作品，那便恰是一部血氣方剛，精力瀰漫的壯年人的東西了，我們對於他整個人格的了解，也要隨著變動。所以這十年之差，究竟是值得去爭的！

第二章　司馬遷的父親

一　世傳的歷史家並天文家

司馬遷的成功不止由於時代偉大，而且由於他有一個偉大的父親。

司馬遷之太遠的譜系，我想不必去追溯。因爲，就是追溯了，也不一定可靠。我們只記得在司馬遷的父親臨死時，曾說：「余先周室之太史也，自上世顯功名於虞夏，典天官事，後世中衰，絕於予乎！」有這樣一個粗略的輪廓，曉得他們是代代相傳的歷史家並天文家（在古代二者是一定要由一人去兼的），也就夠了。

他們比較可考的先人，應該從司馬錯算起。司馬錯曾經和張儀在秦惠王跟前辯論過伐蜀與伐韓的利害。張儀的觀點是政治的，他主張伐韓，伐韓其實是威脅周，「周自知不能救，九鼎寶器必出，據九鼎，案圖籍，挾天子以令於天下，天下莫敢不聽，此王業也。」司馬錯的觀點則是經濟的，認爲要振國威，便先要有經濟基礎，所以他說：「欲富國者，務廣其地，欲彊兵者，務富其民。」從這個觀點看，則伐蜀的利要大些。而且他又覺得攻韓，劫天子，都是會刺戟其他大國的注意的，只有伐蜀卻只得實利，而誰也不會干涉，正是：「拔一國而天下不以為暴，利盡西海而天下不以為貪。」這算盤的確打得精，眼光也的確夠遠！因而惠王就採取了司馬錯的政策了，後來秦之所以能打平六國，未始不歸功於此。這事發生在公元前三一六年，距司馬遷之生有一百八十幾年的光景。

司馬錯的兒子是誰，我們不曉得，我們卻只知道他的孫子是司馬靳。司馬靳曾經在白起的部下，參加過長平之戰。那是有名的一次大戰，趙國被殺的士卒有四十五萬之多，趙從此便一蹶不復振了。但後來白起因為和范睢的磨擦，很不得意，再有戰爭，便常稱病不出。結果秦昭王大怒，於是賜死。大概因為司馬靳是白起很忠實並十分親近的部下之故吧，也就在這時一同賜死了。長平之戰，是在公元前二六〇年，他們被賜死，是在公元前二五七年。這距司馬遷的生年有一百二十幾年的光景。

司馬靳的兒子是誰，我們卻又不清楚。卻又只知道他的孫子是司馬昌。司馬昌曾經在秦始皇的時代（公元前二四六——二〇七）當過主鐵官。這是治粟內史以下的管鐵礦的官，彷彿現在經濟部裏的一個司長。

司馬昌的兒子是司馬毋懌，他做過漢市長。漢市是地名，在秦漢時代，凡是治萬戶以上的縣官稱令，萬戶以下的則稱長。司馬毋懌是司馬遷的曾祖。

司馬遷的祖父是司馬喜。司馬喜曾經得到「五大夫」的爵位，這是第九等爵，意義是「大夫之尊」。最高是第二十等爵，所謂「徹侯」，那意思是說和天子可以有著往還了。

司馬遷這些先祖的事業，我們知道得太簡略了，現在我們所可說的，只是他們早先是世傳的歷史家並天文家，曾經有過遠見的司馬錯，曾經有過忠誠的司馬蘄，另外，是些小官，如此而已。卻只有司馬遷的父親，我們乃可以有著一個深刻的印象。

二　司馬談的思想之淵源

假若說司馬遷偉大，這偉大，至少也要有一半應該分給他父親。偉大的人物固然偉大，養育偉大的人物的人卻更偉大！

他父親名談，生年不詳，死的時候是元封元年（公元前一一〇），司馬遷已經二十六歲了。

司馬談所受的教育是一種道家色彩的自然主義。他曾經在方士唐都那兒學過天官，天官就是一種星曆的學問。史記上說：「夫自漢之爲天數者，星則唐都，氣則王朔，占歲則魏鮮。」可見是一位有名的專家。在漢武帝的初年，唐都曾經被詔，測定二十八宿的距離和角度。恐怕唐都活的歲數很大吧，到了司馬遷三十二歲的時候，他還和司馬遷等合作，規定過太初曆呢。

司馬談又曾在楊何那兒學過易。楊何字叔元，山東淄川人。這是西漢易學的重鎭，他是王同的學生，據近代人的看法，周易的繫辭之類，就可能是出自王同之手的。㈠楊何在元光元年（公元前一三四）爲漢武帝徵聘，做到中大夫。這時司馬遷纔兩歲。

天官之學，可說近於陰陽家，和道家已經有點接近，因爲他們所談的都是天道，恰恰是儒家所不敢輕易過問的。易學也直然是受過道家洗禮的新儒學。但純粹給司馬談以道家的薰陶的，卻是黃子。他曾在黃子那兒習過「道論」。道論的內容是什麼？我們不能確說。黃子的名字也已不大可考，大概因爲他是道家，本不注重名，又因爲他十分被人尊崇，所以我們現在便只知道他是黃子或黃生，彷彿只是一位黃先生而已了。黃生很有反抗性，敢直言。曾有一次在景帝跟前，和轅固生辯論湯武革命。他說湯武並不是受命於天，直然是篡逆。轅固生卻堅持著說：「不然！夫桀紂虐亂，天下之心皆歸湯武，湯武與天下之心而誅桀紂，桀紂之民不爲之使而歸湯武，湯武不得已而立，非受命爲何？」黃生答道：「冠雖敝，必加於首；履雖新，必貫於足。何者？上下之分也。今桀紂雖失道，然君上也；湯武雖聖，臣下也。夫主有失行，臣下不能正言匡過，以尊天子，反因過而誅之，代立，踐南面，非弑而何也？」儒家本來是講君臣上下之分的，所以黃生就用儒家的理論來駁儒家的轅固生了，言外卻是隱然譏諷漢朝之得天下也是等於篡逆的。——大概漢初的人對於秦的感覺並不像後來這樣壞，就是司馬遷也還在許多地方憧憬著秦呢。這辯論到了這裏，已經圖窮匕首見了，所以轅固生直然厚著臉皮說穿了：「必若所云，是高帝代秦，即天子之位，非耶？」這是直然要訴諸統治者的權威以壓倒論敵了，結果弄得漢景帝十分不好意思，於是說：「食肉不食馬肝，不爲不知味；言學者不言湯武受命，不爲愚。」這辯論遂不歡而散，以後便也再沒有人敢討論這個問題了。可惜的是，我們對黃生所知道的事情就限於此了，不過他給司馬談的影響恐怕是很大的。星曆之學，易學，尤其是道家，這構成了司馬談的思想面目。

三　批評精神和道家立場

司馬談在建元、元封之間，做了太史公。根據朱希祖先生的考證，太史公是官名，正名應該是太史令，稱公者是楚制之別名，司馬遷是追慕楚文化的，所以也就用楚制來稱呼其父，後來並且自稱了。㈡太史公之秩是六百石，和下大夫之秩相當。

司馬談之做太史公大概在司馬遷生下不久以前。他前後在職約有三十年的光景。司馬談重新收拾起遠祖的事業來了，他有滿腔的抱負，做一個職業的歷史家和星卜式的天文家。不過他這抱負並沒有在自身上實現，最後卻熱切地交付了自己天才的兒子。

現在惟一可以看出司馬談的全部學問和銳敏而正確的眼光的是他那不朽的論文——論六家要旨。這是對上古學術的總結算和總評價。他首先把上古的學術分而為六派，這就是：陰陽、儒、墨、名、法、道德。以下的文字便分為兩段，前一段先提結論，對各家的得失，予以確切中肯的批評，後一段則對於這結論又一一加以證明。這敍述方法已經見出有科學頭腦。

最可驚異的是他對於古代學術整理出的系統，但尤可驚異的則是他對於古代學術的不同派系都還它一個入木三分的得失俱論的眞評價。中國學者向來的大病是求同而不求異，是只概括而不分析，是只想一筆抹煞或一味尊奉，很少有這樣縝密而鋒銳的！

他首先說陰陽家的好處是「序四時之大順，不可失也」，因爲秋收冬藏，春生夏長，原是應當遵循的天道。然而四時八位，十二度，二十四節，各有禁令，也一定要人必須服從，就「未必然」了，所以毛病是「使人拘而多畏」。這態度多末明達！這比專講災異的董仲舒，豈不高去萬倍！

他次說儒家的好處是「序君臣父子之禮，列夫婦長幼之別」，這是「不可易」的方面，然而六藝經傳的數量太大了，事情太繁瑣了，鬧得一個政治領袖事必躬親，精疲力竭，毛病便是「博而寡要，勞而少功」。也眞中肯！

他再次說墨家的好處是「強本節用」，這是「人給家足之道」，「雖百家弗能廢」的，然而墨家每每要過原始的生活，卻是不合乎進化的原理的，「世異時移，事業不必同」，而且社會上既有尊卑的分別，自然而然在生活上有差異，所以毛病乃是「儉而難遵」。這隱約間恐怕是指的漢文帝。因爲漢文帝就是儉得不近人情的，他曾經想建築一個露臺，讓工人來估價了一番，說是要百金，他就說這可以夠中產之家的十倍了，於是中止。他的衣服向來是很粗糙的，就是他所喜愛的愼夫人，也不讓她的衣服長得拖在地上。帳子上連繡花都不許有。他臨死的時候，並且下詔，禁止人爲他厚葬和重服。這都近乎墨家的作風。天下究竟有幾個漢文帝？可見是儉而難遵了。

至於名家和法家，司馬談說一個是「專決於名，而失人情」，這是短處，可是「控名責實，參伍不失」，卻也是有可取的；一個則是只講法，不講親疏，「嚴而少恩」，所以只能行一時之計，不能長久，這也是短處，然而定出尊卑，定出職分，卻就又是「雖百家弗能改」了。

把這五家的短長都一一指出，這便是司馬談的識力過人和代表批評精神處。然而司馬談不是沒有自己的立場的，（沒有立場就不配是一個思想家了！）他的立場乃是道家，所以他對道家就全然贊許。各家的毛病是在只執一隅，而不能靈活的運用，在靈活的運用上見長的，只有道家。道家的好處，首先是富有綜合性，所謂「因陰陽之大順，采儒墨之善，撮名家之要」，可說把各家的長處都採取來了；其次是富有彈性，所謂「與時遷移，應物變化」，不死釘在一點上；而且，道家能夠讓人的身體和精神都常常處在一種從容有餘的地步，於是無施而不可。一般人都以爲道家很虛玄，司馬談卻了解得極爲正確，他說是「其詞難知」，但卻是「其實易行」的。他的眼光總較普通人透過一層！

他所說的道家，其中實含有一種很智慧，卻也很實際的政治哲學。西漢本來是盛行黃老的，文帝和景帝之際，尤其是能運用黃老的精義的時代。能爲這個時代留一個精神上的寫照的，當推司馬談這篇重要文獻了。這篇文章，也決不是一篇純粹的學術論文，其中有很中肯的對當代政治的批評在。一般神神道道的今文學家，就是他指的陰陽，一般瑣瑣碎碎的定朝儀的經生，就是他所謂的儒，那像鼂錯主張削弱諸侯力量的人，就正是他所指的申商名法之學。他眼見那些實際上的得失，又看到漢武帝慢慢失掉了文景時代對於黃老精神的運用，政治上實已快走入窒礙不通之地了，所以纔寫了這篇重要政論。司馬遷說他父親作這文的動機是「愍學者之不達其意而師悖」，正可見有一番苦心在內的。

司馬談作這篇文章的確切年代雖不可考，但就時代背景看去，一定是在黃老之學的勢力已經式微，而董仲舒的罷黜百家的計劃次第實現之際。這事當以竇太后之死爲關鍵。竇太后是專門作弄儒家的，例如她聽說轅固生批評老子是家人言，便罰他去殺豬，假若不是景帝給他一把快刀，不能把豬一刺就死，說不定還有其他奇特的花樣呢。竇太后死於公元前一三五年，也就是司馬遷生的那年。過了十二年，公孫弘就請求設博士弟子五十人，高第的人可以爲郎中，「自此以來，公卿大夫士吏斌斌多文學之士矣！」所以司馬談論六家要旨一文，應該不出這十二年之間。

司馬談的精神面貌處處範鑄了他的天才愛兒司馬遷。司馬遷對於任何家的學問能欣賞，並能批評；他書中所記載的黃老派，也都與司馬談所論的相符合；直然是司馬談的精神的副本呵！㊂

四　司馬談與封禪

大概因爲是職務的關係吧，司馬談雖然站在自然主義的道家的立場，可是對於漢代的封禪卻也很有貢獻。

是在公元前一一三年，司馬遷已經二十三歲了，司馬談參與訂立祠后土的典禮。他和祠官寬舒等商議的結果是：在水窪的地方，堆起五個圓土丘，稱爲壇，每一個壇上用黃牛祭祀，祭祀完了，就把牛埋了，凡是陪從祭祀的人都要穿黃衣服。這是因爲按五行講起來，土的顏色應該是黃的，以取相應。當時漢武帝就是照著這樣做的。

司馬談對於封禪還有一件大功勞，就是議立泰畤壇。這事情在議祠后土的第二年。泰畤壇是祀太乙的，太乙是天神中最尊貴的，有人說這就是北極神的別名。這典禮更隆重，太乙壇是三層，周圍是五帝壇，按方位羅列著。祭祀完了以後，祭品是燒掉。用的牛的顏色是白的，鹿放在牛中間，豬又放在鹿中間。祭五帝的官，要穿著和五帝相當的顏色的衣服。祭太乙的官則著紫色的衣服，繡著花。皇帝穿的衣服卻是黃色的。在冬至的時候，天還沒亮，皇帝就要親自率領許多祠官來祭祀。壇上滿是火光，壇旁擺著煮東西的大鍋，或者鼎之類。陪從的人捧著六寸大的圓璧，這就是所謂瑄玉，獻給神明。在那天夜裏，果然看見很美的一道光；到了白晝，便又看見一股上屬天，下屬地的黃氣。於是司馬談等便建議：「神靈之休，祐福兆祥，宜因此地光域，立泰畤壇以明應。令太祀領秋及臘間祠，三歲，天子一郊見。」

但這些事都不過是正式的封禪的序幕。正式的封禪須要到泰山上去。封禪是大家都盼望著的，漢武帝一即位（公元前一四〇），大家就已經議論紛紛了，可是因爲竇太后的作梗，讓一切計劃歸於泡影。過了六年，竇太后死了，第二年漢武帝就開始郊祀。又過了十三年，濟北王就曉得封禪快實現了，於是把泰山及其附近的地方都獻給天子，天子便用其他地方償還了，算是交換。再過了九年，是司馬談議祠后土的一年，漢武帝開始巡視郡縣，泰山就彷彿是一個大誘惑似的，慢慢把他誘近了。這樣又過了三年，是元封元年（公元前一一〇），大規模的正式封禪實現。先是漢武帝親自率領了十八萬騎兵，旗幟招展了千有餘里，從長安出發，越過了長城，到了當時北方的邊陲，現在綏遠的五原、歸綏一帶（所謂單于臺即在歸綏），威振匈奴。漢武帝更打發人告訴單于說：「南越王頭已懸於漢北闕矣！單于能戰，天子自將待邊；不能，亟來臣服，何但亡匿漢北寒苦之地，爲匈奴讋焉？」讋就是嚇得的不敢喘息的意思。大概匈奴的首領（單于）也沒敢來交鋒，所以他又率領了那十八萬騎兵，又南下，到了陝西的中部縣，那兒有橋山，相傳有黃帝的墳在，於是祭過黃帝，回到甘泉。甘泉在現在陝西淳化縣的西北，距長安二百里許。

這時的曆法還是以十月爲正首。漢武帝到邊陲之地，即是十月間的事。到了春天正月，他又到了緱氏（現在河南的偃師縣南，在洛陽以東）。漢武帝親自登上嵩山，他們祭山的時候，聽見空中有高呼萬歲的聲響，一共三次。於是又東巡，到了海上，夏天的四月，從海上還至泰山，於是正式封禪。因爲這一年開始封泰山，所以叫元封元年。到了這年的五月，這封禪的大隊人馬纔又由海上，到了現在遼寧的錦縣，熱河的承德一帶，再經過綏遠的五原，回到甘泉。他們一共走了一萬八千里，眞是大旅行！當時漢朝的國威既已達到頂點，漢武帝的高興是可知的，那封禪典禮的隆重也是可以想見的。

封禪是一件大事，是士大夫和老百姓渴望了三十多年的大事。這不止是宗教上的大典，而且是政治上慶祝過去、更新將來的一種象徵。——至少那時的朝野是這樣想。

在這種熱烈的歡騰中，不幸卻有一人未能參加，這就是司馬談。他大概就在那一年的正月，隨著漢武帝到了洛陽的吧，恐怕嵩山的典禮已經沒趕上，泰山是更不用說了。更不幸的是，他已經病倒了！

五　偉大的遺命

這時，二十六歲的司馬遷，正奉使巴蜀，到了昆明等地，歸來復命，卻看見父親病危了！他父親見了司馬遷，熱切地把著他的手，淚流下來，告訴他了自己的心事，告訴他了那不得參加封禪的懊喪，並告訴他了如何盡孝道，善繼父志。那話是斷斷續續著：「余先周室之太史也，自上世常顯功名於虞夏，典天官事，後世中衰，絕於予乎！汝復爲太史，則續吾祖矣。」這是告訴他自己原有意要恢復祖上的專業的，可是不幸未能完成，這使命便只有由他兒子去繼承著。

又說：「今天子接千歲之統，封泰山，而余不得從行，是命也夫！命也夫！」一代的大典，不得參與，原是一個歷史家所最放心不下的。

司馬談未嘗不曉得他的兒子可以繼續作太史公的官，可是事業的完成與否，卻是不一定的，於是又很殷切地勉勵道：「余死，汝必為太史，為太史，無忘吾所欲論著矣！且夫孝始於事親，中於事君，終於立身，揚名於後世，以顯父母，此孝之大者！夫天下稱誦周公，言其能論歌文武之德，宣周召之風，達太王王季之思慮，爰及公劉以尊后稷也。幽厲之後，王道缺，禮樂衰，孔子修舊起廢，論詩書，作春秋，則學者至今則之。自獲麟以來，四百有餘歲，而諸侯相兼，史記放絕；今漢興，海內一統，明主賢君，忠臣死義之士，余為太史而弗論載，廢天下之史文，余甚懼焉！汝其念哉！」

司馬遷聽了，低下頭，便哭了，他在感動之中，給他父親以安慰：「小子不敏，請悉論先人所次舊聞，弗敢闕！」

漢武帝之東巡海上及封禪泰山，過遼西而歸甘泉，司馬遷以職務之故，是扈從了的。不知道司馬談在他兒子出發以前就訣別了呢，還是他兒子走了以後纔自己寂寞地死去的，總之，是這一年，司馬遷失掉了父親，在懷念與哀思中，接承了作一個大歷史家的使命。

此後，父親的遺命時常在他腦海裏迴旋著：「先人有言，自周公卒五百歲而有孔子，孔子卒後至於今五百歲，有能紹明世，正易傳，繼春秋，本詩書禮樂之際，意在斯乎！意在斯乎！」每當思念到這些話時，他就覺得自己的使命，簡直應該是當仁不讓了。

司馬遷也很意識到，他的事業應該有大部分歸功於他父親。他父親不惟是有批評精神，而且是能善於欣賞的人物，這印象也給他十分深。所以他有一次對壺遂就說：「余聞之先人曰：『伏羲至淳厚，作易八卦。堯舜之盛，尙書載之，禮樂作焉。湯武之隆，詩人歌之。春秋采善貶惡，推三代之德，褒周室，非獨刺譏而已也！』漢興以來，至明天子，獲瑞符，建封禪，改正朔，易服色，受命於穆淸，澤流罔極。海外殊俗，重譯款塞，請來獻見者不可勝道。臣下百官，力誦聖德，猶不能宣盡其意。且士賢能而不用，有國者之恥；主上明聖而德不布聞，有司之過也。且余旣掌其官，廢明聖盛德不載，滅功臣世家賢大夫之業不述，墮先人所言，罪莫大焉！余所謂述故事，整齊其世傳，非所謂作也。而君比之於春秋，謬矣！」

欣賞和批評原是一事，因爲批評也無非是把最有價值的東西宣傳出去。司馬遷在他的書裏，對各種人物都深具同情，在同情之中而復很深入地論其短長，其中確有司馬談的影子在！

六　天才的培養

爲了培養一個天才的愛兒，司馬談可說費盡了心思。

在司馬遷十歲以前，是在他的故鄉韓城（陝西山西的交界上，漢代稱夏陽，北五十里有所謂龍門，傳說是禹鑿的，臨著黃河），雜在牧童和農民之羣裏。司馬遷的身體相當好，後來能奉使巴蜀昆明，而且雖受了刑罰，還能著書，未始不是幼年的鍛鍊使然。

十歲之前，他父親又早已經送他入過小學，當時的小學，是重在識字。據他自己說：「年十歲，則誦古文。」這所謂誦古文，就是指從孔安國學古文尚書。因爲照王國維的考證，孔安國在元光、元朔間爲博士，司馬遷十歲時正是元朔三年（公元前一二七）。不久孔安國便死了。漢書儒林傳既載司馬遷亦從孔安國問故，所以這時所謂誦古文，是指向孔安國學古文尚書無疑。他父親在幼年便給他找到這樣的名師，實在是太幸運了。㊃

單單讀書是不會增長見識的，在他二十歲的時候，又曾做過一次大規模的壯遊，到了江淮，到了會稽，到了沅湘，最後又到了北方的鄒魯。這次旅行，無疑是他父親鼓勵，——至少是在贊許著的。

很奇怪的是，他父親的根本立場是道家，可是教育他兒子的時候，卻又加入了儒家的薰陶。看司馬談臨死時，給兒子的遺命，就是以六藝爲依歸的，他對於兒子的熱望，也是做第二個孔子。因此，我猜想，司馬遷之「講業齊魯之都，觀孔子之遺風，鄉射鄒嶧」，也應該是他父親的設計。道家立場的司馬談，卻多給了他兒子一種儒家的陶冶，這使他們父子之間，有了一種思想上的差異。史記裏究竟有多少東西是他父親的，有多少是司馬遷自己的，我們當然不容易判定，然而這多出的一種儒家成分，使司馬遷的精神內容更豐富起來，使浪漫性格的司馬遷，發生一種對古典精神的向慕，卻是十分顯明而無可疑了！

㈠ 近人著中國哲學史：「現在所有之易十翼，皆王同等所作易傳之類也。」（頁四六〇）

㈡ 朱希祖太史公解（見獨立出版社所印行中國史學通論，頁九三）。

㈢ 老莊申韓列傳倘爲遷著，亦可見他和他父親的思想的相似處，但我以爲恐爲談著，請參看本書第六章第二節。

㈣ 王國維太史公繫年考略：「公從安國問古文尚書，其年無考。孔子世家但云安國爲今皇帝博士，至臨淮太守，蚤卒。安國生驩，驩生卬，既云早卒，而又記其孫，則安國之卒當在武帝初葉。以漢書兒寬傳考之，則兒寬爲博士弟子時，安國正爲博士，而寬自博士弟子補廷尉文學卒史，則當張湯爲廷尉時。湯以元朔三年爲廷尉，至元狩三年遷御史大夫，在職凡六年，寬爲廷尉史，至北地視畜，數年始爲湯所知，則其自博士弟子爲廷尉卒史，當在湯初任廷尉時也。以此推之，則安國爲博士，當在元光、元朔間。考褚大亦以此時爲博士，至元狩六年猶在職。然安國既云早卒，則其出爲臨淮太守，當亦在此數年中，時史公年二十左右。其從安國問古文尚書，當在此時也。」王氏考證孔安國的卒年，是很對的，現在採取。至於他說司馬遷年二十左右，這是因爲他持司馬遷生於公元前一四五之說，我卻不贊成。倘司馬遷如我所考證，遲生十年，便正恰合「年十歲，則誦古文」了。

第三章　司馬遷和孔子

一　教育之效

身為道家的司馬談給了他兒子的教育卻是儒家的，勉勵兒子卻是做第二個孔子。這好像很奇怪了，其實完全是時代轉變的結果。在時代轉變中的人，往往如此，就像清末民初的人，自己也許還在作搖頭擺尾的桐城派的古文或駢儷的選體，但對兒子就或者送他入新學校，受新教育，學科學，甚而練梁任公式的新文體了！

司馬遷的青年時代，已是儒學大盛，「黃老」有點過去的時代了，所以他父親便也設法給他受新教育，並且鼓勵他做一個新時代中的大學者。

這教育奏了效。司馬遷雖然在本質上是浪漫的，雖然在思想上也還留有他父親的黃老之學的遺澤，可是在精神上卻留有一個不可磨滅的烙印，對儒家——尤其孔子，在了解著，在欣賞著，在崇拜著了。

二　司馬遷對孔子之崇拜

在整個史記一部書裏，徵引孔子的地方非常之多：

孔子曰：「殷路車為善，而色尚白。」——殷本紀贊

孔子言「必世然後仁，善人之治國百年，亦可以勝殘去殺。」誠哉是言！——孝文本紀贊

或問禘之說，孔子曰：「不知；知禘之說，其於天下也，視其掌。」——封禪書

孔子言吳太伯可謂至德矣：「三以天下讓，民無得而稱焉。」——吳太伯世家贊

余聞孔子稱曰：甚矣魯道之衰也，洙泗之間，齗齗如也。——魯周公世家贊

孔子稱「微子去之，箕子為之奴，比干諫而死，殷有三仁焉。」——宋微子世家贊

余以為其人，計魁梧奇偉，至見其圖，狀貌如婦人好女；蓋孔子曰：「以貌取人，失之子羽。」留侯亦云！——留侯世家贊

孔子曰：「伯夷、叔齊，不念舊惡，怨是用希。求仁得仁，又何怨乎？」——伯夷列傳

子曰：「道不同，不相為謀，亦各從其志也。故曰：富貴如可求，雖執鞭之士，吾亦為之。如不可求，從吾所好。歲寒，然後知松柏之後凋。……君子疾沒世而名不稱焉。」——伯夷列

傳

夫子罕言利者，常防其原也。故曰：「放於利而行，多怨。」——孟子荀卿列傳

孔子之所謂「聞」者，其呂子乎！——呂不韋列傳贊

仲尼有言，「君子欲訥於言而敏於行。」其萬石、建陵、張叔之謂耶！——萬石張叔列傳贊

孔子稱曰：「居是國，必聞其政。」田叔之謂乎！——田叔列傳贊

孔子閔王路廢而邪道興，於是論次詩書，修起禮樂。適齊聞韶，三月不知肉味。「自衛返魯；然後樂正，雅頌各得其所。」世以混濁莫能用。是以仲尼干七十餘君無所遇。曰：「苟有用我者，期月而已夫。」西狩獲麟，曰：「吾道窮矣！」——儒林列傳

孔子曰：「導之以政，齊之以刑，民免而無恥；導之以德，齊之以禮，有恥且格。」——酷吏列傳

孔子曰：「六藝於治，一也。」——滑稽列傳

子曰：「我欲載之空言，不如見之於行事之深切著明也。」——太史公自序

這些話有的是引自春秋緯，有的是引自禮記，有的是現在已不曉得出處，但大部分是援用論語

——最可靠的孔子的語錄。又有很多地方，他卻已經把論語的成句，鎔鑄成自己的文章了。

很妙的是，司馬遷已經把孔子當作唯一可以印證的權威，例如說田叔，就用「居是國，必聞其政」，說萬石、張叔，就用「君子欲訥於言而敏於行」，有時甚而自己不加判斷，直以孔子的話作爲自己的代言，如「殷有三仁」，「吳太伯可謂至德」了。

司馬遷以他那卓絕的天才的文筆，又常常襲用孔子的話，使人不覺，而且用得巧。子張問十世，可知也？子曰：「殷因於夏禮，所損益，可知也；周因於殷禮，所損益，可知也。其或繼周者，雖百世可知也。」這本來是說文化上的演變法則的，可是在司馬遷憤憎佞幸的時候卻也說：「甚哉愛憎之時，彌子瑕之行，足以觀後人佞幸矣：——雖百世可知也！」

孔子本來說：「富貴而可求也，雖執鞭之士，吾亦爲之；如不可求，從吾所好。」這是代表一種沖淡的胸懷的。可是在司馬遷描寫了「晏子爲齊相，出，其御之妻，從門間而闚其夫。其夫爲相御，擁大蓋，策駟馬，意氣揚揚，甚自得也。既而歸，其妻請去。夫問其故，妻曰：『晏子長不滿六尺，身相齊國，名顯諸侯，今者妾觀其出，志念深矣，常有以自下者。今子長八尺，乃爲人僕御，然子之意，自以爲足，妾是以求去也。』其後夫自抑損，晏子怪而問之，御以實對，晏子薦以爲大夫」以後，就說：「假令晏子而在，余雖爲之執鞭，所忻慕焉！」一方面襲用孔子語，一方面卻配合這個故事，文筆多麼巧！

司馬遷的精神，彷彿結晶在孔子的字裏行間了，彷彿可以隨意攜取孔子的用語以爲武器而十分當行了，所以當他褒貶呂不韋時，只用一個字，就是「孔子之所謂『聞』者，其呂子乎！」原來孔子所謂聞，乃是包含「色取仁而行違，居之不疑」，和「直而好義，察言而觀色，慮以下人」的「達」是正對待的。司馬遷的褒貶夠經濟！其養育於孔子精神中者，夠凝鍊！

孔子的教化是有著人情的溫暖和雍容博雅的風度的，這也讓司馬遷發生一種明顯的共鳴。司馬遷在衛康叔世家的贊裏說：「余讀世家言，至於宣公之太子，以婦見誅，弟壽爭死以相讓，此與晉太子申生，不敢明驪姬之過同。俱惡傷父之志，然卒死亡，何其悲也！或父子相殺，兄弟相滅，亦獨何哉？」這有人倫的至性的感慨在！司馬遷在漢興以來諸侯年表的序裏又說：「殷以前尚矣！周封五等，公侯伯子男，然封伯禽、康叔於魯衛，地各四百里，親親之義，褒有德也。」這儒家的親親之義，也是司馬遷所深深體會的。

雍容博雅的風度，就是孔子所理想的人格——君子。司馬遷也每每稱君子：

> 文帝時，會天下新去湯火，人民樂業，因其欲然，能不擾亂，故百姓遂安。自年六七十翁，亦未嘗至市井，游敖嬉戲，如小兒狀，孔子所稱有德君子者邪？——律書

> 延陵季子之仁心，慕義無窮，見微而知清濁。嗚呼，又何其閎覽博物君子也。——吳太伯

世家贊

甘羅年少，然出一奇計，聲稱後世，雖非篤行之君子，然亦戰國之策士也。方秦之強時，天下尤趨謀詐哉！——樗里子甘茂列傳贊

蒯成侯周緤，操心堅正，身不見疑，上欲有所之，未嘗不垂涕，此有傷心者；然可謂篤厚君子矣。——傅靳蒯成列傳贊

塞侯微巧，而周文處讇，君子譏之，為其近於佞也。然斯可謂篤行君子矣。——萬石張叔列傳贊

余與壺遂定律曆，觀韓長孺之義，壺遂之深中隱厚，世之言梁多長者，不虛哉！壺遂官至詹事，天子方倚以為漢相，會遂卒；不然，壺遂之內廉行修，斯鞠躬君子也。——韓長孺列傳贊

所謂有德，所謂閎覽博物，所謂篤行，所謂深中隱厚，所謂內廉行修，都是君子一義的內涵，活畫出一個有教養，有性情，有含蓄，有風度的理想人格來。這是孔子的理想人格，也是司馬遷的理想人格。人格的衡量，這君子的標準就是尺度，司馬遷受孔子的精神影響有多麼深！

司馬遷在孔子世家的贊裏說：「自天子王侯，中國言六藝者，折中於夫子。」別人折中於夫子

與否，我們不敢說，但他自己卻確是如此了。而且，也不只在談六藝時如此，就是對於一般人物的品評，對於大小事物的看法，也幾乎總在骨子裏依孔子的標準爲試金石。他直然以孔子的論斷作自己的論斷處不必說了，此外如說「魯連其指意雖不合大義」，大義是什麼呢？也無非用孔子的尺度，而居高臨下地看，而見其如此而已。「考信於六藝」，是司馬遷所拳拳服膺的，在六藝之中，而「折中於夫子」，尤其是司馬遷所實行著的。他心悅誠服地說：「詩有之，『高山仰止，景行行止，雖不能至，然心鄉往之。』余讀孔氏書，想見其爲人。適魯，觀仲尼廟堂，車服禮器，諸生以時習禮其家，余祗回留之，不能去云。」其中有純摯的依戀，仰慕的情感在著。假若說司馬遷是孟子之後，孔子的第二個最忠誠的追隨者，大概誰也不能否認了吧！

三　司馬遷在性格上與孔子之契合點及其距離

儒家的眞精神是反功利，在這點上，司馬遷了解最深澈，也最有同情。

孔子世家裏記載孔子厄於陳蔡，糧也絕了，跟隨的人也病得起不來了，子路已經發脾氣，子貢已經不能忍耐，於是孔子用同樣的「詩云，『匪兕匪虎，率彼曠野。』吾道非邪？吾何爲於此」的問話來開導弟子。子路在這時是最動搖的，他便說：「意者吾未仁耶？人之不我信也；意者吾未知耶？人之不我行也。」孔子給他當頭一棒：「有是乎！由！譬使仁者而必信，安有伯夷、叔齊？使智者而必行，安有王子比干？」子貢對孔子的信仰稍爲堅定一點，但也覺得和現實未免有些脫節，於是也說：「夫子之道至大也，故天下莫能容夫子，夫子蓋少貶焉？」殊不知孔子的眞精神就在不顧現實上，所以孔子也不滿意，因而駁斥他道：「賜！良農能稼而不能爲穡，良工能巧而不能爲順，君子能修其道，綱而紀之，統而理之，而不能爲容。今爾不修爾道而求爲容，賜！爾志不遠矣！」可見他們兩人都不能了解孔子。最後卻只有顏淵說得好：「夫子之道至大，故天下莫能容。雖然，夫子推而行之，不容何病？不容，然後見君子。夫道之不修也，是吾醜也；夫道已大修而不用，是有國者之醜也。不容何病？不容，然後見君子！」這種只問耕耘，不問收穫，只求在己，不顧現實的精神，纔是孔子的眞正價值。所以孔子不能不很幽默地加以贊許了：「有是哉，顏氏之子，使爾多財，吾爲爾宰！」

這個故事有意義極了，孔子的眞精神在這裏，儒家的全部精華在這裏！不錯，孔子因爲不顧現實，直然空做了一個像堂·吉訶德式的人物而失敗了，然而是光榮的失敗，他的人格正因此而永恆地不朽著！

司馬遷便是最能在這個地方去把握孔子，並加以欣賞的。一篇整個的孔子世家，正是這樣一個偉大的人格之光榮的失敗的記錄。孔子一方面有救世的熱腸，然而另方面決不輕於妥協，他熱中，但是決不苟合。他的熱心到了天眞的地步，公山不狃拿小小的費這個地方要造反，想召孔子，孔子就高興得小題大作地說：「夫召我者，豈徒哉？如用我，其爲東周乎？」已經想建立一個東方的大周帝國了！然而他並沒有眞去。（史記上在這種地方寫得好！）而且後來他到任何地方，都是走得極爲乾脆。——司馬遷是能夠爲一個偉大人物的心靈拍照的！

反功利是孔子精神的核心。說來好像很容易，其實是非常難能的，尤其在一個熱心救世如孔子的人更難能。小己利害，容易衝得開，大題目一來，便很少有人能像孔子那樣堅定了。救世是一個最大的誘惑，稍一放鬆，就容易不擇手段，而理論化，而原諒自己了！孔子偏不妥協，偏不受誘惑，他不讓他的人格有任何可襲擊的汚點。司馬遷最能體會孔子這偉大的悲劇性格。

> 騶子重於齊；適梁，梁惠王郊迎，執賓主之禮；適趙，平原君側行撇席；如燕，昭王擁彗先驅，請列弟子之座而受業，築碣石宮，身親往師之，作主運；其遊諸侯，見尊禮如此，豈與仲尼菜色陳蔡，孟軻困於齊梁同乎哉？故武王以仁義伐紂而王，伯夷餓不食周粟，衛靈公問陳而孔子不答，梁惠王謀欲攻趙，孟軻稱太王去邠，此豈有意阿世俗苟合而已哉？持方枘欲內圜鑿，其能入乎？——孟子荀卿列傳

> 周衰，禮廢樂壞，大小相踰。管仲之家，兼備三歸，循法守正者見侮於世，奢溢僭差者謂之顯榮。自子夏，門人之高弟也，猶云出見紛華盛麗而說，入聞夫子之道而樂，二者心戰，未

能自決，而況中庸以下，漸漬於失教，被服於成俗乎？孔子曰：「必也正名！」於衛，所居不合。仲尼沒後，受業之徒，沈湮而不舉，或適齊楚，或入河海，豈不痛哉！——禮書

這其中都有極深的了解和極大的同情。只有站在反功利上，纔明白孔子何以稱三以天下讓的泰伯爲至德，纔明白孔子何以稱「微子去之，箕子爲之奴，比干諫而死」爲殷有三仁，纔明白老子斤斤於無益於身的事，比起孔子來，雖高明，但實則多末渺小！

也只有站在反功利上，纔明白司馬遷爲什麼在列傳之中先敍述的是伯夷，（自序上稱他：末世爭利，維彼奔義。）纔明白司馬遷爲什麼把布衣的孔子升入了世家，纔明白司馬遷爲什麼很感慨地敍述了刎頸交的張耳、陳餘終於以利相仇，纔明白司馬遷爲什麼很賞識商鞅、李斯的才幹，卻只因爲他們主張不堅定，（商鞅對孝公既說王道，又改霸道，李斯則懼禍重爵，苟合趙高。）只因爲他們單爲現實而求售，而取容，遂不能不放在一個較低的估評而鄙夷著了。

司馬遷徹頭徹尾的反功利精神，反現實精神，不以成敗論英雄的態度，都有深深的孔子的影子。這是他們精神的眞正契合處。

可是他們並不是沒有距離的，這就是：孔子看到現實的不可靠，遂堅定自己的主張，而求其在我，因而坦然地安靜下去了。司馬遷則不然，現實既不可靠，自己雖站在反抗的地位，然而他沒有

平靜下去，卻出之以憤慨和抒情。他們同是反功利，孔子把力量收斂到自身了，司馬遷卻發揮出去。因爲同是反功利，所以司馬遷對孔子能夠從心裏欣賞，而向往著，卻又因爲有屑微的差異，所以司馬遷只可以羨慕，而不能作到孔子：——在激盪的驚濤駭浪之中，只有對於一個不可及的平靜如鏡的湖面在羨慕著了！

四　司馬遷對六藝之了解

畢竟孔子是哲人，司馬遷是詩人，在性格上司馬遷沒法做第二個孔子！可是在事業上，——尤其在由司馬遷的眼光中所看的孔子的事業上，卻是可以繼承的。司馬遷所認爲的孔子的大事業是什末呢？這就是論述六藝。下面都是司馬遷講到孔子和六藝的關係的地方：

> 周室既衰，諸侯恣行，仲尼悼禮廢樂崩，追修經術，以達王道，匡亂世，反之於正，見其文辭，為天下制儀法，垂六藝之統紀於後世。——太史公自序
>
> 孔子布衣傳十餘世，學者宗之，自天子王侯，中國言六藝者，折中於夫子，可謂至聖矣。——孔子世家贊

於威宣之際，孟子、荀卿之列，咸遵夫子之業而潤色之，以學顯於當世。及至秦之季世，焚詩書，阬術士，六藝從此缺焉。——儒林列傳

繆公立三十九年而卒，其後百有餘年，而孔子論述六藝。——封禪書

幾乎一提到孔子，就不能放過六藝，幾乎所謂「夫子之業」，就只有六藝的文化傳統的負荷可以概括，六藝當然是總名，分而言之，就是詩、書、禮、樂、易、春秋。這個次第是今文學家的次第，史記中儒林列傳所序的次第就是這樣的，原來司馬遷在文字上雖然學古文，但經學思想上卻是今文派的。

六藝並不是六種技術，實在是代表六種文化精神或六種類型的教養。司馬遷在這方面，或則徵引孔子的話，或則自己加以消化和了解，那意義是這樣的：

孔子曰：「六藝於治一也。禮以節人，樂以發和，書以道事，詩以達意，易以神化，春秋以道義。」——滑稽列傳

夫春秋上明三王之道，下辨人事之紀，別嫌疑，明是非，定猶豫，善善惡惡，賢賢賤不肖，存亡國，繼絕世，補敝起廢，王道之大者也。易著天地陰陽，四時五行，故長於變；禮經紀人倫，故長於行；書記先王之事，故長於政；詩記山川谿谷，禽獸草木，牝牡雌雄，故長於風；

樂，樂所以立，故長於和；春秋辯是非，故長於治人。是故禮以節人，樂以發和，書以道事，詩以達意，易以道化，春秋以道義。——太史公自序

從這裏看起來，禮是一種「社會生活」的規律，樂是一種「情感生活」的軌道，詩是一種「表現生活」的指南，書是一種「歷史生活」的法則，春秋是一種裁判的圭臬，易是一種通權達變的運用。合起來，是一個整個的人生，既和諧，又進取；既重羣體，又不抹殺個性；既範圍於理智，又不忽視情感；既有律則，卻又不至使這些律則僵化，成為人生的桎梏。在古代人心目中，的確覺得六藝是完全的，是天造地設的，是不能再有所增加，也不能再有所減少的了；別說古代人，就是現代的我們看了，在小地方或有可議，但就大體論，我們也不能不驚訝古代人的頭腦之細，目光所燭照之遠，所以也就無怪司馬遷是完全被這優越的文化的光芒所降伏或者陶醉了！

六藝在精神上是六種文化教養，具體的表現則為六經，司馬遷援用六經作為根據的地方也非常之多：

易基乾坤，詩始關雎，書美釐降，春秋譏不親迎，夫婦之際，人道之大倫也，禮之用，唯婚姻為兢兢；夫樂調而四時和，陰陽之變，萬物之統也，可不慎與？——外戚世家

這是總起來依據六經，以說明夫婦在人倫中之重要的。分別援用的，則有：

余以頌次契之事，自成湯以來，采於書詩。——殷本紀

農工商交易之路通，而龜貝金錢刀布之幣興焉。所從來久遠，自高辛氏之前尚矣，靡得而記云。故書道唐虞之際，詩述殷周之世。——平準書

夫學者載籍極博，猶考信於六藝，書詩雖缺，然虞夏之文可知也。——伯夷列傳

自詩書稱三代「戎狄是膺，荊舒是懲。」——建元以來侯者年表序

余每讀虞書，至於君臣相敕，維是幾安，而股肱不良，萬事墮壞，未嘗不流涕也。成王作頌，推己懲艾，悲彼家難，可不謂戰戰恐懼，善守善終哉！——樂書

夫神農以前，吾不知已，至若詩書所述，虞夏以來，耳目欲極聲色之好，口欲窮芻豢之味，身安逸樂，而心誇矜，勢能之榮，使俗之漸民久矣。——貨殖列傳

這都是詩書並引，大致是徵信之用，認爲詩書是可靠的最早史料，應該取爲依據。所以然者，在司馬遷看，孔子是最早而且最偉大的歷史家，書是孔子編次的，詩是孔子刪取的，自然是最可珍視了。司馬遷又說：「夫詩書隱約者，欲遂其志之思也。」（太史公自序）這卻是說明詩書之性質，又終有苦悶的象徵的背景。至於史記中：

周道缺，詩人本之衽席，關雎作；仁義陵遲，鹿鳴刺焉。——十二諸侯年表序

則是專門對於詩的了解，認爲詩仍是以儒家精神——人倫——爲出發，人倫的道理的崩潰，乃是詩由抒情而變爲諷刺的樞紐。

大雅言王公大人而德逮黎庶，小雅譏小己之得失，其流及上，所以言雖外殊，其合德一也。相如雖多虛辭濫說，然其要歸，引之節儉，此與詩之風諫何異？——司馬相如列傳贊

這是根據詩教以評論後世文章，司馬遷認爲詩總有諷諫的作用。司馬遷敍述讀詩後的感印的，則有：

召公奭可謂仁矣，甘棠且思之，況其人乎？——燕召公世家贊

司馬遷有時賦詩斷章，借爲代言：

詩有之，「高山仰之，景行行止，雖不能至，然心鄕往之。」余讀孔氏書，想見其為人。適魯，觀仲尼廟堂，車服禮器，諸生以時習禮其家，余祗回留之，不能去云。——孔子世家贊

更有時借詩爲評論的權威：

詩之所謂「戎狄是膺，荊舒是懲。」信哉是言也。淮南、衡山，親為骨肉，疆土千里，列為諸侯，不務遵蕃臣職，以承輔天子，而專挾邪僻之計，謀為叛逆，仍父子再亡國，各不終其身，為天下笑：此非獨王過也，亦其俗薄，臣下漸靡使然也。夫荊楚僄勇輕悍，好作亂，乃自古記之矣。——淮南衡山列傳贊

難得的是司馬遷對於詩的總認識則又有：「詩三百篇，大抵賢聖發憤之所爲作也。」（太史公自序）他終於以文學家的立場，而還這部古代詩歌總集一個抒情的本來面目。在那烏煙瘴氣的經生見地中，這不啻是一個照徹萬里的燈塔！

專論到書的，則有：

孔子之時，周室微，而禮樂廢，詩書缺；追跡三代之禮，序書傳，上紀唐虞之際，下至秦繆，編次其事。曰：「夏禮吾能言之，杞不足徵也；殷禮吾能言之，宋不足徵也。足則吾能徵之矣。」觀殷夏所損益，曰：「後雖百世，可知也。」以一文一質，「周監二代，郁郁乎文哉！吾從周。」故書傳禮記自孔氏。——孔子世家

這是說明「書」不但是一種史，而且是有一種文化的傳統之理解在。禮本是社會與個人的關係的定規，書便恰恰是和禮相配合，而記錄著這種關係的變遷的。這樣一來，禮的意義便充實了，書的意義也擴大並提高了。其他像：

書曰：「協和萬國。」遷於夏商，或數千歲。蓋周封八百，幽厲之後，見於春秋。尚書有唐虞之侯伯，歷三代千有餘載，自全以蕃衛天子。豈非篤於仁義，奉上法哉？——高祖功臣侯年表序

言九州山川，尚書近之矣，至禹本紀、山海經所有怪物，余不敢言之也。——大宛列傳贊

夏書曰：「禹抑鴻水，十三年，過家不入門。陸行載車，水行載舟，泥行蹈毳，山行即橋，以別九州。隨山浚川，任土作貢。通九道，陂九澤，度九山。然河菑衍溢，害中國也尤甚，唯是為務。故道河自積石，歷龍門，南到華陰，東下砥柱，及孟津、雒汭，至於大邳。於是禹以為河所從來者高，水湍悍，難以行平地，數為敗，乃廝二渠以引其河，北載之高地，過降水，至於大陸，播為九河，同為逆河，入於勃海。」九川既疏，九澤既灑，諸夏艾安，功施於三代。——河渠書

這都是援用書經之文，或則加以鎔鑄的。史記中援用了經文，而泯卻了痕迹的，那就更多了。

書曰：「不偏不黨，王道蕩蕩，不黨不偏，王道便便。」張季、馮公近之矣——張釋之馮唐列傳贊

這就又是拿書經作爲衡量的尺度了。

禮和樂，司馬遷也有他很深澈的了解和發明。這是見之於禮書和樂書之首：

洋洋美德乎！宰制萬物，役使羣衆，豈人力也哉！余至大行禮官，觀三代損益，乃知緣人情而制禮，依人性而作儀，其所由來尚矣。人道經緯萬端，規矩無所不貫。誘進以仁義，束縛以刑罰，故德厚者位尊，祿重者寵榮，所以總一海內，而整齊萬民也。人體安駕乘，為之金輿錯衡，以繁其飾；目好五色，為之黼黻文章，以表其能；耳樂鍾磬，為之調諧八音，以蕩其心；口甘五味，為之庶羞酸鹹，以致其美；情好珍善，為之琢磨圭璧，以通其意。故大路越席，皮弁布裳，朱絃洞越，大羹玄酒，所以防其淫侈，救其彫敝。是以君臣朝庭，尊卑貴賤之序，下及黎庶，車輿衣服，宮室飲食，嫁娶喪祭之分，事有宜適，物有節文。——禮書

佚能思初，安能惟始，沐浴膏澤，而歌詠勤苦，非大德誰能如斯？傳曰：「治定功成，禮樂乃興。」海內人道益深，其德益至，所樂者益異。滿而不損則溢，盈而不持則傾，凡作樂者，所以節樂。君子以謙退為禮，以損減為樂，樂其如此也。以為州異國殊，情習不同，故博采風

俗，協比聲律，以補短移化，助流政教，天子躬於明堂臨觀，而萬民咸蕩滌邪穢，斟酌飽滿，以飾厥性。故云雅頌之音理而民正，嘄噭之聲興而士奮，鄭衛之曲動而心淫。及其調和諧合，鳥獸盡感，而況懷五常，含好惡，自然之勢也。——樂書

司馬遷對於禮，可說贊美極了，稱爲「洋洋美德」，稱爲「豈人力也哉」！簡直把它神秘化，而以爲能「宰制萬物，役使羣衆」了。「緣人情而制禮，依人性而作儀。」也可說是最中肯地對於禮的理解。禮無非是人情，正是儒家所謂「人情之所不能免也」。把人情（包括慾望）放在適當的地位，不是阻遏而是節制，並且讓它有適當的發洩，這是禮的眞意義，也是儒家的大功績。像司馬遷的父親司馬談所認識的，好像只是「序君臣父子，夫婦長幼之別」似的，就未免仍舊有點皮相了。我敢說司馬遷之認識和理解儒家，尤有超過於其父者。然而那機會卻仍是他父親給他的，所以我們就仍不能不感謝司馬談了！司馬遷又說：「凡作樂者，所以節樂。」也是大發現。只有在這一點上，禮與樂纔有相通。至於所謂「蕩滌邪穢，以飾厥性」，簡直像亞里斯多德所謂的淨化作用（Katharsis）：一切藝術都是如此的，一切藝術性的禮樂文化也都是如此的！最後，司馬遷用「自然之勢」來解釋樂之感人，就又表示他沒辜負父親所遺留給他的道家立場了。

司馬遷對於詩、書、禮、樂的認識說過，現在說到他和易的關係。書中引易的，有：

> 易曰：「井渫不食，為我心惻，可以汲，王明，並受其福。」王之不明，豈足福哉！——屈原賈生列傳

> 易曰：「失之毫釐，差以千里。」故曰：「臣弒君，子弒父，非一旦一夕之故也，其漸久矣。」——太史公自序

這裏所引的是井卦爻辭和繫辭。書中讚美易的，有：

> 蓋孔子晚而喜易，易之為術，幽明遠矣。非通人達才，孰能注意焉？故周太史之卦，田敬仲完占至十世之後，及完犇齊，懿仲卜之，亦云：田乞及常所以比犯二君，專齊國之政，非必事勢之漸然也，蓋若遵厭兆祥云。——田敬仲完世家贊

孔子晚而喜易之說，是司馬遷所堅持的，在孔子世家上就有：「孔子晚而喜易，序彖繫象說卦文言。讀易，韋編三絕，曰：『假我數年，若是，我於易則彬彬矣！』」大概因爲司馬遷在經學上的傳受是今文家之故吧，所以他心目中的孔子和六經的關係都是十分密切。司馬遷對於易的認識既是「幽明」，所以凡是史記中講幽明的地方，大抵都可認爲是易教。例如：

> 人能弘道，無如命何。甚哉，妃匹之愛，君不能得之於臣，父不能得之於子，況卑下乎？

既離合矣，或不能成子姓；能成子姓矣，或不能要其終，豈非命也哉？孔子罕稱命，蓋難言之也！非通幽明之變，惡能識乎性命哉？——外戚世家

孔子論六經，記異而說不書，至天道命不傳，傳其人，不待告；告非其人，雖言不著。……此其犖犖大者，若至委曲小變，不可勝道。由是觀之，未有不先形見而應隨之者也。——天官書

自古聖王，將建國受命，興動事業，何嘗不寶卜筮以助善？唐虞以上，不可記已。自三代之興，各據禎祥，塗山之兆從，而夏啟世；飛燕之卜順，故殷興；百穀之筮吉，故周王。王者決定諸疑，參以卜筮，斷以蓍龜，不易之道也。——龜策列傳

在論語中孔子不常講的性命與天道，就是易道。孔子人格本有神秘的一方面，也就是浪漫的一方面，在這一點上，尤其惹動司馬遷的內心深處。越不可測度，越有誘惑性。孔子的人格乃是無限的，乃是「雖欲從之，末由也已」的，然而因此，卻越發讓崇拜他的人興「高山仰止」之思了！易的內容是講幽明之變，是講性命之際，是講天道。至於易的構成原理，司馬遷卻也有扼要的說明：「春秋推見至隱，易本隱以之顯。」（司馬相如列傳贊）原來春秋是借一些具體事實而推出一些抽象道理，易卻是由一些抽象原則而借象徵為說明的。

六經中，最後應該說到春秋。卻因爲春秋對司馬遷的精神更有著內在的連繫了，所以我們留在下面，特別去探討。現在可說的，是司馬遷浸潤於六經者實在深而且久。他對李斯的惋惜，是「斯知六藝之歸，不務明政以補主上之缺」，可見知六藝之歸，他便認爲是應該大有所作爲了。司馬遷的抱負，正可在這裏窺見一個消息！

五　司馬遷與春秋

六藝之中的春秋，司馬遷尤其重視著。這是無怪的，因爲不惟他的父親的遺命是希望他作第二個孔子，繼續春秋，就是他自己的心胸，也實以作春秋的孔子自居。春秋絕筆於獲麟，史記也是「卒述陶唐以來，至於麟止」的；照史記上說，孔子是厄於陳蔡，纔作春秋的（太史公自序），而司馬遷卻也是「遭李陵之禍，幽於縲紲」，纔「述往事，思來者」的；尤其妙的是，孟子不是說過五百年必有王者興麼？孔子到司馬遷，也恰是五百歲，「自周公卒後，五百歲而有孔子，孔子卒後，至於今五百歲。」那末，更是應該有第二個作春秋的孔子的時候了！這些話的事實如何，我們不必去問，漢武帝是否眞獲了麟，孔子是否眞在陳蔡之厄作春秋，司馬遷是否眞因李陵之禍纔動手寫史記，孔子到司馬遷是否已經恰有五百歲，我們都不必管。我們注意的是，不在事實而在心理上，司馬遷的話有它的眞實性。——這就是：司馬遷是第二個孔子，史記是第二部春秋！

春秋是一部單純的史書麼？當然不是。尤其在司馬遷的眼光裏不是。「書以道事」，書尚且不是單純的史書，其中已有文化的政治的意義如上所說，何況是「春秋以道義」，其中的政治性哲學性乃更濃。

在司馬遷覺得，春秋原來代表一種政變。你看他在自序裏說：「桀紂失其道而湯武作，周失其道而春秋作，秦失其政而陳涉發迹，諸侯作難。」原來這部春秋是和打倒桀紂的湯武，打倒秦始皇的陳涉同類的，那末，它已不止是一部空洞的書冊了，卻是一種行動，孔子也不止是一個文化領袖了，而且是一個政治領袖——開國的帝王了！

必須在這個意義下，纔能瞭解春秋在孔子整個人格中的關係，也必須在這個意義下，纔能瞭解司馬遷寄託於史記中者之深遠。

六藝本不是分割的，每一部代表某種文化上的意義的經典，都和其他經典在溝通著，在印證著，在發明著。因此，春秋乃是禮義的根本大法的例證和實施：

上大夫壺遂曰：昔孔子何為而作春秋哉？太史公曰：余聞董生曰：「周道衰廢，孔子為司寇，諸侯害之，大夫壅之，孔子知言之不用，道之不行也，是非二百四十二年之中，以為天下儀表，貶天子，退諸侯，討大夫，以達王事而已矣。」子曰：「我欲載之空言，不如見之於行事之深切著明也。」夫春秋上明三王之道，下辨人事之紀，別嫌疑，明是非，定猶豫，善善惡惡，賢賢賤不肖，存亡國，繼絕世，補敝起廢，王道之大者也。……春秋辯是非，故長於治人。……春秋以道義。撥亂世，反之正，莫近於春秋。春秋文成數萬，其指數千。萬物之散聚，皆在春秋。春秋之中，弒君三十六，亡國五十二，諸侯奔走，不得保其社稷者，不可勝數。察其所以，皆失其本已，故易曰：「失之毫釐，差以千里。」故曰：「臣弒君，子弒父，非一旦一夕之故也，其漸久矣。」故有國者不可以不知春秋，前有讒而弗見，後有賊而不知。為人臣者不可以不知春秋，守經事而不知其宜，遭變事而不知其權。為人君父而不通於春秋之義者，必蒙首惡之名；為人臣子而不通於春秋之義者，必陷簒弒之誅，死罪之名。其實皆以為善，為之不知其義，被之空言而不敢辭。夫不通禮義之旨，至於君不君，臣不臣，父不父，子不子；夫君不君則犯，臣不臣則誅，父不父則無道，子不子則不孝，此四行者，天下之大過也。以天下之大過予之，則受而弗敢辭。故春秋者，禮義之大宗也。夫禮禁未然之前，法施已然之後，法之所為用者易見，而禮之所為禁者難知。——太史公自序

這樣看來，春秋可以代表一種法制，——是禁於未然的法制，這也就是「禮」。在這裏，春秋是「是非」的權衡，是「王道」的綱領，是一切人「通權達變」的指南。關於春秋在孔子生命史上的重要，

以及春秋中之確有大義微言，司馬遷尤記得詳明，那是：

子曰：「弗乎！弗乎！君子病歿世而名不稱焉；吾道不行矣，吾何以自見於後世哉？」乃因史記，作春秋，上至隱公，下訖哀公十四年，十二公，據魯親周故殷㈠，運之三代，約其文辭而指博。故吳楚之君自稱王，而春秋貶之曰子；踐土之會，實召周天子，而春秋諱之曰：「天王狩於河陽。」推此類以繩當世。貶損之義，後有王者舉而開之，春秋之義行，則天下亂臣賊子懼焉。孔子在位，聽訟文辭，有可與人共者，弗獨有也；至於為春秋，筆則筆，削則削，子夏之徒，不能贊一辭。弟子受春秋，孔子曰：「後世知丘者以春秋，而罪丘者亦以春秋。」——孔子世家

孔子明王道，干七十餘君莫能用，故西觀周室，論史記舊聞。興於魯而次春秋，上記隱，下至哀之獲麟，約其文辭，去其煩重，以制義法。王道備，人事浹，七十子之徒，口受其傳指，為有所刺譏褒諱挹損之文辭，不可以書見也。——十二諸侯年表序

那末，春秋可說是孔子的最大著述，乃是整個生命之最後寄託，其創作時之不苟與認眞，子夏也不能有所修潤，而且是一生功罪之所繫了。假若說六藝中的其他經典也許多少還有身外之物之意，春秋卻是孔子眞正性命心靈中所呼息著的。春秋不是記「實然」的史實，卻是「應然」的理想的發揮。

據魯親周故殷，就是公羊派所謂三科。何休說：「新周，故宋，以春秋當新王。」故宋即故殷（宋爲殷後），新周即親周（大學上：「在親民」即「在新民」），以春秋當新王即據魯（孔子說：「吾其爲東周乎？」孔子原想建一個新的東方周帝國！）。故殷者，是因爲孔子本是殷後，不忘本。親周者，是因爲孔子有集權思想，他一部整個春秋，都是表現一種政治上的向心力的。據魯者，乃是因爲新帝國的理想建設，就以魯爲根據地。這就是春秋的大義微言！孔子志在周公，只有在春秋裏表現得最明顯。講義法，講傳指，都可見司馬遷是公羊家的嫡派，不愧他有董仲舒那一位好師友！

史記中用公羊家言的地方非常多。例如：

> 春秋譏宋之亂，自宣公廢太子而立弟，國以不寧者十世。……襄公既敗於泓，而君子或以為多，傷中國闕禮義，褒之也，宋襄之有禮讓也。——宋微子世家

這都是採的公羊傳。公羊傳隱公三年：「君子大居正，宋之禍，宣公爲之也。」公羊傳僖公二十二年：「君子大其不鼓不成列，臨大事而不忘大禮，有君而無臣，以爲雖文王之戰，亦不過此也。」尤其前一條，爲春秋左氏傳所無。

擅長公羊傳的是董仲舒。在儒林列傳中已有：「漢興至於五世之間，唯董仲舒爲明於春秋，其傳公羊氏也。」太史公自序中講春秋是引董生，十二諸侯年表序中也說：「上大夫董仲舒，推春秋

義，頗著文焉。」都可見司馬遷的春秋之學的淵源。

孔子的春秋既含有建一個新國之意，難道司馬遷也要建一個新國家麼？其實並不然。大概照漢人一般的想法，漢朝就已經是一個理想的國家之部分的實現了。司馬遷也認爲漢朝之「獲符瑞，建封禪，改正朔，易服色」，就已經是一個新國家的象徵了。他說：「春秋采善貶惡，推三代之德，褒周室，非獨刺譏而已。」（太史公自序）原來春秋也有頌揚的一方面，他的史記就把這方面發揮在對於當代上。司馬遷諷刺，固然是眞的，他對於當代之感到偉大，感到應該歌頌，也同樣是眞的。不過不很明顯罷了。

歌頌的方面不太明顯，諷刺的方面更其不能明顯。就是在這一點上，他也是取法的春秋：

孔氏著春秋，隱桓之間則章，至定哀之際則微，為其切當世之文，而罔褒，忌諱之辭也。

——匈奴列傳贊

在別一機會，司馬遷說：「春秋推見至隱。」（司馬相如贊），固然一方面是因爲春秋在具體事實中見抽象原則，另方面卻也是由於春秋有它的忌諱，所謂「爲尊者諱，爲親者諱」（公羊傳閔公元年），因而把一部分史實故意隱藏了；只是那原則卻也還是由沒隱藏的記錄中可以推出而已。

春秋不單包含了孔子的政治抱負和政治哲學，而且暗示了孔子對於曆法的見解。所以「周襄王二十六年，閏三月，而春秋非之」（曆書）。孔子關於曆法的主張是什末呢？原來就是夏曆。「孔子正夏時，學者多傳夏小正云。」（夏本紀贊）論語上孔子也有「行夏之時」（衛靈公十一）之語，後來司馬遷參加漢朝太初曆的訂定，便也是實現孔子這個理想的。

中國的歷史家，一方面是要懂得天道，一方面是要知道並非是記錄「實然」的史實，而是發揮「應然」的理想，司馬遷在前者是得自易教，在後者就是得自春秋。司馬遷所謂「成一家之言，厥協六經異傳」（太史公自序），的確是當之無愧了。司馬遷既學春秋，春秋又有那樣多的「忌諱」、「義法」、「推見至隱」，所以他的史記，在我們讀去時，便也當有很多的保留，當有很多口授的「傳指」、「不可以書見」的地方，這也是自然的了！

六　司馬遷在精神上受惠於孔子的所在

孔子之爲歷史家，不自作春秋始。在論語中：

子曰：「述而不作，信而好古，竊比於我老彭。」——述而一

子曰：「我非生而知之者，好古敏以求之者也。」——述而二十

子曰：「夏禮吾能言之，杞不足徵也；殷禮吾能言之，宋不足徵也；文獻不足故也，足則

吾能徵之矣。」——八佾九

子曰：「吾猶及史之闕文也，有馬者，借人乘之，今亡矣夫。」——衛靈公二十六

這都可以看出孔子之歷史的興趣。

子曰：「殷因於夏禮，所損益可知也；周因於殷禮，所損益可知也。其或繼周者，雖百世可知也。」——為政二十三

則代表一種歷史哲學。

子曰：「夷狄之有君，不如諸夏之亡也。」——八佾五

子曰：「管仲相桓公，霸諸侯，一匡天下，民到於今受其賜，微管仲，吾其披髮左衽矣。」——憲問十七

這似乎是公羊傳「春秋內其國而外諸夏，內諸夏而外夷狄」（成公十五年），和「不與夷狄之執中國也」（隱公七年）之濃厚的國家思想的先聲。

葉公語孔子曰：「吾黨有直躬者，其父攘羊，而子證之。」孔子曰：「吾黨之直者異於是，

父為子隱，子為父隱，直在其中矣。」——子路十八

陳司敗問昭公知禮乎？孔子曰：「知禮。」孔子退。揖巫馬期而進之曰：「吾聞君子不黨，君子亦黨乎？君取於吳為同姓，謂之吳孟子，君而知禮，孰不知禮？」巫馬期以告，子曰：「丘也幸，苟有過，人必知之。」——述而三十一

這都似乎是公羊傳「春秋爲尊者諱，爲親者諱，爲賢者諱」（閔公元年）之溫暖的人情的根據。至於「齊一變至於魯，魯一變至於道」（雍也二十四），更似乎是「據魯親周故殷」的建一個新國的張本。所以單就論語看，孔子實在已經有一個歷史家——特別是春秋公羊派的歷史家——的首領的資格而無愧了。

司馬遷學孔子，以史記當春秋，可說有內在的邏輯的連繫性，而無可疑者！除了春秋的大義微言，爲司馬遷所吸取了，以作爲他那史記的神髓之外，司馬遷卻也在史記中，只就史的方面，受惠於孔子者很多。這是：

第一、對歷史上的人物之人格的欣賞和評論　孔子稱泰伯爲至德（泰伯一），稱伯夷「不念舊惡」（公冶長二十三），稱子產「有君子之道四」（公冶長十六），稱禹「吾無間然矣」（泰伯二十一），稱「晉文公譎而不正，齊桓公正而不譎」（憲問十五），稱「晏平仲善與人交」（公冶長十

七），稱堯「巍巍乎其有成功也，煥乎其有文章」（泰伯十九），這種趣味也傳給了司馬遷。因而史記是以人物爲中心的一部古代史詩，每一人物，他都有所評論或欣賞。

第二、古典精神　「好古」已是古典精神的表現了，而最代表孔子之古典精神處，則在孔子講節制，所謂「以約失之者鮮矣」（里仁二十三）；所謂「從心所欲，不踰矩」（爲政四）；所謂「樂而不淫，哀而不傷」（八佾二〇）；所謂「詩三百，一言以蔽之，曰思無邪」（爲政二）；這都是在規矩之中，而不流入於放縱或過分的，假若用一個名詞說出來，就是所謂雅。在雅的反面，是一些惡趣味，那便是孔子所一律排斥的了，例如「惡紫之奪朱也，惡鄭聲之亂雅樂也」（陽貨十六），「子不語怪力亂神」（述而二十一）等都是。可是古典精神並不是只注重節制的形式或規矩的，卻也還注重內容的充實，只是二者必須立於一種和諧而各得其所的狀態，這就是孔子所謂「質勝文則野，文勝質則史，文質彬彬，然後君子」（雍也十八），這纔是雅的眞意義。司馬遷的精神本是浪漫的，常常要橫決古典的藩籬而奔逸出去，然而因爲被孔子的精神所籠罩之故，所以也便每每流露一種古典趣味了。你看他說：「百家言黃帝，其文不雅馴，薦紳先生難言之。」（五帝本紀贊）「余幷論次，擇其言尤雅者。」（同）「其語不經見，搢紳者不道。」（封禪書）「至禹本紀、山海經所有怪物，余不敢言之也。」（大宛列傳贊）這都完全是孔子之重雅的口吻！

第三、理智色彩　古典精神的一個重要方面，即理智。孔子不語怪力亂神，對生死鬼神都採取一個極其保留的態度，便正是這方面的表現。司馬遷也頗有些地方，極其理智。他不信地脈，蒙恬傳贊上有：「夫秦之初滅諸侯，天下之心未定，痍傷者未瘳，而恬爲名將，不以此時彊諫，振百姓之急，養老存孤，務修衆庶之和，而阿意興功，此其兄弟遇誅，不亦宜乎？何乃罪地脈哉？」他也不信龜策，而且很客觀地採取兩種解釋：「或以爲聖王遭事無不定，決疑無不見，其設稽神求問之道者，以爲後世衰微，愚不師智，人各自安，化分爲百室，道散而無垠，故推歸之至微，要潔於精神也；或以爲昆蟲之所長，聖人不能與爭，其處吉凶，別然否，多中於人。」（龜策列傳）這也是像孔子那樣的保留的。他更不信天，例如他說項羽：「背關懷楚，放逐義帝而自立，怨王侯叛己，難矣；自矜功伐，奪其私智而不師古，稱霸王之業，欲以力征，經營天下，五年卒亡其國，身死東城，尚不覺寤而不自責，過矣！乃引天亡我，非用兵之罪也，豈不謬哉？」（項羽本紀贊）在這裏他只從情勢上分析，而不信悠悠的命運。其他地方像敍述豫讓拔劍擊趙襄子之衣，而不採國策的「衣盡出血，襄子回車，車輪未周而亡」；敍述荆軻而不採「天雨粟，馬生角」的傳言；敍述黃帝，還他一個常人的面目：「黃帝崩，葬橋山。」（五帝本紀）敍述老子，也著出他的鄉里和子孫，指明他和黃帝統統不是騰雲駕霧的活神仙；這都是極開明，極理智的。

第四、愼重和徵信的態度　在司馬遷的心目中的孔子是非常謹愼而小心的，所以在孔子世家中有：「丘生而叔梁紇死，葬於防山，防山在魯東，由是孔子疑其父墓處，母諱之也。孔子爲兒嬉戲，常陳俎豆，設禮容。孔子母死，乃殯五父之衢，蓋其愼也。」」；在三代世表序中也有：「孔子因史文，次春秋，紀元年，正時日月，蓋其詳哉。至於序尚書，則略年月，或頗有，然多闕，不可錄，故疑則傳疑，蓋其愼也。」孔子之「知之爲知之，不知爲不知」（爲政十七），孔子之「多聞闕疑，愼言其餘」（爲政十八），司馬遷是承受了的，所以高祖功臣表序上就有「頗有所不盡本末，著其明，疑者闕之」的話。史記中常有兩三說並存的時候，在司馬遷決不自加判斷，卻留待後人的抉擇；在不懂得他這種保留態度的人，卻就以爲司馬遷多所牴牾了！由於孔子之愼，所以孔子主張「無徵不信」（大學）。堯舜以上，孔子是不談的，也就是一種徵信的表現。司馬遷對這種精神，常常牢記於心：

> 學者多稱五帝，尚矣；然尚書獨稱堯以來。——五帝本紀贊

> 唐虞以上，不可記已。——龜策列傳

> 夫神農以前，吾不知已。至若詩書所述，虞夏以來，耳目欲極聲色之好，口欲窮芻豢之味，身安逸樂，而心誇矜，勢能之榮，使俗之漸民久矣。——貨殖列傳

> 夫學者載籍極博，猶考信於六藝，詩書雖缺，然虞夏之文可知也。——伯夷列傳

> 農工商交易之路通，而龜貝金錢刀布之幣興焉。所從來久遠，自高辛氏之前尚矣，靡得而記云。故書道唐虞之際，詩述殷周之世。——平準書

詩書所斷的時代，也就是司馬遷所斷的時代。歷史家的精神本在求眞，本在考信，而司馬遷的考信猶不止於文字，他更要參之耳聞目見，他在大宛列傳的贊上說：「禹本紀言河出崑崙，崑崙其高二千五百餘里，日月所相避隱爲光明也，其上有醴泉瑤池，今自張騫使大夏之後也，窮河源，惡睹本紀所謂崑崙者乎？」這就不止是考信了，而且有一種科學家的實證精神！在這一點上，司馬遷或者業已超過孔子了！

第五、人生的體驗與智慧　孔子和一切世界上的哲學家不同，而有一種獨特的價值處，就在他不是空洞的理論家，而是滲透於人生者極深，有著豐富的體驗與智慧的。像孔子對人生的窮困便是極爲了解並同情的，所以他能夠說：「貧而無怨，難。」（憲問十）孔子對一般人的意志是知道不可勉強或阻遏的，所以他能夠說：「三軍可奪帥也，匹夫不可奪志也。」（子罕二十六）他又深知人之一生裏的誘惑是各有其階段的，所以他能夠說：「少之時，血氣未定，戒之在色；及其壯也，血氣方剛，戒之在鬬；及其老也，血氣既衰，戒之在得。」（季氏七）他很明瞭思想上之格格不入而合作的困難，所以他又能夠說：「道不同，不相爲謀。」（衛靈公四〇）大概他看到的有希望的青年而無所成就的，太多了吧，所以他能夠說：「苗而不秀者有矣夫，秀而不實者有矣夫。」（子罕二十二）他更看到許多東倒西歪的人物之禁不住風浪吧，所以他會很感慨而含蓄地說：「歲寒，然後知松柏之後彫也。」（子罕二十八）——這都是多末親切而深遠的閱歷！司馬遷不能不對這有所感印著，於是他的史記也便不是一部普通的枯燥的歷史教科書，其中也同樣有著生活的瞭悟和烙印了。他的判斷，極其明澈，他對人情的揣摩，極其入微。這更不能不說是由孔子之賜使然了！

總之，由於孔子，司馬遷的天才的翅膀被剪裁了，但剪裁得好，彷彿一個絕世美人，又披上一層華麗精美而長短適度的外衣似的；由於孔子，司馬遷的趣味更淳化，司馬遷的態度更嚴厲，司馬遷的精神內容更充實而且更有著蘊藏了！一個偉大的巨人，遙遙地引導著一個天才，走向不朽！

七　司馬遷在心靈深處和孔子的眞正共鳴

孔子果然是一個純粹古典的人物，單單發揮冷冷的理智的麼？

並不然。孔子在「不踰矩」的另一面，是「從心所欲」。他的情感上仍有濃烈陶醉的時候，他聽音樂，可以三月不知肉味，可以說「不圖爲樂之至於斯」（述而十四）；他的氣魄上仍有不可逼視而震撼人的地方，他會說：「吾未見剛者。」（公冶長十一）他會說：「朝聞道，夕死可矣。」（里仁八）他會說：「非其鬼而祭之，諂也，見義不爲，無勇也。」（爲政二十四）他會說：「天之未喪斯文也，匡人其如予何？」（子罕五）在這種地方，我們能說孔子沒有浪漫傾向麼？

在論語中，孔子是不語怪力亂神的，可是在史記的孔子世家中，孔子卻就懂得木石之怪，山川之神，以及三尺的短人，三丈的長人了。這說明著什麼呢？這是說明司馬遷已經把孔子浪漫化，或者說，他所採取的孔子，已不是純粹的古典方面了。

而且照我看，孔子根本是浪漫的，然而他向往著古典。他一生的七十多的歲月，可視爲乃是一個浪漫人物掙扎向古典的過程。「七十而從心所欲，不踰矩。」是到了生命的最後，他的掙扎成功了！孔子是殷人，到他臨死時，他有著身爲殷人的自覺，所以他對子貢說：「天下無道久矣，莫能宗予，夏人殯於東階，周人於西階，殷人兩柱間，昨暮予夢坐奠兩柱之間，予殆殷人也。」過了七天，他便死了（孔子世家）。可是他羨慕的是周，「郁郁乎文哉」的周。殷人尙鬼，殷本是一種重感情，富有宗教情緒的文化，周卻是講度數，講禮樂的一種理智文化。殷是浪漫的，周是古典的。孔子身爲殷人，而向慕周，這說明他本爲浪漫而渴望著古典！

也就在這種心靈深處，司馬遷有了自己的歸宿了。所不同者，孔子的掙扎是成功了，已使人瞧不出浪漫的本來面目，而司馬遷卻不能，也不肯始終被屈於古典之下，因而他像奔流中的浪花一樣，雖有峻岸，卻仍是永遠洶湧著，飛濺著了！

㈠ 史記張守節正義，解釋這句話是：「殷中也，又中運夏殷周之事。」我不採取。

第四章　司馬遷之體驗與創作（上）

——無限之象徵

一　從耕牧到京師受學

固然由於孔子的影響之故，司馬遷對於人生也有他的體驗和智慧，可是假如實生活不豐富，那體驗便仍將是貧乏，而智慧也仍將是淺薄了。

很幸運的卻是司馬遷一生和實際生活都在連繫著，他雖然在二十八歲（公元前一〇八年）以後，就「紬史記石室金匱之書」，而且有著「百年之間，天下遺文古事，靡不畢集太史公」的方便，可是他以生命力的活躍和進取，並沒單單關在書齋裏做書呆子。

十歲以前，他曾經雜在牧童和農人的中間，這已經是接近民間實際人生的初步了。

九歲這一年（公元前一二六），那個有名的江湖好漢郭解全家被朝廷殺了，在被殺以前，郭解曾把自己的外祖家安置在夏陽。夏陽在現在山西陝西交界的韓城，也就是司馬遷的故里。司馬遷後來在史記中說到郭解的身材短小，而貌平凡，應該就是這一次見到的。從這裏，我們可以推知司馬遷在九歲時還沒離開家鄉，他應該是時常和一些野孩子一道玩兒的罷；我們可以想像到他一定鍛鍊得一副好體格。

他自己說：「十歲誦古文。」恐怕就是十歲到了京師的。這一年孔藏是掌宗廟禮儀的太常，他的同宗弟弟孔安國當侍中，假若說司馬遷跟著孔安國學過古文尚書，便正是這時候。

在司馬遷的少年時候，正是國家最熱鬧的時代。衛青爲大將軍，出塞大征匈奴，帶了十幾萬人，所鹵獲的是右賢王裨將五十餘人，衆男女萬五千餘人，牲口數十百萬，這一年（公元前一二四年），司馬遷十二歲。過了三年，張騫奉命通西域。

在司馬遷十六歲的時候，漢武帝開始立樂府，由大文學家司馬相如作詞，由大音樂家李延年製譜，並領導演奏。

在司馬遷十七歲這一年，李廣自殺了。對匈奴的征伐，自此也告了一個段落。因爲李廣是郎中令，雖然屢次出征，但由於職務的關係，也時常在京師。司馬遷的父親既也在朝廷作官，他們一定有不少的往還。所以司馬遷對於長輩的李廣是有著很深的印象的。他說那才氣縱橫的李廣卻很和氣，像一個鄉下老，這應該也是親眼目睹的。

次年老詩人司馬相如也死了。

司馬遷何幸而生在漢武帝的大時代，又何幸而住在當時政治軍事文化中心的長安！他的少年時代，已經過得不寂寞了。

二　東南和中原的大旅行

二十歲開始了他的壯遊。

他爲什麼去的，是父親的指示呢，還是由於「父與子」的衝突而賭氣出走呢？我們不曉得。他怎麼去的，是一個像陶潛所謂「少時壯且厲，撫劍獨行遊」麼？還是陪奉了什麼人？我們也茫然。

我們只知道這次大規模的旅行，是先到了江淮，這就是江蘇和安徽的北部。他恐怕早是對於歷史有著興趣，而且有著一種實證的習慣的罷，所以他到了淮陰，就打聽了韓信貧困的故事：韓信的母親死了，埋的錢都沒有，可是選了個很高的塋地，讓旁邊可以住一萬多人家。司馬遷便親自到韓信墳上去看了看，果然一點兒也不錯！

從江淮又南上江西的廬山，「觀禹疏九江」；（河渠書）又到了浙江紹興縣南的會稽山，據說禹在這兒曾大會諸侯，計算他們的貢賦，所以叫會稽，會稽就是會計呢。禹大會諸侯以後，便崩了，於是即葬在此地。山上有一個洞，傳說禹曾經進去過，因而叫禹穴。司馬遷便也上去探察了一番。禹的後代越王句踐，也是在會稽臥薪嘗膽而復了仇的。這故事也一定在當地傳播著，後來採入史記了。

既看了禹所葬的地方，舜葬的地方也不能不看。他就又由浙江到了湖南的南部寧遠縣境，這裏有九疑山，傳說就是舜的最後歸宿。

九疑山是在湘水的上游，司馬遷又順流北下，到了長沙。屈原的離騷、天問、招魂、哀郢，賈誼的弔屈原賦和服鳥賦，司馬遷是早已很感動地讀過的了，這時他就親自去看了看屈原投水的汨羅江；他於是哭了，從心裏悼念著那個志潔行廉，因方正而不見容的大詩人！同時長沙是一個卑溼之地，也是那只有三十三歲的天才政論家賈誼所不得意之所，司馬遷爲了賈誼之弔屈原，更增加了對屈原的悼惜，但也爲賈誼之聊以自廣的服鳥賦，又在無可奈何中似乎解脫了！司馬遷是太敏感，太有感受性，太偏於抒情的了，所以對任何人同情著，何況是屈原和賈生？更何況是正在他二十歲的多情的青春時代？

楚文化的遺澤，他既盡量的呼吸著，於是再北上，大概先到了姑蘇和五湖，憑弔了吳王闔閭和夫差的舊地，就到了儒家的根據地齊魯。他大概在齊魯盤桓的時候最長，一方面深深地體會孔子的教化之遺風，所以他說：

陳涉之王也，而魯諸儒持孔氏之禮器，往歸陳王，於是孔甲為陳涉博士，卒與涉俱死。陳涉起匹夫，驅瓦合適戍，旬月以王楚，不滿半歲，竟滅亡。其事至微淺，然而縉紳先生之徒，負孔子禮器，往委質為臣者何也？以秦焚其業，積怨而發憤於陳王也。及高皇帝誅項籍，舉兵圍魯，魯中諸儒尚講誦，習禮樂，弦歌之音不絕，豈非聖人之遺化，好禮樂之國哉？故孔子在陳，曰：「歸與！歸與！吾黨之小子狂簡，斐然成章，不知所以裁之。」夫齊魯之間，於文學，自古以來，其天性也。——儒林列傳

另方面則實習孔子的事業，在鄒魯間學鄉射之禮，並對孔子的人格深深地崇敬著，嚮往著：

余讀孔氏書，想見其為人，適魯，觀仲尼廟堂，車服禮器，諸生以時習禮其家，余祗回留之，不能去云。——孔子世家贊

因爲「講業齊魯之都」，於是司馬遷在深味鄒魯的儒風之餘，觀察兼及於齊。不過他對於齊的整個印象之獲得，卻還是以後扈從封禪時的事。

經過齊魯之遊以後，司馬遷卻也像孔子的遭遇——菜色陳蔡——一樣，困厄於鄱薛彭城。這都是山東南部和江蘇北部之地。薛在滕縣西南，是孟嘗君被封的所在，後來司馬遷說：

吾嘗過薛，其俗閭里率多暴桀子弟，與鄒魯殊；問其故，曰：「孟嘗君招致天下任俠姦人入薛中，蓋六萬餘家矣！」世之傳孟嘗君好客自喜，名不虛矣。——孟嘗君列傳贊

那印象就應該是這一次獲得的吧。彭城則是現在慣稱的徐州，豐沛在其北，邳縣在其東，漢初的要人大半生長於此。例如漢高祖是沛豐邑中陽里人，蕭何是沛豐人，曹參是沛人，周勃是沛人，盧綰是高祖同里，樊噲是沛人，夏侯嬰（即滕公）是沛人，周昌是沛人，周緤是沛人；張良雖不是這一帶的人，但早年是在下邳亡匿，而遇見圯上老人的；項羽雖和漢高祖對立，但他的籍貫是下相（現在江蘇北部宿遷縣西），他那西楚大帝國的都城也仍在彭城（徐州）。項羽勢力最大的時候，是表現在和漢高祖的彭城大戰（公元前二〇五）的時候，高祖以五十六萬大軍爲項羽三萬精兵所敗，趕得漢兵有十餘萬人擠到睢水裏，睢水爲之不流，當時許多新立的諸侯都再度歸楚而叛漢了。這有名的古戰場便也在徐州及其東南。

司馬遷到了這個漢初史跡的寶庫來，豈能輕易放過？那許多要人之微賤時的生活，便一定是這時採訪所得。所以他說：

> 吾適豐沛，問其遺老，觀故蕭、曹、樊噲、滕公之冢，及其素，異哉所聞！方其鼓刀屠狗賣繒之時，豈自知附驥之尾，垂名漢廷，德流子孫哉？——樊酈滕灌列傳贊

樊噲本來是屠狗的，後來因爲軍功，封爲舞陽侯，他是一員猛將；灌嬰是賣繒的，因軍功封爲潁陰侯，更是勇敢善戰的急先鋒。其他如蕭何、曹參、周勃後來都做到相國，而前二人爲當地的獄吏，

後一人則爲當地治喪時的吹鼓手；周昌也是當地的小吏，後來卻是御史大夫；夏侯嬰本來是和高祖戲耍的伴侶，有一次並且把高祖打傷了，後來卻封爲汝陰侯；盧綰則和高祖同日生，因爲是同里，兩家又原有情誼，鄉下人便同時持羊酒去賀過他們兩家，到他倆長大了，交情也十分好，鄉下人便又拿羊酒來再去賀他們兩家，後來盧綰便是燕王。這些故事，假若不實地去打聽，也如何能得到？至於像漢高祖之好酒色，對廷吏無不狎侮，又喜大言，呂公遷沛的時候，客人出不到一千賀錢的，就坐在堂下，高祖卻詐言賀錢一萬，其實不名一文，以及高祖服役咸陽時，別人都出三錢，蕭何卻出五錢，所以後來以蕭何爲第一功，封賞是最厚；能把這一個集團的面貌畫得這樣生龍活現，更是司馬遷之得力於實地訪求處了。

司馬遷困厄於徐州附近以後，又到過河南一帶。照現在的地理講，司馬遷是順了隴海路，由徐州到了開封的。開封是戰國時魏的京城大梁。魏的整部歷史，立刻又浮現在司馬遷的腦海中了。梁的最後一幕，卻便是當地人告訴給他的：

吾適故大梁之墟，墟中人曰：「秦之破梁，引河溝而灌大梁，三月城壞，王請降，遂滅魏。」

——魏世家贊

魏之亡和信陵君之毀廢病酒是有關的，信陵君本爲司馬遷所崇拜，所以司馬遷到了大梁，就又搜尋信陵的故事。信陵的故事中最精彩的乃是執轡迎夷門監者侯嬴。所以司馬遷說：

吾過大梁之墟，求問其所謂夷門，夷門者城之東門也。天下諸公子，亦有喜士者矣，然信陵君之接巖穴隱者，不恥下交，有以也；名冠諸侯，不虛耳；高祖每過之，而令民奉祠不絕也。

——信陵君列傳

開封以東，到徐州一帶，是戰國末年楚地。司馬遷在春申君列傳贊上說：

吾適楚，觀春申君故城宮室，盛矣哉！

那時楚已遷陳（現在河南的東部淮陽），後來再遷壽春（現在安徽北部壽縣），春申君的故城宮室便應該在淮陽一帶，大概是司馬遷在到開封時所路過的。弔古之餘，司馬遷又同時留心了這一帶的水利。

當司馬遷到了大梁以後，當又西行。他所謂：「余登箕山，其上蓋有許由冢云。」箕山在現在河南洛陽以東登封縣境，大概就也是這一次壯遊所到的，但卻已是壯遊的尾聲了。

這一次的大旅行，我們不敢說他已經存心作史記，然而無疑地他的歷史興趣發達得極早，也就是這種興趣，鼓舞他漫遊天下了。說是歷史興趣，或者還不十分確切，更正當地說，乃是他那少年時所蓄蘊的生命力，乃是他那像含苞而要怒放的才華，乃是他那青春的活力之燃燒，纔迫使他的足跡放縱於天南地北吧！可是結果讓他宛然像一個偉大的觀客一樣，在各種實地布景中，暢快地欣賞著歷史上的悲喜劇了；卻又讓他彷彿身居為一個好導演似的，在攝製著各地的風光，準備著自己也在指揮歷史劇的舞臺了！他是「歷史劇」的觀客，卻也是「歷史劇本」的舞臺長！

此行結束後沒有好久，時時長征的機會卻又跟著來了。

三　仕宦生活的開始——空峒扈駕和奉使蜀滇

原來他在二十壯遊以後，就開始了仕宦生活，當了郎中。郎中是一種近侍的貴官，屬於郎中令，平常並無一定的工作，但有事時則奉命出使，或者扈駕巡行，相當於現在侍從室一類的職務。

在漢朝仕為郎中的，大概有兩種來源，一是假若他父親官在二千石的，則可以把兒子選送了去；二是自從元朔五年（公元前一二四年，司馬遷十二歲時），公孫弘出了一個主意，十八歲以上的優秀青年，可以補博士弟子員。名額是五十，每年有一度考試，那博士弟子員成績好的，就可以為郎中。司馬遷的父親是太史令，在官階上只是六百石，當然不能選送司馬遷為郎中。所以司馬遷之為郎中，應該是先經過博士弟子員，又考試得好，纔得到的。

有人以為元朔五年公孫弘有那樣的建議，遂推測那一年司馬遷即仕為郎中了，並認為司馬遷在十九歲補的博士弟子。其實所謂十八歲以上，未必就是限於十九歲；元朔五年有那樣的建議，也未必就是限於元朔五年只選一次，其實卻是應該自此以後年年有補充的。既有選爲郎中者，就有來補博士弟子的了。

假若照我的考證，則元朔五年（公元前一二四），司馬遷纔十二歲。當是又過了十年，司馬遷已經二十二歲，這時是元鼎三年（公元前一一四），司馬遷或者纔作了郎中的吧。他的壯遊究竟占了幾年，我們不能確知，但爲時未必很長，因爲那時的交通雖困難，但決不如想像中之甚，漢武帝每次封禪，常常走半個中國，可是也不過幾個月。不要說漢朝，就是孔子時的季札（距司馬遷約有四百多年），他歷聘各國，到了鄭，到了魯，到了齊，到了晉，也不過一年呢。

所以我推測司馬遷壯遊時所占的時光，也不過三四年。二十二歲時已爲郎中是可能的。

元鼎五年（公元前一一二），他二十四歲了。漢武曾經幸雍，雍是秦德公卜居（公元前六七七）之所，就是現在長安以西扶風的地方。漢武帝在這裏祭五時，五時即青黃赤白黑五帝之祭地。漢武帝從此又西行，越過了隴山，到了甘肅的平涼以西，登過了空峒，據說這是黃帝所登過之處，更西行，到了祖厲河岸；大概是現在的會寧一帶，纔轉回來。再過去，便是現在的蘭州了。司馬遷無疑是曾扈駕，也到過了這些地方的。他說：「余嘗西至空峒」（五帝本紀贊），也只有這一次的機會最相符合。到了空峒，便將黃帝的傳說又溫習著了。

空峒之行剛畢，在次年（元鼎六年，司馬遷二十五歲），他又有奉使巴、蜀、滇中之事。這是關係漢朝經營西南夷的一件大事。這經營開始於元光五年（公元前一三〇），那時司馬遷纔六歲。由唐蒙帶兵千人，從巴（現在重慶一帶）蜀（現在成都一帶）筰關（現在四川西南漢源縣）分道入夜郎國（它的中心是在現在貴州北部桐梓），夜郎附近小邑因而歸漢，漢遂建了犍為郡，這就是現在的四川宜賓。宜賓又稱僰人道，因為這是僰人所居，僰是現在所謂擺夷。當時為經營西南，曾動員了數萬巴蜀之地的人民，預備從宜賓修路，直達貴州的北盤江（這江當時叫作牂柯）。人民有逃亡的，每加以軍法從事。因此騷擾得不堪，漸漸便有釀成民變的可能了。於是漢武帝遂派了司馬相如去曉諭他們，推說只是唐蒙等的私意而已，朝廷本無心於此，這樣纔把他們安下了。同時邛（即邛都國，在現在西康的西昌東南）、筰（漢源）、冉駹（現在四川的茂縣，在成都西北）等地的君長也都請求內附，因而西夷和南夷一樣的歸順了。這事在司馬遷奉使前的十九年。

司馬遷的奉使，卻比他的前輩走得更遠了一些，不但到了巴蜀以南，邛筰（西昌一帶）之地，而且到了昆明。這一年設了五郡。即武都（甘肅東南角武都到陝西西南角寧羌一帶）、牂柯（自貴州北部遵義到中部平越一帶）、越嶲（西康西昌一帶，所謂邛都）、沈黎（四川漢源一帶，所謂筰都）、文山（包括雲南南部開化一帶）是。到了司馬遷這一次奉使，西南的經營纔算是更具體化，真正告了一個段落。

司馬遷這一次的收穫，除在國家方面不言外，在文學上乃是西南夷列傳那篇很有韻致的地理文之產生。後來柳宗元的遊黃溪記和袁家渴記就都是模擬這篇西南夷列傳的。

司馬遷的二十壯遊是偏於東南及中原地帶，但他當了郎中以後，那二十四歲的扈駕西行，和這次二十五歲的奉使川滇，就把西陲和西南也補充了，於是幾乎全中國的巡禮便完成了。

四　封禪與北地之遊——「無限」之象徵

司馬遷奉使巴、蜀、滇中的第二年是元封元年（公元前一一〇），漢武帝舉行了大規模的封禪。在封禪之前，那招展了千餘里的旌旗，十八萬的騎兵，卻先越過了長城，到了五原、歸綏，把匈奴威脅了一番（因爲封禪先要罷兵），遂又到了陝西的中部縣，去祭過黃帝（因爲那兒相傳有黃帝葬於橋山的墳墓）。從此就折回陝西浮化縣的西北甘泉，甘泉有泰畤，祭的是泰乙。當時曆法以十月爲歲首，這事便在元封元年的十月。

到了這年的春天正月，這大隊人馬纔又東下，去正式封禪。就在到了洛陽的時候，原是跟隨著的司馬談卻病倒了，這時司馬遷正從西南奉使歸來，在洛陽見到了他的父親。

司馬遷這一年二十六歲，在父親的彌留之際，接受了做第二個孔子，並著第二部春秋的遺命。那爲一般人所盼望了三十年的封禪大典，並爲司馬談本人所參加設計過的封禪大典，可惜只能看了一個序幕，就飲恨而終了。

司馬遷是什末時候追上了大隊，是否趕得上緱氏和嵩山的祭祀，我們不曉得，但是因爲職務的關係，終於扈駕東行，到了海上。這一年的四月，又隨從漢武帝從海上到了泰山，參加了封禪。所以他的封禪書並非耳食之言，卻也是實地的收穫：

> 余從巡祭天地諸神名山川而封禪焉；入壽宮，侍祠神語，究觀方士祠官之意，於是退而論次，自古以來用事於鬼神者，具見其表裏，後有君子，得以覽焉。

所謂壽宮是奉神之宮，早在元狩五年（公元前一一八），那時司馬遷纔十八歲，壽宮中就已經有神君下降，借巫爲主人，不過說些普通話，可是爲漢武帝所寶貴著了。司馬遷爲郎中以後，大概時常有參觀這種喜劇的機會的。

封禪固然熱鬧，然而司馬遷的父親之死，一定給司馬遷以很大的創痛，所以他在封禪書裏，一方面是飄忽神逸之筆，一方面卻又極盡諷刺笑罵的能事，這也是當然的了。

因爲封禪而有了至海上的機會，這使司馬遷對於齊纔有一種更總括的瞭解。他說：

> 吾適齊，自泰山屬之琅琊，北被於海，膏壤二千里，其民闊達多匿知，其天性也。以太公之聖建國本，桓公之盛修善政，以為諸侯，會盟稱伯，不亦宜乎？洋洋哉，固大國之風也。——齊太公世家贊

此外史記中關於齊人的許多記載，如騶衍、公孫弘以及許多方士如少翁、欒大、公孫卿、丁公、公玉帶等，也一定是由於在實地旅行中所得的靈感而著筆的了。

元封元年的五月，那封禪的行列，又由海上而到了現在遼寧的錦縣，熱河的承德一帶，再經過綏遠的五原，回到甘泉。他們這一萬八千里的旅行，於是結束。司馬遷這次北邊之行，是記載在蒙恬列傳贊裏：

吾適北邊，自直道歸，行觀蒙恬所為秦築長城亭障，塹山堙谷，通直道，固輕百姓力矣！

直道就是五原到雲陽（現在陝西淳化縣西北，亦即甘泉）的直通之道，所以恰恰是這一次的紀行呢。司馬遷從前遊了東南和中原，遊了西陲和川滇，所遺憾的就是缺海上的景色和塞外風光了，這一次北地之遊便又給彌補起來。

他到了任何地方，都訪問長老，並都緬懷著中國的往古先烈。所以他又說：「至長老皆往往稱黃帝、堯、舜之處，風教固殊焉。」精神的遺澤，在他是深深地感印著了。

司馬遷的旅行，其意義也許不只是在表面上而止。以天才縱橫的司馬遷的精神論，本是有囊括宇宙，氣吞山河的魄力的，因爲它無從放置了，所以奔溢而出，迫使他各處縱遊。司馬遷的精神是浪漫的，浪漫的意義——最重要的——之一就是無限，這遨遊也無非是那「無限」之象徵而已。

這一年桑弘羊的平準政策成功了，由國家統制貨物，貴即賣之，賤則買之，因此十分富足，漢武帝各處巡狩，並賞賜，就是取給於此。司馬遷也正叨了時代的光！不過後來平準的流弊叢生，司馬遷也親見之，那也就是他作平準書的來由了。

五　負薪塞河

旅行也許是司馬遷的命運了，封禪的第二年，元封二年（公元前一〇九），他二十七歲了，又有扈駕負薪塞河之役。

原來這一年的春天，漢武帝又到了緱氏城（現在河南的偃師縣南），更東行，到了山東半島膠東，四月的時候，又去祭了泰山。因爲這一年天旱，收成不好，而黃河在瓠子決口，人民的生活是更苦了。於是漢武帝乃率領百官去塞河。

瓠子在現在河北南端濮陽縣南。當時漢武帝一面讓百官都帶了薪柴，加上竹片插起來，把石和土填在裏邊，去防塞，另方面卻又給河水兩條通路，使其宣洩。又是宣，又是防，所以在這裏蓋了一個宮，稱爲宣房（同防）宮。漢武帝更親自祭河，把白馬玉璧投在水裏。這樣還怕不成功，於是作有瓠子之歌。那詞是：

瓠子決兮將奈何？皓皓旰旰兮閭殫為河；殫為河兮地不得寧，功無已時兮吾山平。吾山平兮鉅野溢，魚沸鬱兮迫冬日；延道弛兮離常流，蛟龍騁兮方遠遊。歸舊川兮神哉沛，不封禪兮安知外？為我謂河伯兮何不仁，泛濫不止兮愁吾人！齧桑浮兮淮泗滿，久不反兮水維緩！

另有一首是：

河湯湯兮激潺湲，北渡迂兮浚流難；搴長茭兮沈美玉，河伯許兮薪不屬。薪不屬兮衛人罪，燒蕭條兮噫乎何以禦水？頹林竹兮楗石菑，宣房塞兮萬福來！

但卻幸而用數萬人之力把河塞好了，河南、皖北、蘇北一帶的水災也消了。司馬遷在這一次又是參加了的，他的河渠書就是因爲實際的感印，以及有感於瓠子之歌而寫下的。

六　父職的繼續——司馬遷之活躍與積極

在司馬談死的時候，就已經告訴過司馬遷：「余先周室之太史也，……汝復爲太史，則續吾祖矣。……余死，汝必爲太史，爲太史，無忘吾所欲論著矣。」

這事，在元封三年（公元前一〇八），也就是司馬遷參加塞河的第二年，果然實現了，他已經二十八歲。大概司馬遷的文才早爲漢武帝所賞識，並早已表示過要他繼續做太史令了，所以司馬談纔曉得他兒子「必爲太史」。

爲什末在父親死後的第三年纔爲太史呢？這是因爲父死有三年之喪的緣故。卻只因爲他身爲郎中，所以雖在守制之期，也還扈駕封禪並塞河。

司馬遷爲太史令的這一年，正是少年英俊，富有活力的時代，當時漢武帝已經四十九歲了，但也正在英雄事業的盛期。在司馬遷初爲郎中時，漢武帝約四十三歲。君臣的相遇，到這時不覺已經六年了。

天才怒發的司馬遷當了太史令，立刻表現出了躁進和不知人世艱辛的模樣。太史令自然是一個親貴的位置，於是勸他的朋友們也都借此登政治舞臺。所以當時有勸他的朋友摯峻的一封信：

遷聞君子所貴乎道者三：太上立德，其次立言，其次立功。伏維伯陵（摯峻的字）材能絕人，高尚其志，以善厥身，冰清玉潔，不以細行荷累其名，固已貴矣；然未盡太上之所由也！願先生少致意焉。

這是勸摯峻也出來立功的意思。那摯峻卻比較世故得多，卻寧欲當阱山的隱士而不肯出來。那答書是：

峻聞古之君子，料能而行，度德而出，故悔吝去於身。利不可以虛受，名不可以苟得。漢興以來，帝王之道，於斯始顯，能者見利，不肖者自辱，亦其時也。周易「大君有命，小人勿用」，徒欲偃仰從容，以遊餘齒耳。

這樣韜光隱晦卻也是司馬遷所做不來的，他乃是很得意地「絕賓客之知，忘室家之業，日夜思竭其不肖之材力，務一心營職，以求親媚於主上」（報任安書），而「出入周衛之中」了。

司馬遷作太史令的這一年，不惟是他自己得意之時，國威也在蒸蒸日上著。這時不惟距匈奴戰爭告一段落已有十二年，距南越（兩廣）之平已有四年，距東越（福建之地）之平已有三年，而且這一年又把朝鮮定了，西域的經營則自酒泉（甘肅西部）以至玉門，都設有亭障，更因爲和西域交通的結果，雜戲（角觝、魚龍、漫衍之屬）也開始出現，凡此一切，都在說明那時代的活躍和盛大。司馬遷正是大時代的驕兒！

做了太史令以後的司馬遷，他的生活當然是日以「紬史記石室金匱之書」爲事，「百年之間，天下遺文古事，靡不畢集太史公。」他的精神生活，不用說，是較以往更豐富了。

可是他除了游泳於這些文化遺產之中以外，隨從巡幸之事，卻還是不能免。例如他在二十九歲的時候，就又扈從封禪，這次的路線，是先到了雍（長安以西扶風之地），祭五時，又通回中道，出了蕭關（在現在甘肅的東北部），繞了一個大圈子，經過獨鹿鳴澤（現在察哈爾的涿鹿），到了山西北部的恆山，纔轉回來。到了這時，司馬遷是可以驕傲地說：「余嘗西至空峒，北過涿鹿，東漸於海，南浮江淮矣！」（五帝本紀贊）的確，一個不滿三十歲的人，已經把全國都遊遍了，原是值得驕傲的！

司馬遷三十歲時，漢武帝又有南巡之事。先是到了南郡（現在湖北一帶），又到了九疑山（湖南南部的寧遠縣境），因爲傳虞舜葬於此，所以即在這兒祭過了虞舜，又到了灊天柱山（即現在安徽東南部的霍山，當時號稱南嶽），自此到了尋陽（現在九江），這時大隊伍是改爲水路了，漢書上稱「舳艫千里」，聲勢之大是可以想見的。漢武帝並且在江中發現了一隻蛟，便親自把他射獲了，這時漢武帝已經五十一歲，體魄卻還證明十分健旺。從尋陽，舟行到了樅陽（現在安徽桐城東南）。當時作有盛唐樅陽之歌，盛唐就是現在安徽懷寧之地。中間所遊的是廬山和彭蠡（就是鄱陽湖）。南巡完了，漢武帝便又北上，到了琅琊和海上，更到了泰山增封。司馬遷自然又跟著走了一大遭。

盛之始，卻也就是衰之漸。這時漢朝的許多名臣大將多半物故了，衛青即死於這一年，張騫則死了八年，張湯死了十年，霍去病死了十二年，李廣是死了十四年，於是漢武帝下詔求人才：「蓋有非常之功，必待非常之人，故馬或奔踶而至千里，士或有負俗之累而立功名，夫泛駕之馬，跅弛之士，亦在御之而已。其令州郡，察民有茂材異等，可爲將相，及使絕國者！」像一幕戲似的，漢武帝的事業是快到了尾聲了，是快成爲歷史家的對象了。——但表面上卻未必有人覺得！

七　太初曆的訂定和著述

司馬遷三十一歲這一年，在他個人沒有什末大事。漢武帝卻又巡幸回中，即甘肅的固原。也到過河東，到河東是爲的祭后土，后土祠在汾陰（現在山西西南部榮河的地方），不用說司馬遷也是奉陪了的。這一年，爲要澈底消滅匈奴，便和烏孫（在現在新疆西界伊犁河流域）連絡，以江都王的女兒細君冒充公主，去下嫁烏孫。這時通西域的使者已到過安息（在現在伊拉克、伊朗一帶），安息便也曾把大秦（即羅馬帝國）的魔術師獻送給中國。往時有許多外國人到中國來，他們也隨了漢武帝巡行，漢武帝往常賞賜很厚，是炫耀，卻也是示威。（漢武帝是天眞而又可笑的！）又因爲得到烏孫的好馬，稱爲天馬，天馬好吃苜蓿，於是宮觀之旁，也便種了無數苜蓿。異國情調是越來越濃了！司馬遷呼吸於這種浪漫的空氣之中，你能怪他成爲一個浪漫的大抒情詩人麼？

太初元年（公元前一〇四），司馬遷三十二歲，卻有兩件不朽的事業，一是完成了，一是開始著，都表現在這一年了。

完成了的一件大事業是太初曆。在這一年以前的曆法，都是認冬天十月爲歲首的，有點像現在的陽曆。到了這年的夏五月，改訂曆法，以春正月爲歲首，遂奠定了現在陰曆的基礎，支配了中國人的時間觀念在兩千年以上。這種曆法，又不止只是爭一個正月爲歲首而已，晦朔弦望也都因經過這一次改訂而十分確切了。更重要的是，照漢人五行學說推起來，漢德有三說：漢高祖自認是赤帝子，色尚赤，所以以十月爲歲首。後來張蒼主張漢應該是水德，色當尚黑，也以十月爲歲首。只有魯人公孫臣卻主張漢應該是土德，色尚黃。但後一說當時爲張蒼的學說壓倒，未見採用。不料在公孫臣說過那話的第三年，即文帝十五年（公元前一六五），在成紀（現在甘肅天水）卻出現了一條黃龍，於是公孫臣的話的重要性便立時增加了。自此以後，大家便都盼望著依照土德而改服易制。可是這事一直擱置了六十幾年，中間被那會望氣的新桓平之欺詐而使文帝打消了興致，以後景帝也沒有動作，武帝初年又爲愛好黃老的竇太后所阻梗，最後到了這次改正曆法的時候，纔把服色正式規定了。緊跟著「色尚黃」之後，乃是：「數用五，定官名，協音律。」（漢書武帝本紀）原來曆法的改訂，乃是國家政治制度的一個大整理。這種大改革，參加的人有三四十位，其中如公孫卿、兒寬、壺遂、唐都、洛下閎等，更是有名的專家。這些人有的是司馬遷的晚輩，有的是司馬遷的父執。不過主動的應該認爲還是司馬遷，所以他曾說：「余與壺遂定律曆。」（韓長孺列傳贊）司馬遷本是要學孔子的，孔子有「行夏之時」（衛靈公十二）之語，史記中也有「孔子正夏時，學者多傳夏小正」之文，這次就由司馬遷之手而實現了孔子的理想了：司馬遷本是世傳的歷史家，古代歷史家即兼管星曆，他這一次大功勞，也正是他父親那「上世典天官事，復爲太史，則續吾祖」的一種九泉下的安慰。太初曆對後來的影響之大，不下於史記，在漢代的重要，那就更不必說了。史記中天官書及曆書之作，是有他的實際根據和價值的。

至於他那正在開始著的一件大事，不用說，就是那不朽的著述——史記了。國家的政法既然更新，在司馬遷看來，就彷佛開一個新紀元似的了，所以他的史記也「於焉著筆」。這時正是他年富力強的時候——三十二歲，所以那文字中精力瀰漫，生氣盎然，矯健之中帶有濃烈的感情。史記起初叫太史公書，共百三十篇，五十二萬六千五百字，自此一直到他四十五歲，費了十四年的功夫纔寫成。假若加上他旅行及紬讀史料的開始時代，恐怕前後不下二十年！

司馬遷開始寫史記的這一年，漢武帝仍然巡幸。在改曆之前，漢武帝又到了泰山和海上。在改曆之後，秋天的八月，則到了安定（現在甘肅固原縣）。這一年，開始征大宛（蘇俄屬的中亞細亞之地），因為大宛的貳師城有好馬，遂稱去征伐的將軍李廣利為貳師將軍，預備一到那兒就把馬取了來。那知道李廣利來往兩年，回到敦煌（甘肅西界），去的數萬人不過只剩了十分之一二了，於是李廣利請求罷兵。漢武帝聽了大怒，打發人在玉門把敗兵截住，說：敢回來的就斬！因此李廣利嚇得留在敦煌，不敢回來。漢武帝覺得大宛是一個小國，小國還攻不下，豈不為人恥笑，於是又發了六萬人，十萬隻牛，三萬多匹馬，駱駝驢騾也以萬計；更因為大宛城內無水，他們吃水是到城外的井裏取，於是加派了水工，去把水汲乾，好讓城內沒得水吃。再為萬全起見，加發了十八萬人，保衛酒泉（甘肅西部），同時也是後備軍。伐大宛，目的是爲得馬，於是隨著大軍，又派了兩位善於選馬的人，預備一攻下大宛城，就取馬。因此李廣利再整隊西征。這事一直到太初四年（公元前一〇一），纔告結束，好馬得了數十匹，中等馬得了三千多匹，大宛王由漢兵立了一位對中國一向情感好的昧蔡，李廣利凱旋回到長安。爲了幾千匹馬，就那樣小題大作，這就是那一個時代之富有傳奇性和誘惑性的地方。（威風而有趣的大宛列傳就是在這種氛圍中產生的！）同時，西域的建設，卻因此更鞏固並更擴大了，元封三年（公元前一〇八）時，亭障不過設到玉門（甘肅西部之中心），現在隔了八年，就又從敦煌設亭障至於鹽澤（現在新疆的羅布諾爾）了。到這時，司馬遷年三十五！這其間，漢武帝曾經幸河東（公元前一〇二），本年也到過回中。漢武帝的車輦是沒有一年休息過，司馬遷的遊蹤也就沒有一年中斷過！

　　這時卻有一樁可注意的事，這就是漢高祖所封的一百四十多位爲侯的功臣，到了太初三年（公元前一〇二），因爲子孫犯法，就只賸了四個人了。這表示法律的網子是越來越密，這密網不久也就套在司馬遷身上了！——那便是有名的李陵案。

　　司馬遷的體驗本已經夠豐富了，但卻還另有這一頁，使其更充實，更沈痛，也更輝煌！

第五章　司馬遷之體驗與創作（中）

——必然的悲劇

一　司馬遷的性格之本質

李陵案的悲劇是必然發生的。首先是由於司馬遷的性格。我們試想想看吧，假定司馬遷沒受過儒家的薰陶，十歲時不曾去學孔安國的古文尚書，二十歲前也不曾去接觸董仲舒的公羊派春秋，壯遊時也不曾到齊魯去練習鄉射，後來也不曾到大行禮官去看三代損益的「禮」，甚而根本沒有一個讓他「祗回留之，不能去云」的孔子，就是有，他根本也不曾曉得，那末，他將是一個什末人物呢？我想，他恐怕是一個再放誕也沒有的人物，像莊周；他恐怕是一個再多情也沒有的人物，像屈原；他恐怕是一個再任性也沒有的人物，可以超過陶潛了。

不過，事實上，他籠罩於孔子的精神之下了，他的橫溢的天才，已經像泛濫的河流一樣，終於入了一個峻峭的巖壁中了！

雖然如此，他的本來面目還是時隱時現的。孔子的精神是理性的——縱然根底上也不盡然；但司馬遷終於是情感的。孔子的趣味，表現而爲雅，這是古典的；但司馬遷的趣味，表現出來，卻是奇，這卻是浪漫的了。

他的情感極濃烈，平常就有一種說不出的極苦悶，極寂寞的鬱結的煩惱在：德文所謂Leidenschaft，最足以表現他這種心情。

他這種情感，又不止是憤懣的，破壞的而已，卻同時是極爲積極，極爲同情，對一切美麗的，則有著極度的熱愛，而不能平淡。他對於孔子吧，稱爲「至聖」，稱「心鄉往之」，稱「想見其爲人」，稱「祇回留之，不能去云」；對於屈原吧，稱「能無怨乎」？稱「蓋自怨生也」，稱「悲其志」，稱「未嘗不垂涕」；就是對於季札，也稱「何其閎覽博物君子」；對於韓非，也稱「余獨悲韓子，爲說難，而不能自脫」；對於蘇秦，竟也說「毋令獨被惡聲」；對於游俠，更說「自秦以前，匹夫之俠，湮滅不見，余甚恨之」，「余悲世俗不察其意，而猥以朱家、郭解等，令與暴豪之徒同類，而共笑之」；沒有一個地方沒有同情，沒有一個地方沒有深摯的懷念！至於他廢書而歎的時候，更非常多，他讀到孟子「何以利吾國」，廢書而歎；他讀樂毅報燕王書，廢書而歎；他讀到功令，廣厲學官之路，也廢書而歎；他讀虞書，「至於君臣相敕，維是幾安，而股肱不良，萬事墮壞。」（樂書）又未嘗不垂涕；——他的情感像準備爆發著的火山一樣，時時會噴放出來！

他之作史記，也決不像一個普通平靜的學者似的，可以無動於中而下筆著，看他的自序：「嘉伯之讓，作吳世家；嘉父之謀，作齊太公世家；末世爭利，維彼奔義，讓國餓死，天下稱之，作伯夷列傳；李耳無為自化，清淨自正，韓非揣事情，循勢理，作老子韓非列傳；天下患衡秦無饜，而蘇子能存諸侯，約從以抑貪彊，作蘇秦列傳；六國既從親，而張儀能明其說，復散解諸侯，作張儀列傳；能以富貴下貧賤，賢能詘於不肖，唯信陵君為能行之，作魏公子列傳；勇於當敵，仁愛士卒，號令不煩，師徒鄉之，作李將軍列傳。」幾乎沒有一篇不是基於一種感情而去著手了的。

情感者，纔是司馬遷的本質。他的書是贊歎，是感慨，是苦悶，是情感的宣洩，總之，是抒情的而已！不惟抒自己的情，而且代抒一般人的情。這就是他之偉大處！不瞭解情感生活的人，不能讀司馬遷的書！許多責備司馬遷的人，可以休矣！

因為司馬遷是這樣情感的，所以對於李陵的遭遇，不能不大聲疾呼。加之，他的誠坦，使他不會說違心之論，使他不能（也不肯）觀測上峯的顏色；他的正義感，更使他不能怯懦地有所含蓄或隱藏。所以，李陵案便決不是偶然的了！

二　好奇與愛才

李陵案之必然性，還不止上面所說的而已。

原來司馬遷一生最大的特點是好奇——一種浪漫精神之最露骨的表現。

最早提到司馬遷好奇的是揚雄。揚雄生於公元前五二年，死於紀元後十八年。他之生，距司馬遷之死只有三四十年。他的話是好極了：「多愛不忍，子長也！仲尼多愛，愛義也。子長多愛，愛奇也。」（法言君子篇）多愛不忍，是司馬遷的同情之廣處，愛奇，尤其是司馬遷的浪漫性格之核心。後來唐朝作史記索隱的司馬貞也說：「其人好奇而詞省，故事覈而文微。」（史記索隱後序）

因為好奇，所以他在二十歲，在現在也不過一個高中學生的學齡，就遍遊全國，而且專門「探禹穴」，「闚九疑」，「浮沅湘」，「厄困鄱、薛、彭城」，過一種冒險而浪漫的生涯了。因為好奇，所以他的文字疏疏落落，句子極其參差，風格極其豐富而變化，正像怪特的山川一樣，無一處不是奇境，又像詭幻的天氣一樣，無一時一刻不是兼有和風麗日，狂風驟飆，雷電和虹！

司馬遷愛一切奇，而尤愛人中之奇。人中之奇，就是才。司馬遷最愛才。司馬遷常稱他愛的才為奇士。例如：「武帝立，求賢良，舉馮唐，唐時年九十餘，不能復為官；乃以唐子馮遂為郎，遂字王孫，亦奇士，與余善。」（張釋之馮唐列傳）。

他對一切有才能的人，不論古今，一律在愛著。古代的是周公、召公，所以他對於李斯的惋惜，就是沒做到周召，「人皆以斯極忠而被五刑死，察其本，乃與俗議之異，不然，斯之功，且與周召列矣。」對於韓信的同情，也是認為他伐功矜能，不能做周召，「假令韓信學道謙讓，不伐己功，不矜其能，則庶幾哉！於漢家勳，可以比周、召、太公之徒，後世血食矣。」對於周勃的稱贊，也以周公擬之，「及從高祖定天下，在將相位，諸呂欲作亂，勃匡國家難，復之乎正，雖伊尹、周公，何以加哉！」

在近代人中，則蕭、曹、陳平之才，都是他推許的。他說：「申屠嘉可謂剛毅守節矣，然無術學，殆與蕭、曹、陳平異矣。」（張丞相列傳）其實這般人在人格上本來未必多末高的，但在才能上，都是不凡的；只要在才能上不凡，就爲司馬遷所欣賞了，——像欣賞一種奇花異草然。這數人中，尤其是陳平，司馬遷更傾倒地說：「陳丞相平，少時本好黃帝、老子之術，方其割肉俎上之時，其意固已遠矣。傾側擾攘楚魏之間，卒歸高帝，常出奇計，救糾紛之難，振國家之患。及呂后時，事多故矣，然平竟自脫，定宗廟，以榮名終，稱賢相，豈不善始善終哉？非知謀，孰能當此者乎！」

司馬遷之愛才，是愛到這樣的地步，就是在他所痛恨的人物之中，他也仍抑不下對於「才」的品評。以司馬遷那樣多情的人，當然最恨冷板板的法家，可是他對於韓非仍是極其贊歎著。以司馬遷身受酷吏之毒手，對酷吏應該是死敵了，可是他的酷吏列傳，對酷吏仍按人才的眼光分出了高下：「自郅都、杜周十人者，此皆以酷烈爲聲。然郅都伉直，引是非，爭天下大體；張湯以知陰陽，人主與俱上下，時數辯當否，國家賴其便；趙禹時據法守正，杜周從諛，以少言爲重。自張湯死後，網密，多詆嚴，官事寖以耗廢，九卿碌碌奉其官，救過不贍，何暇論繩墨之外乎？然此十人中，其廉者足以爲儀表，其汙者足以爲戒，方略教導，禁奸止邪，一切亦皆彬彬質有其文武焉；雖慘酷，斯稱其位矣。至若蜀守馮當暴挫，廣漢李貞擅磔人，東郡彌僕鋸項，天水駱璧推成，河東褚廣妄殺，京兆無忌，馮翊殷周蝮鷙，水衡閻奉扑擊賣請，何足數哉！何足數哉！」司馬遷不但在這裏忘了仇恨和憎惡，評論起他們的人才來了，而且後來在自序中竟說：「民背本多巧，奸軌弄法，善人不能化，唯一切嚴削，爲能齊之，作酷吏列傳。」簡直也贊許了他們的生存了！司馬遷的心胸又有時這樣廣！

因爲愛才，司馬遷常有遺才之歎。衛將軍驃騎列傳贊中引蘇建的話，說衛青、霍去病都不敢招選賢者，怕爲天子所切齒，這隱約中就是暗示不知埋沒了多少人才了。

因爲愛才，所以他對於一切自負其才者也都非常同情而有著共鳴：「以項羽之氣，而季布以勇顯於楚，身屨典軍，搴旗者數矣，可謂壯士！然被刑戮，爲人奴而不死，何其下也？彼必自負其才，故受辱而不羞，欲有所用其未足也！」

至於司馬遷在所愛的才之中，最愛的是哪一種？一般地說，是聰明智慧，是才能，是不平庸，或不安於平庸，或意識到自己不平庸的。但尤其爲他所深深地禮贊的，則是一種衝破規律，傲睨萬物，而又遭遇不幸，產生悲壯的戲劇性的結果的人物。夠上這個資格的，就是項羽和李廣。他們的共同點是才氣，而且是超特的才氣。項羽吧，「長八尺餘，力能扛鼎，才氣過人。」李廣吧，也是「李廣才氣，天下無雙」，而且「自負其能」。項羽不肯學書，書足以記姓名而已，不肯學劍，劍一人敵，要學是學萬人敵，他不管什末兵法不兵法，他會自己被甲持戟，出來挑戰，只要一瞋目叱之，那敵人就「目不敢視，手不敢發」，就「人馬俱驚，辟易數里」；他愛馬，愛美人，愛故交，最後自刎而死！這是一個十足的讓人快意的英雄！李廣也不耐煩那些部伍行陣的束縛，也不願意理會那些幕府文書的瑣事，他之治軍，是讓人人自便；他有的是膽識。是箭法，是急智，他可以把石當作老虎，箭射到石頭裏；他可以在四萬人的包圍中，自己四千騎兵只剩了一半，敵人的矢下如雨，自己已彈盡糧絕，到了黃昏，什末人也嚇得面無人色了，但他還意氣自如；他的下場卻也是自剄。又是一個可以讓人拿著酒，而歎惋他的遭遇的好漢！這都是和司馬遷的精神最相連屬的，所以寫到他們的文章——項羽本紀和李將軍列傳——也便是史記中最精彩的，最炫耀人的文章了！

好奇和愛才是一事，因爲愛才還是由好奇來的。這是司馬遷之浪漫的性格所必至，於是李陵案，也就越發成爲不可避免的了！

天地間好像有一個好作弄人的造物者似的，好奇的人往往讓他有很奇特的結束。好奇的金聖歎，最後是殺頭，他說：「殺頭至痛也，籍家至慘也，而聖歎以不意得之，大奇！」於是一笑受刑。這事是在公元一六六一年。好奇的司馬遷，卻也在金聖歎受刑的前一千七百六十年（公元前九八），有著比金聖歎還料不到的摧折——因李陵案而受了宮刑了！造物者不是太惡作劇了麼？

司馬遷好奇，遂有那末一個奇而慘的磨難。同時，司馬遷愛才，愛奇士，嚮往李將軍，逢巧李陵就也是在司馬遷眼光中的奇士——「僕觀其爲人，自守奇士。」而李陵也就是李廣的孫子，也是

「善騎射，愛人，謙讓下士」的，就是漢武帝也認爲「有廣之風」，你想，這樣一個人有了不白之冤，司馬遷能夠袖手旁觀麼？

三　司馬遷與友情——司馬遷交遊考

再說像司馬遷這樣生來就富有情感的人，他之渴望人情的溫暖是當然的。例如從前在衛宣公十八年（公元前七〇二）時，因爲宣公娶了前妻之子伋的未婚婦，就想趁伋使齊之便，派人在路上截殺他，後來爲後妻之子壽曉得了，壽便勸阻伋之行，說：「界盜見太子白旄，即殺太子，太子可毋行！」可是伋答道：「逆父命求生，不可！」遂行。壽見太子不止，乃盜其白旄，而先馳至界，界盜果然看見白旄了，就把壽殺了。壽死之後，太子伋又來了，告訴刺客說：「所當殺，乃我也。」刺客便把他也一併殺了。這個故事爲司馬遷讀了以後，就說：

余讀世家言，至於宣公之太子以婦見誅，弟壽爭死以相讓；此與晉太子申生，不敢明驪姬之過同，俱惡傷父之志，然卒死亡，何其悲也！或父子相殺，兄弟相滅，亦獨何哉！

人倫的感慨，立即充滿在司馬遷的筆端了。又如李廣之口吶少言，恂恂然像鄉下人，對士兵則仁愛到「乏絕之處，見水，士卒不盡飲，廣不近水，士卒不盡食，廣不嘗食」，而且「寬緩不苛」，這又是司馬遷在遭遇裏所感覺缺少的了，也便爲他夢寐以求而贊歎著！友情！是枯燥冷冽的人生中的甘露，司馬遷便更是渴望，而且要求得極爲急切！你看他記載管仲、鮑叔的一段是多末動人：

管仲曰：「吾始困時，嘗與鮑叔賈，分財利，多自與，鮑叔不以我為貪，知我貧也；吾嘗為鮑叔謀事，而更窮困，鮑叔不以我為愚，知時有利不利也；吾嘗三仕，三見逐於君，鮑叔不以我為不肖，知我不遭時也；吾嘗三戰三走，鮑叔不以我為怯，知我有老母也；公子糾敗，召忽死之，吾幽囚受辱，鮑叔不以我為無恥，知我不羞小節，而恥功名不顯於天下也。生我者父母，知我者鮑子也！」

友情到了這個地步，當然也是最難的了，然而不是司馬遷酣暢之筆，也何能達之！假如不是他自己也同樣幽囚受辱而渴望一個瞭解他之「不羞小節，而恥功名不顯於天下」的知己，又如何能寫得這樣委宛曲盡？

不過文學的筆墨究竟只是文人的安慰而已，世界上的一般交游，卻太可歎了！張耳陳餘是刎頸交，後來張耳隨趙王歇入鉅鹿城，被秦將王離所圍，希望陳餘來救，陳餘卻以兵少不敢前，兩人就不能相諒而互怨起來了，最後竟至相攻殺，張耳歸漢，陳餘又竟以殺張耳爲助漢擊楚的條件，一到利害之間，友情的維繫竟是這樣脆弱！無怪乎司馬遷感慨地說：

張耳、陳餘，世傳所稱賢者，其賓客廝役，莫非天下俊傑，所居國，無不取卿相者。然張耳、陳餘始居約時，相然信以死，豈顧問哉？及據國爭權，卒相滅亡，何鄉者相慕用之誠，後相背之戾也！豈非以利哉？名譽雖高，賓客雖盛，所由殆與太伯、延陵季子異矣！

利害是眞正友情的試金石，經得住一試的未免太少了！漢朝的汲黯，是一個難得的直言敢諫之士，有才能，有眼光，並曾爲主爵都尉，列於九卿，可是一到無勢時，朋友就十分稀少起來。司馬遷寫道：

夫以汲黯之賢，有勢則賓客十倍，無勢則否，況衆人乎？下邽翟公有言，始翟公為廷尉，賓客填門，及廢，門外可設雀羅。翟公復為廷尉，賓客欲往，翟公乃大署其門曰：「一死一生，乃知交情，一貧一富，乃知交態，一貴一賤，交情乃見。」汲鄭亦云，悲夫！

朋友的相知既難，聚散又以利，窮人就不該有朋友的份兒了。馮驩提醒孟嘗君的話：「富貴多士，貧賤寡友，事之固然也！」夠多末沈痛！更糟糕的是，一到人失敗了，那些從前來依附的人，也便都來投井下石了。主父偃就是這樣的例：「主父偃方貴幸時，賓客以千數，及其族死，無一人收者。

唯獨洨孔車收葬之。天子後聞之，以爲孔車長者也。」這最慘，到死的時候，連收葬的人也幾乎沒有！可是也最足發人深省，就連治主父偃以罪的漢武帝也竟覺得一般人太刻薄了！司馬遷說：

主父偃當路，諸公皆譽之，及名敗身誅，士爭言其惡，悲夫！

這和李陵的遭遇：「今舉事一不當，而全軀保妻子之臣，隨而媒孽其短。」有多末相像！這又和司馬遷自己爲救李陵下獄，那時「家貧，貨賂不足以自贖，交遊莫救，左右親近，不爲一言」，情況更多末如出一轍！敍到這種地方，那其中就有司馬遷自己的血，司馬遷自己的淚了！

在渴求與幻想中，他因而寫了刺客和游俠。豫讓爲智伯變姓名爲刑人，肯漆身爲厲，吞炭爲啞，讓妻子都不能認出自己來，也無非是一點「士爲知己者死，女爲悅己者容」的知己之感而已；這表示什末？不過表明友情太難得，所以一遇到（縱然不十分值得！智伯又究竟高去趙襄子多少？）就已足以犧牲個人的熱血和頭顱了！聶政只爲了嚴仲子給母親送了一點禮，誇獎了幾句，就賣了死力，把韓累殺了，剜掉自己的眼，剖出自己的腸子，試想他是多末寂寞！刺客都是太寂寞了！其他像侯嬴，像朱亥，像毛遂，像荆軻，像田光，像高漸離，……他們也實在太寂寞了，「相樂也，已而相泣。」這是什末滋味？後來一部水滸傳也無非是寫一種寂寞之感而已。你想，平白地一百單八個好漢，還不是都像阮氏兄弟一樣，只要把一腔熱血賣與識貨的（自己認爲）麼？原因是太寂寞了！司馬遷寫這些人物，更是由於自己的寂寞，不過來消遣自己，正如施耐庵（假若做水滸傳的人叫施耐庵）寫一百單八人也是來消遣自己而已！至於司馬遷之寫游俠，更是因爲士大夫中有血性有感情的人太少，倒不如這些市井之人，下層社會中，或可有點眞味。「今游俠，其行雖不軌於正義，然其言必信，其行必果，已諾必誠，不愛其軀，赴士之阨困，旣已存亡死生矣，而不矜其能，羞伐其德，蓋亦有足多者焉；且緩急，人之所時有也！」後一句尤其道出了司馬遷的心事。友情，友情，士大夫中旣然渺茫了，便只能求之於那些寂寞（或者不意識到寂寞，那就更可哀！）的「江湖」中了！

至於在司馬遷的當時，究竟交了些什末朋友？這也是値得我們淸理一下的。大概見於記載的，是這樣：

長一輩的，有：唐都、孔安國、董仲舒、蘇建、樊佗廣、馮遂等。

唐都是方士。司馬遷的父親司馬談即曾學天官於唐都（自序）。可是後來司馬遷定太初曆時（公元前一〇四），唐都卻也還健在，並且參加。「夫自漢之爲天數者，星則唐都，氣則王朔，占歲則魏鮮。」（天官書）可知唐都必是頗爲人稱道的一個專家。

孔安國爲漢武帝時的博士，官至臨淮太守，早卒（孔子世家）。他在經學上的地位是很重要的，因爲「孔氏有古文尙書，而安國以今文讀之，因以起（起發以出）其家逸書，得十餘篇，蓋尙書滋多於是矣」（儒林列傳）。這是經今古文之爭的根源。據王靜安先生的考證，孔安國之死，當在元光元朔間（公元前一三四——一二三）。司馬遷曾從孔安國學古文尙書，應該是元朔三年（公元前一二六）的事，那時司馬遷十歲（依我的考證），所謂「年十歲則誦古文」，就是這件事。十歲時的老師，當然是一位長輩了。

董仲舒是廣川人，廣川是現在河北中部冀縣附近。他是孝景時的博士，乃是當時一位春秋公羊學的權威。他講學的時候，曾經三年不窺園庭，專心到如此！武帝即位以後，他有著名的賢良對策，奠定了大一統思想和養士的政策的基礎。賢良對策呈獻於公元前一四〇，到了公元前一三八，漢武帝就「招選天下文學材智之士，待以不次之位」了；到了公元前一三六，就置了五經博士；到了公元前一三四，就令郡國擧孝廉各一人了；這都是他對策之次第實現。所以他不但在學術史上有重要的地位，即在政治史上也有不可磨滅者在。他曾和位至公卿的公孫弘相摩擦，公孫弘死於元狩二年（公元前一二一），廷尉張湯曾常向他請敎，張湯爲廷尉的最後一年是元狩三年（公元前一二〇）；這些事都在董仲舒的晚年，所以董仲舒大約就是在這時候死去的。以元狩三年計，那時司馬遷十六歲，他之向董仲舒學春秋的大義微言，也一定是在少年。刺客傳中有一位董生，和秦始皇的侍醫夏無且有來往，曾親自聽到荆軻的故事（公元前二二七），史記中卻說，他和太史公很有交情，這必是另一位董生無疑，即所謂「始公孫季功、董生與夏無且游，爲余道之如是」之「余」，亦必非司馬遷。假如是司馬談，也必須司馬談活了七十幾歲，而在早年聽到了七十幾歲的董生的話而後可，因爲從荆軻之事到司馬談之卒也有一百一十七年。所以那個「余」實不知是何人。

蘇建是有名的蘇武的父親。他曾在元朔二年（公元前一二七）跟隨大將軍衛青出雲中（現在綏遠的托克托），定朔方（綏遠黃河以南之地），封爲平陵侯。到了元朔五年（公元前一二四），又隨衛青出朔方，大敗匈奴，衛青被拜爲大將軍。第二年，蘇建以右將軍資格，再隨衛青出定襄（歸綏以南和林格爾之地），擊匈奴。但蘇建不幸所率領的一部分軍隊失敗，他自己也僅以身免。還好，漢武帝未加誅，贖爲庶人。這時司馬遷十三歲。後來蘇建又作過代郡太守，代郡是現在山西北部雁門一帶。衛青死於元封五年（公元前一〇六），大概蘇建的卒年和這相去不遠，這時司馬遷三十歲了。蘇武出使於天漢元年（公元前一〇〇），已經四十多歲（這是由蘇武卒於漢宣帝神爵二年，即公元前六〇年，漢書上說他「八十餘」推知的），則元封五年時，蘇武年三十五六，蘇武是蘇建中子，其時蘇建必已六十以上，所以他死於公元前一〇六左右是可能的。蘇建曾告訴司馬遷以活的史料，那便是：「吾嘗責大將軍（衛青）至尊重，而天下之賢大夫毋稱焉，願將軍觀古名將所招選，擇賢者，勉之哉！大將軍謝曰：自魏其武安之厚賓客，天子常切齒，彼親附士大夫，招賢絀不肖者，人主之柄也。人臣奉法遵職而已，何與招士？驃騎（霍去病）亦仿此意。」這史料很可珍貴，因爲可從而見出漢武之專權來。

樊佗廣則是漢高祖時的功臣樊噲之孫。本來是世襲的舞陽侯，在孝景中元六年（公元前一四四），廢爲庶人。這時距司馬遷之生還有十年，所以他也一定是司馬遷的長輩了。他曾告訴過司馬遷關於漢之初起時的許多功臣的故事。

馮遂字王孫，是馮唐之子，馮唐曾在文帝時爲中郎署長，向文帝陳說過從前廉頗、李牧之賢，借以諫正文帝對邊臣應該寬大。是一個敢言的長者。到了武帝初立時，他已經九十多歲，乃以他的兒子馮遂爲郎。司馬遷說「馮遂亦奇士，與余善」（張釋之馮唐列傳）；司馬遷從他那兒曉得秦滅趙的原故是因爲趙王遷的母親是倡女，出身不正，所以輕信讒言，殺了良將李牧，因而大局纔不可收拾了的（趙世家）。

以上六人，或則爲司馬遷的父執（唐都），或則爲司馬遷的師輩（孔安國、董仲舒），或則爲司馬遷友輩的尊親（蘇建），或則爲貴族的後裔（樊佗廣、馮遂），他們給司馬遷的幫助是大都在學業和史料方面。

比司馬遷晚一些的友人則有：壺遂、楊敞、楊惲。

壺遂是司馬遷定律曆時的同事（公元前一〇四，時司馬遷年三十二），司馬遷稱贊他「深中隱厚」，說他不愧是梁中的長者；又說他「官至詹事（掌皇后太子的家事），天子方倚以爲漢相，會遂卒；不然，壺遂之內廉行修，斯鞠躬君子也。」（韓長孺列傳贊）可知是未得施展的一位有操行的政治家。壺遂之死，在司馬遷之前，然而稱司馬遷爲夫子（自序），請教過司馬遷關於春秋的道理，以及司馬遷著史記的來由，似乎是在弟子的行輩。他們這一段問答，似乎就在太初元年，因爲下面緊接著有「七年而遭李陵之禍」的話，大概就是在定律曆時所談及的吧。長者不過是一個形容詞，壺遂的年事或者根本不高。

楊敞是司馬遷的女婿，陝西華陰人。先在霍去病的弟弟霍光的幕府中，霍光在武帝末年爲大司馬大將軍，後來輔佐漢昭帝，助立漢宣帝，是漢朝大功臣之一。楊敞因霍光之故，官做到大司農，御史大夫並丞相，封爲安平侯。他是一個謹愼小心而怕事的人，議立宣帝的時候，他嚇得直出汗。他死於宣帝元年（公元前七三）。

楊惲則是楊敞之中子。楊惲的母親，即司馬遷的女兒，所以他給司馬遷叫外祖。他還有後母，後母卻沒有兒子。楊惲的性格和他父親卻不同了，極有稜角，恐怕是受外祖的遺傳。在宣帝五鳳四年（公元前五四）時，楊惲因口禍被腰斬。他是宰相之子，因報知霍光後人的亂謀，封平通侯（公元前六六），那是在他死前十三年。只要他活了四十歲以上，那就是生於太初三年（公元前九四）以前，那時司馬遷不過四十二歲，他是可以來得及見他的外祖的。據記載，他愛好外祖的史記，也致力於春秋，並且因爲他的熱心，史記纔爲人周知了（漢書楊敞列傳及司馬遷列傳）。

以上三人，一個是學生，一個是女婿，一個是外孫，都是晚輩。楊敞和司馬遷的關涉不見記載，但一定是來往頗密的，否則史記的副本不會在他家。其他二人，則大多傳受司馬遷的史學，而楊惲在文學上尤受著司馬遷很深的影響，這都是可以隨著司馬遷而永遠在人記憶中的了。

現在說到司馬遷的平輩朋友了，這是：賈嘉、東方朔、摯峻、兒寬、田仁、任安等，之外就是李陵。

賈嘉是賈誼之孫。賈誼死於文帝十二年（公元前一六八），在司馬遷生前三十四年，只活了三十三歲。史記賈生列傳上說：「孝武皇帝立，舉賈生之孫二人至郡守，而賈嘉最好學，世其家，與余通書，至孝昭時列爲九卿。」或者只是司馬遷通信的朋友而已。武帝所占的時代共五十四年，賈嘉到昭帝時卻還健在，大概是年壽很大的。霍光在立宣帝時（公元前七三），那連名奏表上有長信少府臣嘉，或者也就是賈嘉，那末他所活動的時代就有六十年（武帝元年爲公元前一四〇，至公元前七三）以上了。

東方朔爲司馬遷的好友，是見桓譚新論。他是平原厭次（現在山東陽信縣）人，他不只是一個滑稽人物，而且體格魁梧有力，並有直諫的勇氣。漢武帝建元三年時（公元前一三八），他上書自言「年二十二，長九尺三寸」，那末，他應當生於文帝後元五年（公元前一五九）。他的死年不詳。我們只知道在元封元年（公元前一一〇）時，他諫過漢武帝不要去海上。在這時他年五十，司馬遷年二十六。桓譚雖稱他爲司馬遷的好友，可是史記並未道及，而且滑稽列傳中也沒有他的名字，大概未必爲司馬遷所重視罷。

摯峻是一個隱士，長安人，司馬遷爲太史令時（公元前一〇八），曾勸他出仕，但卻爲他拒絕了。兒寬和司馬遷一塊定過太初曆。他是千乘（現在山東的高苑縣）人，早年也在孔安國那兒受過學，可以說是司馬遷的老同窗呢。他很刻苦自勵，在讀書時，曾爲其他學生忙伙食，他對於經典的探研，那基礎都是在耕地之餘打下的。他鋤地，就帶著書。人很平和，聰明，而沒有稜角。擅長的是文學，不能的是口才。曾爲張湯所知，曾贊助過封禪，元封元年（公元前一一〇）也曾扈駕到過泰山，這時司馬遷也在內的。他在這一年是御史大夫，過了九年，就是和司馬遷訂太初曆的第二年（公元前一〇三），死了。他死時，司馬遷三十三歲，所以他應是比司馬遷年長一些的。

田仁，趙陘城（河北定縣之地）人，田叔之少子。田叔是一個黃老派，在高祖七年（公元前二〇〇）時露頭角，到景帝時爲魯王相，數年纔死。魯王是景帝三年（公元前一五四）時纔立的，距高祖七年差不多有五十年，可知田叔恐有八十左右的高壽。田叔死時，魯王曾送來百金的賻儀；但爲這少子田仁所拒絕了，他說：「不以百金傷先人名！」田仁就是司馬遷的友人。田仁曾隨衛青好幾次出征匈奴，因衛青之故，田仁仕爲郎中。後來做到二千石，當過丞相長史，京輔都尉和司直（佐丞相，舉不法）。衛青爲大將軍，征匈奴，是元朔五年（公元前一二四）事，那時司馬遷纔十二歲。他們之認識，恐是後來同爲郎中時的事。田仁很有政治才能，並且有不畏強禦之稱。到了征和二年（公元前九一），武帝與太子戾發生誤會，父子大動干戈，前後死了數萬人，當時田仁把守東南門，太子兵敗，他覺得皇帝父子之爭，不便操之過急。便讓太子由東南門逃走了。但武帝在盛怒之下，把田仁腰斬。這時司馬遷四十五歲。

任安即司馬遷那有名的書札報任少卿書中的少卿。少卿是字。他也是征和二年時戾太子之變的犧牲者。他是和田仁一同被腰斬的。他死得更冤，他那時是護北軍使者，太子給他節，叫他發兵，他受了節，但沒敢出門。事後漢武帝聽了卻大怒道：「是老吏也！見兵事起，欲坐觀成敗，見勝者，欲合從之，有兩心。安有當死之罪甚衆，吾常活之，今懷詐，有不忠之心！」下安吏，誅死。任安其實是一個很有氣節的人，他本在衛青的門下，後來衛青的勢力漸漸爲霍去病壓倒了，許多人都棄衛就霍，到那邊就可以得著官爵，可是只有任安不肯（衛將軍驃騎列傳）他和田仁，也是好朋友。他倆曾同時見武帝，彼此推許。田仁說：「提桴鼓，立軍門，使士大夫樂死戰鬭，仁不及任安！」任安也說：「夫決嫌疑，定是非，辯治官，使百姓無怨心，安不及仁也！」可知一個長於政治，一個長於軍事。任安又是一個眼明手快的人，他曾爲數百人分獵品，不但分得公平，而且到第二日再會合的時候他能一眼看出有什末人缺了席。他又曾爲益州（現在四川）刺史。

最後是李陵，李陵不用說，是關係司馬遷的命運的一人。但關於他，我們卻要留在以後再說了。

以上七人，都是司馬遷平輩的朋友，任安和田仁都是和司馬遷氣味最相投的；兒寬、摯峻、東方朔則和司馬遷的作風有些兩樣，賈嘉未必和司馬遷有太深的交情，李陵則只是因爲司馬遷爲他仗義直言，所以後來人把他和司馬遷的關係看得密切了，實則司馬遷明明說過「素非相善也，趣舍異路，未嘗銜杯酒，接殷勤之餘歡」的。可是，就是這樣一個不深交的朋友，已夠司馬遷做了犧牲了！

老輩，晚輩，平輩一塊算起來，見於記載的，是這十六人。此外像當時的老詩人司馬相如（死於元狩五年，即公元前一一八，見史記徐廣注，時司馬遷年十八），枚乘之子枚皐（他也隨著武帝封禪及塞河，時司馬遷年二十六到二十七），李陵的朋友蘇武（司馬遷和他父親蘇建交好），以及其他在武帝周圍的一部分名臣大將文人，恐怕都可能有著友誼的。至於酈生陸賈列傳中所稱的朱建之子「與余善，是以得具論之」，卻在文帝時使匈奴，因罵匈奴而死在匈奴中，和司馬遷的年代頗有距離，這是和刺客列傳中所稱的見到刺秦始皇的故事的公孫季功和董生，同樣不可能是司馬遷有所往還的人了。

年代之不相及的不必說了，就是那些和司馬遷可以有著來往的，也何嘗可以塡充司馬遷之心靈上的空虛和寂寞？司馬遷對於朋友太熱心了，他一出仕，就勸摯峻也出來立功；爲一個不甚有深交的李陵，就肯冒死去救，結果自己被了最可恥的刑罰；但是他所得於朋友的呢？「交游莫救，左右親近不爲一言。」這是多末刺心的！他除了「述往事，思來者。」又有什末可說？

感慨於友情的司馬遷，渴望友情並篤於友道的司馬遷，李陵案的一幕，是要逃也逃不掉了！

四　武帝時代之嚴刑峻法

假若不是處在一個嚴刑峻法的時代，司馬遷也不會遭這樣奇慘的命運。猜忌和刻薄，幾乎成了劉漢家傳的法寶。從漢高祖到漢武帝，中間經過文景，面目雖異，骨子卻都太相像了！黃老之學，也不止文景爲然，高祖是序幕，武帝是餘波，統統有黃老精神在。說穿了，黃老精神也不過四個字，這就是「外寬內深」而已，也就是表面馬虎，與人無爭，內心則十分計較，得機即施毒手而已。在這種太極拳式的社會中，最吃虧的，當然就是一般太直性，太熱情的詩人，像司馬遷了。

我們從漢高祖說起吧，漢高祖要廢除秦之苛法，號稱「大度」，號稱「長者」，可是他本人乃是忌刻之極。他對於韓信，即隨路收取其精兵，甚而有一次冒充漢使，趁韓信還沒有起身，便在韓信臥房裏把印符奪走了；他對於蕭何，也深怕蕭何得民心，迫得蕭何故意用賤價買民田，纔使他放心而且喜歡了。

文帝和景帝，則表面上是最和善，最仁慈的，但其實那眞相卻正相反。文帝，不用說，是對於黃老之術最精的人，他的謙讓和寬厚都只是手段。那時的政治家如鼂錯，如賈誼，如張釋之，也都是申商刑名之學的法家，這是他的周圍。周勃出了獄以後，說：「吾嘗將百萬軍，然安知獄吏之貴乎？」這時是文帝三年（公元前一七七），可見那時的法也何嘗寬？至於那個直言的老實人馮唐，便曾當面說文帝：「一言不相應，文吏以法繩之，其賞不行，而吏奉法必用，臣愚以爲陛下法太明，賞太輕，罰太重！」吳王濞的使者也當面警告過文帝：「察見淵中魚，不祥！」這都是可以看出文帝的眞面目的。有著司法精神的張釋之，並且一則對文帝說：「法者，天子所與天下公共也，今法如此，而更重之，是法不信於民也。」二則對文帝說：「法如是足也！」可知嚴法重刑本是文帝的傾向。文帝對於削諸侯事，表面上好像不聽鼂錯的奏書，可是他對於淮南王就轞車傳送，「暴摧折之」（袁盎語），後來死在路上；更從賈誼的諫書上看：「大國之王，幼弱未壯，漢之所置傅相，方握其事。」（二事均公元前一七四）傅相便明明是派去了監視的；最後，又把周亞夫交給太子，說：「即有緩急，周亞夫眞可任將兵。」後來周亞夫卻就是平七國之亂的主將。文帝的表面做得那樣好，其實早已處心積慮，準備收拾一切礙眼的勢力了！鼂錯是被稱爲峭直刻深的了，實則文帝正似之。他之廢除肉刑，好像是仁政了，其實更滑稽，原來「外有輕刑之名，內實殺人；斬右趾者又當死，斬左趾者笞五百，當劓者笞三百，率多死」（資治通鑑卷十五），這不是太可笑了麼？此外，文帝相當荒淫，如寵幸鄧通；也相當褊急，如怒責張釋之；加上對改正朔，易服色的慾望，對封禪的向往（也有方士如新垣平等），對伐匈奴的設計用心；凡此一切，更都太像武帝的先驅了！

文帝如此，景帝也差不多。他在位只有十六年，比文帝還少七年，可是那種外寬內深的作風，酷肖其父。不過他做得沒有文帝那樣圓滑，獰惡的面孔容易被人識破而已。例如把民間許多游俠殺了的是他，把信任的鼂錯騙去斬了的是他，把周亞夫逼得絕食五日而死的也是他。這時有名的酷吏已經出現了，在景帝七年（公元前一五〇），做中尉（彷彿首都的衛戍司令）的是郅都，他專用嚴酷的刑罰以對待列侯貴戚，外號是「蒼鷹」。到中元六年（公元前一四四），繼任是寧成，他也是讓宗室豪傑，皆人人「惴恐」的一位毒手。這時因爲宗室強暴，不用嚴法是不能懾服的，然而自此種下根子，就成了一種相傳的心法了。

於是到了武帝。武帝統治時期最長，一共有五十四年，而酷吏也多。先是「外寬內深，爲人所忌」的公孫弘由對策爲博士，一年之內，遷至左內史（彷彿首都市長），他以春秋之義繩臣下，這是元光五年（公元前一二〇）亦即司馬遷年六歲時的事。同年張湯爲太中大夫，與趙禹一塊改定律令，專主嚴刻，這便是武帝時用法趨於峻烈的開始。但起初還只是守法，後來便慢慢變爲舞法，最後是避法。巧於舞法和避法的，也就是張湯這般人。他是一個典型的官僚，他會推薦人，他會裝假，他會逢迎，他用了不少爪牙，作爲他實行舞法避法的工具。張湯在元朔三年（公元前一二六）爲廷尉，當時司馬遷十歲。他後來樹敵太多，爲人排擠，遂於元鼎二年（公元前一一五）自殺了，這時司馬遷二十一歲。最險惡的是，張湯在元狩六年（公元前一一七），那時司馬遷十九歲，定出一種腹誹的死罪來，在張湯的任內，有義縱，他就連法也不顧了，專講斬殺，但他卻在張湯死的前一年，被棄市。

張湯底下，又有一位王溫舒，更是貪殺的，從前都是冬日纔決囚，他於是到了春天便歎息：「嗟乎，令冬月益展一月，足吾事矣！」王溫舒卻因爲受賄，在太初元年（公元前一〇四），也自殺了。那時司馬遷三十二歲。更有一個杜周，也曾在張湯的底下，他在元封二年（公元前一〇八）時爲廷尉，京師的監獄中，逮捕的人有六七萬。他在太始二年（公元前九五）纔死去，那時司馬遷已經四十一歲，受過刑罰四年了。中間的酷吏還有無數，總之，都是張湯培養出來的。其初的酷吏也只是酷而已，後來酷就包括貪。我們的大詩人司馬遷就是毀掉在這些貪官汚吏的毒手中了！漢武帝本人更是極其忌刻的，不知道有多少大臣在他手下都是畏罪自殺，當公孫賀被拜爲丞相的時候（太初二年，公元前一〇三），竟不敢受印，跪著不肯起來，勉強受了以後，便說：「我從是殆矣！」至於武帝之多酷吏，又和景帝時的背境不同，那時是由於宗室之強，這時是由於國家經濟力量之膨脹，吏治的龐雜，以及武功的盛大，不這樣便不能統治了，但是司馬遷卻作了這個時代中的犧牲了！

司馬遷處在這嚴刑峻法的忌主之下，身受其禍，所以不能不寫酷吏列傳，把他們的臉譜刻畫一下了。像張湯那樣典型的「詐忠」的官僚，又要以公孫弘爲開端，所以他又寫了平津侯列傳。更爲表示武帝時嚴刑峻法之社會背境起見，他寫了平準書。——司馬遷能越過了個人愛憎，而從大處著眼，這是他究竟不失爲一個大歷史家處！

可是他到底是受這一方面的打擊和刺戟太深了，所以他在有機會時便抑不住說出自己的感慨來。秦二世時，因為要續作阿房宮，度用不足，也就「用法益刻深」，結果陳勝等便反攻荆地為張楚了；陳勝所用的人也是以「苛察為忠」的，他們的作法是：「其所不善者，弗下吏，輒自治之。」可是「陳王信用之」，司馬遷便道：「諸將以其故不親附，此其所以敗也。」這都是暗諷漢武的。司馬遷在敘晉世家時，更說：「靈公既弑，其後成景致嚴，至厲太刻，大夫懼誅，禍作；悼公以後，日衰，六卿專權；故君道之御其臣下，固不易哉！」這是尤其明顯地在說漢朝了！文人的筆誠然利害，可是有什末用？李陵案終於發生了！

五　李陵案的原委

原來當漢武帝對西域的經營告一段落之後，就轉而再注意到匈奴了。本來通西域的動機之一，也就是為的紆迴了，好包圍匈奴，並使其孤立的。

在太初四年（公元前一〇二），漢武帝便想以伐大宛的餘威，去從事伐匈奴，因而下詔道：「高皇帝遺朕平城之憂（漢高祖曾為匈奴困於平城，平城在現在山西大同），高后時，單于書絕悖逆，昔齊襄公復九世之仇，春秋大之！」

匈奴這時是且鞮侯初立為單于，自從有了這個風聲以後確很擔憂，便說：「我——兒子——安敢望漢天子？漢天子，我丈人行也。」更為表示好感起見，又把從前所拘留了八年的漢使郭吉、路充國等也放了回來，自己並派了修好的使臣來。

漢武帝就也在第二年，即天漢元年（公元前一〇〇）派了蘇武、張勝、常惠等一般人，到匈奴去。蘇武之去也是把漢朝所拘留了的匈奴使臣帶了過去的。可是匈奴的好意並非眞誠的，卻仍然很傲慢，又因爲漢的降將虞常要劫單于母閼氏歸漢，事情業已發覺；不幸虞常又把這事早告訴過和蘇武同去的張勝，因此就又牽涉到蘇武了。蘇武要自殺，終於被放在一個大窖裏，要不是蘇武用雨雪當水，把旃毛當飯，早餓死了。匈奴這時已不敢加害，便把他遷到北海（現在西伯利亞貝加爾湖）無人的地方去牧羊。羊是公羊，卻告訴他：羊生了奶，就放他回去！後來把他一直留了十九年。他去的時候不過四十歲左右，回來時卻髮鬚全白了。他活到八十多歲！蘇武是蘇建的兒子，蘇建是司馬遷的朋友。

蘇武使匈奴的這一年，司馬遷年三十六，漢武帝曾到過甘泉，去祭泰乙，又到過河東，去祭后土。次年即天漢二年（公元前九九），司馬遷年三十七了，在春天，漢武帝又去東海和回中巡幸，大概司馬遷都是陪奉著的了。

就在這天漢二年的夏五月，漢武帝對匈奴再用兵。這次用的大將就是征大宛的貳師將軍李廣利。他帶了三萬大軍，由酒泉出兵，擊左賢王於天山。當時卻有一個自負而要急於單獨立功的人物出現了，這就是李廣的孫子李陵。

李陵是早死了的當戶之遺腹子。當戶即李廣之長子。李陵在年輕的時候當侍中，所以司馬遷報任安書上有「僕與李陵，俱居門下」的話。李陵長於騎射，謙和而仁愛，人緣極好，武帝覺得他有些像他的祖父李廣，因而很喜歡他。他曾帶著八百騎兵，深入匈奴二百多里，去探察過地形。於是拜他爲騎都尉，叫他在酒泉、張掖一帶練五千兵以備胡。當李廣利出發征匈奴了，漢武帝便又想命李陵去管輜重。

可是那有著李廣之風的李陵，極不高興作這樣屈居人下的事，便向武帝叩頭請求，說他所練的兵，都是荊楚之地的奇才劍客，且是力能搏虎，射法奇巧的，他卻很願意帶他們去獨當一面，到蘭于山前，以爲分兵，這樣便可以讓匈奴不致專戰李廣利的大軍了。

漢武帝聽了道：「將士難道怕隸屬於什末人麼？現在我發的兵多，分不出騎兵給你！」

李陵說：「也用不著騎兵，臣願以少擊衆，只帶步兵五千人，去直搗單于的巢穴就是了！」

武帝覺得他的話很壯，便答應了。爲萬全起見，卻又派了強弩都尉路博德帶了兵，作爲李陵的接應。可是路博德從前曾是伏波將軍，有過伐破南越（現在的兩廣）的大功，也不肯屈作李陵的助手，便奏言現在正是匈奴秋高馬肥的時候，不如待到來春，和李陵各帶五千人，到浚稽山（現在外蒙古阿爾渾河與土拉河之間）去夾擊匈奴，那是一定可以大勝的。

漢武帝看了奏書大怒，以爲李陵自己後悔了，故意託路博德這樣上書的。於是命令路博德立即出兵西河（綏遠境黃河以西之地），又命令李陵在九月裏出發，到達東浚稽山南龍勒河，觀察敵勢，如無所見，即先回到受降城（在綏遠西北），休養士卒。

李陵帶了步兵五千人，便從居延（在現在寧夏北部）向北進軍，行了三十多天，直到了浚稽山。把營安下，把所經過的山川地形都畫了，使他的部下陳步樂來報告武帝。武帝見說李陵的士兵很肯效死，也便很高興。陳步樂也因此拜了郎官。

可是不久李陵就遭遇了六倍以上的敵人，被包圍了。那三萬多敵騎是在山上，用大車做營寨。李陵看見情勢不好，便讓前列的人都拿了戟盾，後尾的人都拿了弓弩，下令道：「聞鼓聲而縱，聞金聲而止。」打算突圍而出。敵人看出李陵的兵並不多來了，便更圍上來。於是李陵命他的步兵千弩齊發，匈奴大都應弦而倒，其餘的則逃到山上去了。漢軍又追殺了數千人。單于大驚，又調了八萬多騎兵來攻李陵。李陵一路戰，一路向南退卻。過了好幾天，退到山谷裏。因爲連戰的結果，士兵多半中了箭傷了。他讓受了三處傷的，就放在車裏，受了兩處傷的，扶著車走，只有一處傷的，就仍然接戰，李陵說：「我們士氣有點不旺，怕不是軍中有女人麼？」原來出發的時候，有些徙邊的關東強盜的妻子，隨軍藏在車裏，經李陵搜出，都斬了。第二天再戰，便又殺了敵人三千多。

李陵又引兵向東南撤退，想沿了到龍城的故道回師。走了四五天，卻走到一個有蘆葦的湖沼地帶，敵人便在上風裏放起火來，李陵爲自救計，也預先放起火來，爲的是先把草燒掉，好免得燒到自己。這樣又往南走，便到了南山（當是阿爾泰山的一部分），單于即在山上，命他的兒子帶兵擊李陵。李陵在樹林裏帶步兵肉搏還擊，又殺了好幾千人。李陵更命人發連弩（弩之可連發數矢者，用意有點像機關槍），以射單于，單于只好下山逃去了。

這一天據捕得的俘虜報告：「單于曾說：『這怕是漢的精兵，攻是攻不下的，只顧引我們南下進塞，會不會有伏兵呢？』匈奴的其他長官卻說：『單于自己帶數萬騎兵，和幾千漢兵作戰，假若還不能勝，豈不更遭漢人輕視了？現在還可以利用在山谷裏和漢兵拼一下，再過四五里，就是平地了，假如到那時打不過，再退兵也不遲！』」

因此戰事又趨兇惡，匈奴仗著騎兵多，每每衝開了，就又圍上，這一天就這樣有數十次。可是敵人又死傷了兩千多，他們看看打得不利，便眞正要收兵了。

誰知道李陵的部下有一個刺探軍情的管敢，因爲受辱而投降敵人了，他告訴匈奴說，李陵實在沒有後援，箭也快完了，只有李陵和跟隨的校尉韓延年各帶八百人，這是前鋒，分別打著黃白旗子的就是，倘如用精騎把他們射中了，就可以一氣解決。

單于一聽，高興極了，便大膽帶騎兵再圍攻李陵等，一面大叫著：「李陵、韓延年快降！」把李陵攔截了，就立刻加以猛攻。當時李陵處在山谷中，敵人居高臨下，箭從四面射，像急雨似的。在漢兵還沒到鞮汗山的時候，一百五十萬枝箭早已用光了。他們便把軍車放棄了，人還有三千多，於是只拿了車輪的撐子作爲武器，只有將官們纔有刀拿。他們慢慢走到山谷裏了，單于從後面趕上來，檢山路的拐曲處就投石而下，士兵死得更多，走也沒法走了。

到了黃昏，李陵穿了便衣，單獨走出營寨來。叫左右都不要跟隨他，他說大丈夫應當一個人去把單于擒來。可是過了頗久的時間，李陵又回來了，嘆口氣說：「兵是敗了，只有死了！」他的部下就有人向他說：「將軍威震匈奴，現在不過是時運不濟罷了，以後總可以歸還，像浞野侯趙破奴爲敵人所得，後來逃回，天子不仍是對他很好麼？」李陵答道：「你叫我不死，這是不配稱一個壯士的！」他於是把所有旗子都毀了，把所有貴重物件都埋在地下了，歎道：「假若再多幾十枝箭，就一定可以突圍了！現在連作戰的東西也沒有了，挨到天明，便恐怕只有受縛了！現在不如作鳥獸散，有跑得脫的，還可以給天子報個信兒。」

他讓士兵每個人都帶二升乾飯，一塊大冰，準備支持著到達遮虜障（就是居延城）。他們等到夜半，待要出發，可是鼓也敲不響了。李陵和韓延年都上了馬，跟隨著的壯士有十來個人。後邊追上來的敵人卻是好幾千。

韓延年戰死了！李陵看著這狼狽的樣子，說：「無面目見天子」，便降了。部下則四散而逃，逃到邊塞上來的，只有四百餘人而已。李陵戰敗的地方，隔邊塞不過一百多里，邊塞上便立刻報告了。

武帝本來的意思是希望李陵不成功便成仁的，於是把他的母親和妻子招了來，讓相面的相了相，她們卻沒有家裏遭喪的氣色。武帝已很不快，後來聽說李陵投降了，立即大怒。先是責問以前回來報信的陳步樂，陳步樂嚇得自殺了。又問其他羣臣，其他羣臣也嚇得沒有一個敢說李陵的好話的。只有問到太史令司馬遷的時候，司馬遷卻覺得李陵是一個「事親孝，與士信，臨財廉，取予義，分別有讓，恭儉下人，常思奮不顧身，以徇國家之急」的奇士，奇士是好奇愛才的司馬遷所放不過的呵，所以雖然彼此平素沒有什末交情，既沒有飲過酒，也沒歡聚過，可是不能不早已在神交著了；加之這一次李陵之冒萬死去赴公家之難，更喚起他的欽敬；而一般自私的只知道保全個人和一家老小的羣臣之隨聲誣傷，尤讓他覺得傷心和不平；假若李陵就爲一般達官貴人所不齒，倒也罷了，然而在他未敗的時候，凡有信使來，大家都是奉觴上壽，在武帝跟前誇贊李陵的，可是一到敗的消息來了，武帝的興致完了，大家也就不開口了；司馬遷深曉得李陵之矢盡道窮，救兵不至，士卒死傷如積的苦況，也深曉得李陵得士卒受戴之誠，就是到了那種絕境，只要李陵說一句話，士兵都是個個流著淚，帶著傷，張了沒箭的空弓，去和敵人的刀鋒去拚的，司馬遷爲這而感動著；他再不出來說話，是沒有人來說話的了，武帝的憂心也是沒人能給解慰的了。——因此，他便誠坦地答復武帝的垂問了，他說：「現在許多人之說李陵的壞話，只是因爲他平日少與人應酬而已，假若有人吹噓，他不減於古代任何名將，他現在雖然敗了，一定是想將來得機會好立功而歸的，況且無論如何，就他現在的功勞論，殺了匈奴那末多，也可以到什末地方都說得過去了！」

出乎司馬遷的意料之外的，是武帝更大怒，認爲司馬遷的話只是給李陵講情，尤其疑心他言外在譏諷這一次功少的李廣利——武帝所愛的李夫人之兄貳師將軍。因而武帝立刻把這太熱心，太多情，太愛好正義，太篤於友道，太好奇愛才的司馬遷交給獄吏了！

這一年，司馬遷三十七歲了。他的家是窮的，沒有錢去賄賂出獄；他的所謂朋友是冷血的，沒有人去給他說話；他的地位不高，勢力不大，也驚動不著那些達官貴人去疏通；渴望人間溫暖的司馬遷，自此以後，卻只好時時看一些冷酷的獄吏的面孔，處在冰涇而凄慘的囹圄中了！

更不幸的是第二年。雖然在有一個時候武帝悔悟過來了，他說應該讓李陵先出塞，以後再叫路博德去接應就好了，上次只因爲給路博德的命令太早了，所以有了讓一個老將賣弄奸猾的機會，於是一面賞賜逃回來的李陵部下，一面又叫因杅將軍公孫敖去深入匈奴迎接李陵；可是誰料公孫敖毫無成功，並且從一個捕得的俘虜的口裏，聽說李陵在教匈奴練兵，準備和漢軍對敵了。漢武帝得了這個報告，益發怒不可遏，立刻把李陵的全家，什末母親弟弟老婆孩子，統統殺了。同時叫司馬遷也受了腐刑㈠。

這在司馬遷是再奇恥大辱也不過的了！所以後來司馬遷一再沈痛地說：「太上不辱先，其次不辱身，其次不辱理色，其次不辱辭令，其次詘體受辱，其次易服受辱，其次關木索、被箠楚受辱，其次鬄毛髮，嬰金鐵受辱，其次毀肌膚，斷支體受辱，最下腐刑極矣。」又說：「禍莫憯於欲利，悲莫痛於傷心，行莫醜於辱先，而詬莫大於宮刑，刑餘之人，無所比數，非一世也，所從來遠矣。」更說：「夫中材之人，事有關於宦豎，莫不傷氣，況慷慨之士乎？」他現在直然是「閨閤之臣」了，在「身殘處穢」中，孤寂而抑鬱，腸一日而九回，臥立都是恍惚的，出了門，也不曉得到那裏去，總之，他是陷於最大的悲憤和恥辱中了！

他覺得也未嘗不可以自殺，可是他想到他的文學天才，還沒有表現出來，那部「究天人之際，通古今之變，成一家之言」的第二部春秋——史記，也還沒有脫稿，他於是倔強而堅忍地，「就極刑而無慍色」了！

在這時，司馬遷並轉而悟到古人的一切著作正都是產生在苦痛和寂寞裏，在鬱結而不通的時候，只好「述往事，思來者」；在一無所有的時候，只好「垂空文以自見」了！

司馬遷的受刑，在他個人當然是一個太大的不幸，然而因此他的文章裏彷佛由之而加上濃烈的苦酒，那味道卻特別叫人容易沈醉了！又像音樂中由之而加上破折、急驟、悠揚的調子，那節奏便特別酣暢淋漓，而沁人心脾了！

司馬遷這一年三十八歲，距他父親之死已有十三年，距他身為太史令恰在十年以上，可知他那慘澹經營的史記已有十餘年的時光，恐怕業已成了大半了。但受此刺戟以後，卻恐怕更思如泉湧，筆如奔馬地加速完成起來了。

至於李陵這一次全家被族，事後證明也仍是冤枉，因爲那個教匈奴練兵，準備和漢軍對敵的，並不是李陵，乃是另一個降將李緒。李陵痛心於因李緒受禍，便使人把李緒殺了。後來到了武帝死後，昭帝既立，霍光和上官傑輔政當權，他們和李陵素來是不錯的，便派李陵另一個老朋友任立政去招李陵。任立政到了匈奴那裏，單于置酒招待，可是沒法和李陵私談，便只好給了李陵幾個眼色，故意用手摩了好幾回刀環，又抓了抓脚，暗示他可以歸還。李陵等也有一次慰勞他們，任立政便乘機大聲說道：「漢朝已經大赦了，中國很安樂，主上也還年少有爲，現在霍子孟、上官少叔（霍光和上官傑的字）主持一切呢！」李陵很默然，過了一會，拍著自己的頭髮說：「我已經改了裝束了！」又過了一會，座上的降將衛律（本是胡人）退去，任立政便又說：「少卿（李陵字）也太苦了，霍子孟、上官少叔都問候您！」李陵說：「他們兩位還好麼？」立政說：「只等你回來，一塊享富貴呢。」李陵叫著任立政的字道：「少公，回來容易，就是怕再受辱！」話沒說完，退去的衛律又回來了，把這話也聽見了一些，便說：「李少卿是能幹人，不只在一國立功。范蠡還曾遍遊天下，由余不也是由戎入秦麼？你們有什末話說得這末親熱！」這樣，席便散了，立政又跟在李陵身後說：「有沒有意呢？」李陵說：「大丈夫不能再受辱。」於是李陵仍然留在匈奴那裏（前後二十六年），到元平元年（公元前七四），病死了。

李陵案給司馬遷的印象太深，有意無意間，他的整部史記裏，都有這件事的影子。在馮唐列傳裏，馮唐說文帝雖有廉頗、李牧不能用，那一般話是：「臣聞上古王者之遣將也，跪而推轂，曰，閫以內者，寡人制之，閫以外者，將軍制之。軍功爵賞，皆決於外，歸而奏之，此非虛言也。臣大父言李牧爲趙將，居邊，軍市之租皆自用饗士，賞賜決於外，不從中擾也。委任而責成功，故李牧乃得盡其智能，遣選車千三百乘，彀騎萬三千，百金之士十萬。是以北逐單于，破東胡，滅澹林，西抑彊秦，南友韓魏。當是之時，趙幾霸。其後會趙王遷立，其母倡也，王遷立，乃用郭開讒，卒誅李牧，令顏聚代之，是以兵破士北，爲秦所禽滅。今臣竊聞魏尙爲雲中守，其軍市租盡以饗士卒，私養錢，五日一椎牛，饗賓客軍吏舍人，是以匈奴遠避，不近雲中之塞，虜曾一入，尙率車騎擊之，所殺甚衆。夫士卒盡家人子，起田中從軍，安知尺籍伍符，終日力戰，斬首捕虜，上功幕府，一言不相應，文吏以法繩之，其賞不行，而吏奉法必用，臣愚以爲陛下法太明，賞太輕，罰太重。且雲中守魏尙坐上功首虜差六級，陛下下之吏，削其爵，罰作之。由此言之，陛下雖得廉頗、李牧，弗能用也。」這裏的魏尙，還不是像李陵麼？這裏的文帝，還不是如武帝麼？司馬遷生怕這樣還不大明顯，更在贊裏說：「馮公之論將卒，有味哉！有味哉！」直然是責呼武帝而爲李陵伸冤了。

又如王翦列傳中說：「夫爲將三世者必敗，……其後受其不祥。」這還不是隱約間指李陵麼？穰侯列傳中說：「穰侯，昭王親舅也，而秦所以東益地，弱諸侯，嘗稱帝於天下，天下皆西鄉稽首者，穰侯之功也。及其貴極富溢，一夫開說，身折勢奪，而以憂死，況於羈旅之臣乎？」人臣之受毀是太容易了，這也有李陵案的餘波在蕩漾著。更如主父偃列傳贊中說：「主父偃當路，諸公皆譽之，及名敗身誅，士爭言其惡，悲夫！」這和公卿大夫起初爲了李陵而向皇帝奉觴上壽，到後來「舉事一不當」，這般「全軀保妻子之臣」，就「隨而媒孽其短」，不也太相似了麼？

此外伍子胥列傳贊中所謂：「怨毒之於人甚矣哉，王者尙不能行之於臣下，況同列乎？」不啻是自己受了迫害以後的一種洩忿，所謂「向令伍子胥從奢俱死，何異螻蟻，棄小義，雪大恥，名垂於後世，悲夫！方子胥窘於江上，道乞食，志豈嘗須臾忘郢邪！故隱忍就功名，非烈丈夫孰能致此哉！」也正是自己發憤著書的心情的剖解。至於虞卿列傳贊中有：「虞卿料事揣情，爲趙畫策，何其工也！及不忍魏齊，卒困於大梁，庸夫且知其不可，況賢人乎？然虞卿非窮愁，亦不能著書以自見於後世云。」尤容易讓人想到，這裏所謂料事揣情之工，是說自己並非見不到要受禍，而不忍魏齊，是說自己對李陵終於不忍不爲一言，而窮愁著書，就又是自己越發埋頭寫史記了。

大概自從李陵案以後，司馬遷特別曉得了人世的艱辛，特別有寒心的地方（如賞識韓信，勸高祖登壇拜將的是蕭何，騙了韓信，使之被斬的，卻也是蕭何），也特別有刺心的地方（如李同告訴平原君的話：「士方其危苦之時，易得耳」），使他對於人生可以認識得更深一層，使他的精神可以更娟潔，更峻峭，更濃烈，更鬱勃，而更纏綿了！——這也就是我們在史記裏所見的大部分的司馬遷的面目。

總之，這必然發生的李陵案，乃是他的生命和著述中之加味料了，他的整個性格是龍，這就是睛！

六　兩個英雄的晚年

在司馬遷受刑的這一年，漢武帝六十歲了。這老英雄也已經是到了垂暮了！到了垂暮之年的人，先是背戾，後是寧靜。天漢三年的三月，武帝仍巡幸，到了泰山。方士們一般迂怪的話，已爲漢武帝所厭倦，不過卻仍然希望能到海裏，找到蓬萊，遇到神人，像鴉片的吸食者一樣，一時未能戒絕而已。司馬遷既然入獄受刑，所以這一年，他沒跟著。

天漢四年，又大征匈奴，主將是李廣利，可是沒有什末大成就。

司馬遷入獄後的第四年是太始元年（公元前九六），六月有大赦。司馬遷因此便出獄了，這時他年已四十歲。出獄之後，被任爲中書令，中書令就是中官——宦官——而任尙書事者，對外是接受尙書之事，對內則奏之於皇帝，一切詔奏機密都要經過他的手。就官說，比太史令還闊一些，未嘗不可稱得起「尊寵任職」（漢書本傳）的，但是和宦者同官，也就仍是大大的侮辱了。

司馬遷無論在獄中，或在當中書令，當然不會忘掉他的著述。也許這時正是他寫作最勤快的時候了！

從太始二年到太始四年，武帝又有巡幸之事，司馬遷也又都扈駕相從。二年，到回中；三年，幸東海，登之罘（現在山東的煙臺），浮大海而還，四年，春天三月到泰山，十二月到雍，又到了西邊的安定（現在甘肅固原），北地（現在甘肅東北角環縣）。在這太始四年（公元前九三），司馬遷年四十三，有報任安書。這是因為在司馬遷剛為太史令時，曾有援引朋友出仕的念頭，現在既出獄當中書令，所以任安遂給他信，又叫他推賢進士了。殊不知現在已不是二十八歲時的司馬遷了，他在悲憤之餘，除了著述以外什末心也淡了，他的答書裏有：「若僕大質已虧缺，雖才懷隨和，行若由夷，終不可以為榮，適足以發笑而自點耳。……如今朝雖乏人，奈何令刀鋸之餘，薦天下豪俊哉！……鄉者，僕亦嘗廁下大夫之列，陪外廷末議，不以此時引維綱，盡思慮，今已虧形為掃除之隸，在闒茸之中，乃欲仰首伸眉，論列是非，不亦輕朝廷，羞當世之士邪？」他覺得應該薦士的時候早已過了。信中所謂：「書辭宜答，會東從上來。」就是指春天扈駕泰山之事；所謂：「僕又薄從上上雍」，就是指十二月隨從到雍之事。至於信中「今少卿抱不測之罪，涉旬月，迫季冬，恐卒然不可為諱」數語，卻並非指太子獄，因為那一年並沒有巡幸泰山及雍之事，就武帝的話看：「任安有當死之罪甚衆，吾常活之」（田叔列傳後，褚先生所記），則任安之抱不測之罪，固不止一次，至於這一回原因何在，我們卻也不能詳悉了。

司馬遷四十四歲這一年（征和元年，公元前九二），武帝已六十六歲了。晚年的武帝，對選擇人的標準已與前不同。這時趙王死了，趙王之子淖子，武帝聽說他「多欲」，便說：「多欲，不宜君國子民。」沒有立。立的是昌，原因呢？是因爲他「無咎無譽」。這不啻是開始對過去自己的檢討之反映了。這一年有所謂巫蠱案，據說丞相公孫賀之子敬聲和武帝之女陽石公主私通，他們在路上埋了些木偶人，準備詛咒武帝。這很像大觀園裏到了衰敗的時候一樣，一切妖妄便都出現了。

到了第二年，便把公孫賀父子及其全家殺了。陽台公主等也因巫蠱伏誅。不過這事情在後來又牽涉到太子。太子戾是武帝年二十九歲時所生的，本來很爲武帝所喜愛，但長大了，因爲有些仁恕溫謹，武帝覺得他的才能趕不上自己，太子有些不自安，可是武帝仍然對衛青說：「漢家庶事草創，加以四夷侵陵中國，朕不變更制度，救世無法，不出師征伐，天下不安，爲此者不得不勞民，若後世又如朕所爲，是襲亡秦之跡也。太子敦重好靜，必能安天下，不使朕憂，欲求守文之主，安有賢於太子者乎？聞皇后與太子有不安之意，豈有之邪？可以意曉之！」這樣也就沒有什麼芥蒂了。太子又每每諫伐四夷，武帝就笑道：「吾當其勞，以逸遺子，不亦可乎？」大概武帝的作風是嚴刻的，太子的作風是寬厚的，因此素來寬厚的大臣就多半擁護太子，而一般喜歡用嚴刑峻法的大臣就多半加以毀壞了。前者無聯絡，後者有黨羽，於是說太子壞話的便多起來。起初，武帝還不十分相信，到了這時，巫蠱案既起，在宮中的女巫很多，每每叫人埋木偶，作爲報仇消恨的手段，當時後宮及大臣因而被殺的已有好幾百人。武帝被這事鬧得身體也很壞，白天便也常做夢有數千木人來挑戰，同時武帝也漸漸多怒善忘了。這時有一個督察貴戚近臣的直指繡衣使者江充，想借巫蠱案排除異己，收捕驗治，因而處以死刑的，多到數萬人。他最後往皇后和太子的宮中去掘地，掘得連放床的位置都沒有了，他說木人最多的就是太子，並且說太子還有無禮的話寫在絹帛上呢。太子也害怕起來，恐怕武帝已在甘泉病篤，所以姦臣纔敢如此悖亂，因而親自把江充斬了。這時宣傳著太子已有反心，武帝也大怒。於是武帝的兵和太子的兵在京城裏大戰起來，戰了五日，又死傷數萬人。這時武帝也從甘泉趕回來了，太子兵敗出走。司馬遷的朋友田仁和任安，便都是因為這事被腰斬的。太子出走以後，逃到湖縣泉鳩里（現在潼關以東閿縣之地），因為搜捕得急，自縊了。

有太子兵事這一年，是征和二年（公元前九一），司馬遷年四十五。次年為征和三年，這一年李廣利帶兵七萬，出五原，擊匈奴，兵敗而降。這是史記中所記最晚的可信為出自司馬遷手筆的事，可能司馬遷就是在這一年死去的，那末他只是活了四十六歲而已了。這時距報任安書已有四年，那時說：「僕竊不遜，近自託於無能之辭，網羅天下放失舊聞，考之行事，稽其成敗興壞之理，凡百三十篇，亦欲以究天人之際，通古今之變，成一家之言，草創未就，適會此禍，惜其不成，是以就極刑而無慍色。僕誠已著此書，藏之名山，傳之其人，通邑大都，則僕償前辱之責，雖萬被戮，豈有悔哉？」可知他在就極刑（三十八歲）之前，百三十篇的史記組織，雖早已粗具，但到了報任安書（四十三歲）時，還沒有完成，更沒有藏傳，大概完成就在現在這四年間。史記自序中又說：「凡百三十篇，五十二萬六千五百字，……藏之名山，副在京師。」書的字數都計算出來了，書是完成無疑，而且「副在京師」，可見在生時已不止一個抄本。自序可能就是作於征和三年（公元前九〇）的，那最後的話是：「余述歷黃帝以來，至太初而訖，百三十篇。」大有書稿寫成後，擱筆而躊躇滿志的愉快在！

四十六歲以後的司馬遷如何，我們卻一點也不曉得。他是自殺還是病死？我們也沒有絲毫記錄。以他的倔強，自殺也很可能。他覺得任務已了，或者就不必苟活了的吧。——史記的創作，差不多占了他半生！

那活了七十一歲的高齡的漢武帝，再過了四年，也長眠了。武帝的最後幾年，理智很澄澈。在征和三年，他的遊興並不衰，到了雍，到了安定北地；因爲想到太子無辜，蓋了一個思子宮，並在閿鄉太子自殺的地方建歸來望思之臺，這也夠傷心的了！這時武帝六十八歲了。次年征和四年，武帝再到東萊，海上，並泰山，舉行最後的封禪。他告訴大臣說：「朕即位以來，所爲狂悖，使天下愁苦，不可追悔，自今事有傷害百姓，糜費天下者，悉罷之！」最後對方士也不信了，一律遣散。這時有人建議屯田輪臺（在新疆迪化西南），武帝也失掉了興致，認爲「軍士死略離散，悲痛常在朕心，今又請遠田輪臺，欲起亭遂，是擾勞天下，非所以憂民也，朕不忍爲！」自此以後，對國家便只在休息富養，也不再出兵了。再一年是後元元年（公元前八八），武帝到了甘泉，安定。武帝想立鉤弋夫人之子弗陵爲太子，因爲他年幼，便讓人畫了一張周公負成王朝諸侯的圖給霍光，霍光是一個忠厚老實人，當時並不曉得是何用意。過了幾天，武帝便把鉤弋夫人叫來了，忽然賜死，鉤弋夫人百般請罪，也還是沒赦。別人都很奇怪，立她的兒子，爲什末殺他的母親？武帝說，這是因爲主少母壯，怕再有呂后之禍！這代表了遠見而慘忍的武帝作風之最後表現，這時武帝年七十。第二年，武帝在甘泉宮，朝過諸侯王，又到了盩厔（在長安之西），這是這位老英雄的最後旅行了，即在這裏長逝。死以前，以沈靜詳審的霍光爲大司馬大將軍，以篤愼的金日磾爲車騎將軍，武帝晚年的擇人和以前多末不同！

武帝的長處是聰明，決斷，而且守法。他的妹妹隆慮公主之子昭平君犯了法，終於定了死罪，他說：「法令者，先帝所造也，用弟（女弟）故而誣先帝之法，吾何面目入高廟乎？又下負萬民！」所以就在悲哀不能自止之中而行法了。

武帝的確是一個英雄，他的一生像幾幕劇。前幾幕那樣威風浪漫而奇幻，後一幕卻是這樣寧靜而澄澈了！

在武帝這樣一個英雄之旁，卻又有一個可以把武帝譏諷得哭笑不得，玩弄於筆頭之上的，這就是司馬遷！他們的生命，差不多是相爲終始的。說是講他們的晚年，這有點錯，司馬遷似乎並沒有到晚年，他是圓滿地在精壯的青春中結束他的生命的，漢武帝在精神上也始終是富有活力，最後還不失爲一個大政治家的手腕，最後還在奏那求仙漫遊的尾聲，也何嘗有晚年？——這時是浪漫的大時代，他們都是浪漫精神的象徵，浪漫精神原是只有青春，而無所謂衰老！

㈠ 據荀悅前漢紀卷十四及王國維太史公繫年考略。

第六章　司馬遷之體驗與創作（下）

——史記各篇著作先後之可能的推測

一　缺和補

我們用文藝創作的眼光去看史記，史記每篇的製作便應該在司馬遷的生活史上各占一個地位。現在的史記篇第是經過司馬遷組織過的，它在寫作時的本來次第如何，一定是另一副樣子。我現在就想盡可能地加以推測。

爲了做這步工作，不能不問史記本來寫全沒有？關於這，答覆很容易：本來一定是寫全的。因爲，「凡百三十篇，五十二萬六千五百字。」在自序裏連字數都計算出來了，當然是寫全了。而且，「藏之名山，副在京師。」存稿原來也不止一份。

可是，漢書司馬遷傳裏說：「而十篇缺，有錄無書。」於是平白地給我們添了一個疑團，既不曉得這十篇是如何缺的，也不曉得這缺的十篇究竟是哪些。

爲什麼缺？是觸忌被削，還是偶爾散逸？前者的可能性似乎小。因爲，就現存的書看，其中觸忌的也仍然不少，諷刺的也已經相當厲害，亡失的幾篇也不會更刻毒到什麼地步。偶爾散逸，卻比較近情些。這是因爲，史記一書最初的流傳，是各篇單行的。散逸的幾篇（假如眞有散逸），也許是受了自然淘汰的結果。

至於普通所謂缺的十篇是哪幾篇呢？據漢書注中的張晏說，是：

㈠景紀　㈥漢興以來將相年表
㈡武紀　㈦日者列傳
㈢禮書　㈧三王世家
㈣樂書　㈨龜策列傳
㈤兵書　㈩傅靳列傳

後人如呂祖謙、王鳴盛等，對此都有所論列。他們覺得眞正亡失的，只有武紀一篇。現在我們看這十篇，除了傅靳列傳外，的確都有些特別處：景紀由於有過因觸忌而削去的傳說（自序集解引漢舊儀注，西京雜記卷六同），不知道現在的景紀是否就是原樣？武紀乃是把封禪書又載了一遍；禮書鈔自荀子的禮論及議兵篇；樂書鈔自樂記；兵書爲現在史記所無，但卻有一篇與之相當的律書；漢興以來將相年表則有表無序，和他表不類；三王世家是只載了些策文；日者列傳與龜策列傳，在風格上又彷彿眞出自第二手。那麼，除了傅靳列傳外，這九篇確是有些問題了！

可是也並非絕無商量的餘地：孝景本紀和漢書上的並不完全相同，而且贊語的確是司馬遷的筆調，再則贊語主旨也和自序中提出所以作孝景本紀者相符合，這就是在刻削諸侯，釀成七國之亂的一點。呂祖謙說：「其篇具在」，我們是可以同意的。

孝武本紀（其實應該叫今上本紀），截取封禪書中關於武帝的一段，又加上一個冒，贊也竟是封禪書之贊，一字不差，的確可疑。然而我們看自序中稱：「漢興五世，隆在建元，外攘夷狄，內修法度，建封禪，改正朔，易服色，作今上本紀第十二。」可知假若要作武紀的話，原重在他的封禪（改朔易服是隨著來的），所以我疑心：焉知道司馬遷不是故意地重鈔一份封禪書，作一個最大的諷刺的？意思是：「瞧吧，你自以為武功了不得，其實你一生也不過只是被一些方士所愚弄罷了，你雖然也偶爾覺悟，但是像吃鴉片一樣，不知不覺就又為方士的胡話所誘惑了！」試想，除了司馬遷之外，誰敢在同一部書裏把同一篇文章再鈔一遍？除了大諷刺家司馬遷之外，誰又會這樣幽默而痛快？補書的法子儘多，哪有在同一書裏找出一篇現存的東西來頂替的？

禮書和樂書也難說不是原樣。史記本是撰次舊聞的，講禮樂而取自荀子和樂記，這採擇不能算壞。（中國講禮樂，有超過它們的麼？）再說，司馬遷的書中，本有許多地方襲用荀子（詳第七章第七節），大概他對於荀學很信仰，在這裏遂以荀子為代言（樂記也是荀學，余別有考），就毫無足怪了！況且，禮書和樂書的篇首，都有司馬遷手筆的敍文，所以縱然讓步了說，這兩篇只能說不全，而不是缺！

兵書就是律書，律書是存在的，不過也未必全而已。漢興以來將相年表，所差的是沒有序文，我們也很難因為它沒有序文，就連表的本身存在也否認了。

三王世家，不錯，只載了些策文，然而自序裏明明說：「三子之王，文辭可觀，作三王世家。」策文之外，本別無重要之處，所以現存的樣子，也不會離原樣多末遠。贊語則確是司馬遷的格調，呂祖謙又說對了！

日者列傳和龜策列傳，筆調自然有些特別，然而司馬遷的風格本來變化多端，我們也很難武斷他不能寫這類的文章。龜策列傳中說到伐大宛，說到巫蠱，這是司馬遷的時代；說到「余至江南」，這是司馬遷的足蹤；最後說出「豈不信哉」，這是司馬遷慣於用反筆作諷刺的技術；所以這篇一定是司馬遷的原文，至少是原文的一部分了。日者列傳，我疑心也許是司馬談的舊稿吧。總之，這兩篇也都不能放在散逸之列。

九篇既如此，而傅靳列傳，就更看不出是後人補作之跡了。假若張晏不提及，恐怕誰也不會這樣懷疑過！

那末，所謂散逸的十篇，實在散逸得有限。反之，現存的其他篇中，卻被後人附加得不少，也有的是顯然不全的。楚元王世家就是後者的例。因為，贊中明有「使楚王戊毋刑申公，遵其言，趙任防與先生，豈有篡殺之謀」的話，但是正文中一點記載也沒有，其他傳中一點補充也沒有（史記原有互見之例），假若正文不是後人改補，也一定是有缺失了。

總之，史記有零星的補綴，卻無整篇的散亡。史記每一篇中都不免有點假，但每一篇也都有一部分眞。它像陳年的古董一樣，修補和鏽蝕是不免的，但原物的神態卻也始終古意盎然，流動在每一部分裏。

二　史記中可能出自司馬談手筆者

我們爲考訂司馬遷著史記時各篇的先後，我們先須把可能是司馬談寫的除去。

司馬談在臨死時叮囑司馬遷道：「余死，汝必爲太史，爲太史，無忘吾所欲論著矣。」看樣子好像司馬談只是想論著而不曾動筆似的，可是再看當時司馬遷在俯首流涕中的答話是：「小子不敏，請悉論先人所次舊聞，弗敢闕。」可知所謂「欲論著」乃是暢所欲言之意，收集的材料和主要的見地卻未嘗不是早已有著了。在這些材料和見地中，難道就沒有比較可以近乎完稿的麼？司馬遷又說：「余所謂述故事，整齊其世傳，非所謂作也。」難道這故事和世傳中，就沒有他父親在比較上已經整齊得就緒的麼？

在這種意味下，史記裏可能有司馬談的著作的，我看有八篇，這是：孝景本紀、律書、晉世家、老莊申韓列傳、刺客列傳、李斯列傳、酈生陸賈列傳、日者列傳。

我辨別的標準是這樣的：第一、就思想上，司馬談惟一留給我們的可靠的著作是論六家要旨，所以和這篇的論點符合與否就是一個試金石。第二、就時代上，史記裏所敍的親歷的時代有遠在司馬遷以前，非他父親不能接得上的。第三、就文字上，史記中時而諱談，時而不諱，這不諱的就可能是談自著。

那末，我們看這八文：孝景本紀，除贊外，無文章可言。贊裏說：「漢興，孝文施大德，天下懷安，至孝景不復憂異姓。而鼂錯刻削諸侯，遂使七國俱起，合從而西鄉，以諸侯大盛，而錯爲之不以漸也。」這很像論六家要旨裏責備法家的話：「不別親疏，不殊貴賤，一斷於法，則親親尊尊之恩絕矣，可以行一時之計，而不可長用也，故曰嚴而少恩。」我原說過，論六家要旨與其說是一篇學術論文，不如說是一篇政論，與其說是講空洞的學派，不如說是批評當時的實際政治，所以孝景本紀和論六家要旨似乎都是司馬談手筆。再說，我推測論六家要旨的寫作不出公元前一三五（建元六年，黃老派的統治者竇太后死的一年）到一二四（元朔五年，公孫弘倡議置博士弟子，以獎誘儒術的一年）之間，而景紀贊中提及主父偃上書天子下推恩令的事，那時是公元前一二七（元朔二年），二文正可能是同一時之作。這時司馬遷纔九歲。假若死在元封元年（前一一〇）的司馬談，以六十左右計，草此二文時是將近五十歲的吧。

律書可能是司馬談作，因既云「世儒闇於大較，不權輕重，猥云德化，不當用兵」，則必作於武帝對外用兵以前，文中亦確只敍至文帝之事而止，這正是司馬談的時代，此其一；篇末講「神使氣，氣就形。」講「非有聖心以乘聰明，孰能存天地之神，而成形之情哉？」均與論六家要旨中所謂「凡人所生者神也，所託者形也」，「神者生之本也，形者生之具也」諸語相類，此其二。

晉世家之所以令我疑心也是司馬談的著作處，是因爲其中沒有諱談。在這世家的後一半裏，有：「桓叔生惠伯談，談生悼公周。」按司馬遷在報任少卿書裏說到宦者趙談處，是改爲：「同子參乘，袁絲變色。」在史記本書裏諱談的地方也不少：

㈠趙世家　「襄子懼，乃夜使相張孟同私於韓魏（索隱：戰國策作張孟談，談者史遷之父名，遷例改爲同）。」

㈡平原君虞卿列傳　「邯鄲傳舍吏子李同（正義：名談，太史公諱改也）說平原君曰：『君不憂趙亡邪？』」

㈢季布欒布列傳　「楚人曹丘生辯士，數招權顧金錢，事貴人趙同等（集解，徐廣曰：漢書作趙談，司馬遷以父名談，故改之）。」

㈣佞幸列傳　「孝文時中寵臣，士人則鄧通，宦者則趙同（索隱：案漢書作趙談，此云同者，避太史公父名也）。」

(五)袁盎鼂錯列傳　「宦者趙同（集解，徐廣曰：漢書作談字）以數幸，常害袁盎。」

反之，書中不諱談的例，則除了晉世家外，有李斯列傳中的「宦者韓談及其子謀殺高」，有司馬相如列傳中的「因斯以談，君莫盛於唐堯，臣莫賢於后稷」（在論封禪的遺札中），有滑稽列傳中的「談言微中，亦可以解紛」，有自序中的「喜生談，談為太史公」。

現在牽涉到漢人臨文諱不諱的問題了。胡適之先生曾經寫了兩篇論文，一是兩漢人臨文不諱考，一是讀陳垣史諱舉例論漢諱諸條，都發表在三十三年出版的圖書季刊新五卷一期上。他的結論是：「避諱制度和他種社會制度一樣，也曾經過長時期的演變，在那長時期的歷程上，有時變寬，有時變嚴，有時頗傾向合理化，有時又變的更不近人情。」可是他這兩篇文章對於我們現在的需要上說並沒有多大的幫助，因為，第一、他的取材多半限於東漢，讓我們不易判定司馬遷的時代究竟是避諱制度變寬的時候還是變嚴的時候；第二、他的論據，幾乎全限於帝諱，於是讓我們難於說「家諱」究竟是否也那樣有彈性。

單就史記論，我們不妨在實際上分析那諱與不諱的兩組文字。先說在不諱的方面，自序和司馬相如列傳、滑稽列傳應該不算。因為，自序是表彰他父親的，名字一定要從眞，當然不會諱。司馬相如列傳、滑稽列傳中的「談」，是「談」的本義，並非人名，找了代字，意義就會兩樣，所以也沒法諱。只有晉世家中的惠伯談，李斯列傳中的韓談，卻是可諱而未諱的，這值得我們注意。

很有趣的一個對照是，這不諱的一組和諱的一組有一個大不同：諱的一組的文字往往與司馬遷的身世相關，而不諱者則否。例如趙世家中就有「吾聞馮王孫曰，趙王遷，其母倡也」的話，馮王孫見馮唐傳，乃是司馬遷的朋友，所謂「亦奇士，與余善」的。平原君虞卿列傳中就有「虞卿非窮愁，亦不能著書以自見於後世」的話，這也正是司馬遷報任少卿書中所謂「發憤之所爲作」的見解。至於季布欒布列傳、袁盎鼂錯列傳、佞幸列傳中的趙同，又恰是報任少卿書中的「同子參乘，袁絲變色」的同一刺心的目標。可見諱談的五文中，都有司馬遷的生活烙印在！不諱的二文（晉世家和李斯列傳），那司馬遷的影子卻淡得多。所以，很可能這不諱的兩篇大體上是司馬談寫的。

老莊申韓列傳也有司馬談寫的可能。我的根據是：老莊變而爲申韓，未必是指哲學思想的演化，卻可能是指漢代的政治精神由文帝的黃老術變而爲景帝的刻薄和武帝的嚴刑峻法，推原禍始，卻是文帝，幸而文帝在技術上卻靈活得多，「而老子深遠矣」，是貶之，卻也是不得已，就其次而懷念之。這主旨和論六家要旨太相似，所以可能也是司馬談著。再則敍到老子的後人時，至李解而止，解爲膠西王卬太傅，按膠西王卬以文帝十六年（公元前一六四）封，景帝三年（公元前一五四）誅，爲什末只敍到司馬遷生前二十年就完了呢？可能是由於司馬談去寫纔如此的。

刺客列傳和酈生陸賈列傳也有各別叫人生疑的地方。刺客列傳的贊裏說：「始公孫季功、董生與夏無且游，具知其事，爲余道之如是。」夏無且是秦始皇的侍醫，荆軻做刺客時曾在場，那事發生在公元前二二七年，距司馬談之死（公元前一一〇），有一百十七年的光景。假若司馬談活六十歲，則當生於公元前一七〇左右，距這事的發生還有五十幾年呢！這事是必須夏無且活得很大，而公孫季功、董生等又在很年輕時聽見這故事，他們也活得很大，而司馬談也是在很年輕時就又聽見那轉述，纔可能。贊中的「余」說是司馬談已有些牽強，說是司馬遷簡直是不可能了！所以刺客列傳的著者是司馬談，比說是司馬遷，靠得住得多。

酈生陸賈列傳的可疑之點也在贊裏。贊裏說：「至平原君子與余善，是以得具論之。」按本傳上文說平原君自剄後，文帝聞而惜之，「迺召其子拜爲中大夫，使匈奴，單于無禮，迺罵匈奴，遂死匈奴中。」查匈奴列傳，在文帝六年時（公元前一七四），曾使中大夫意到匈奴那兒去，這個中大夫意可能就是平原君朱建之子的名字，朱建之自殺是由於淮南王厲把辟陽侯殺了，自己有設計的嫌疑而然，這事發生在文帝三年（公元前一七六）。死後即召其子爲中大夫。這和中大夫意之使匈奴，相距三年，事正銜接。假如中大夫意就是朱建之子，這是在司馬遷生前四十年就死在匈奴中了，如何能和司馬遷有來往？所以這裏的「余」，也只有司馬談纔可能了。

日者列傳只敍述到了賈誼少年時的故事，又敍到賈誼之死。賈誼之死是在文帝十一年（公元前一六九）。假若司馬遷寫的，爲什末後來的卜者就不載了？而且，文中的老莊思想十分濃，不惟司馬季主動輒援用老莊，就是宋忠、賈誼也彼此以老子無名的道理相責勉，後來宋忠使匈奴，抵罪了，賈誼當師傅，絕食而死了，傳裏也用老莊的眼光結束他們說：「此務華絕根者也。」這種道家立場，不更像是司馬談麼？假若有人覺得這篇的風格與司馬遷的文字不類，也許可以就在這裏得到一種可能的解釋了。

總之，這八篇都有司馬談作的可能。我說可能，是說還不能認爲就是定論。尤其像晉世家贊中之重在主上的忌刻，彷彿仍在諷刺漢武帝，李斯列傳之寫，似乎仍是宣洩報任少卿書中「李斯相也，具五刑」的憤慨，且篇首筆調有和貨殖列傳相類處，也有和報任少卿書相類處，這不仍然讓我們想到還是司馬遷寫的可能較大些麼？我們的解釋只能是：這兩篇原是司馬談的手稿，但不妨司馬遷有著修潤或借題發揮處。再如刺客列傳，假若所說的公孫季功是公孫弘（平津侯列傳上說他字季，也許是掉了一個功字），則本文仍有司馬遷著作的可能。因爲，公孫弘是活了八十高齡的，他死於元狩二年（公元前一二一），司馬遷已經十五歲了，他生於高祖七年（公元前二〇〇），距荊軻刺秦王只有二十七年。假若夏無且經過了那次刺殺事件，還活了三四十年，是有機會可以告訴公孫弘的；公孫弘也可以轉告給十幾歲的小歷史家司馬遷的。不過這樣說，還是嫌太湊合，不如把著作權斷給司馬談近情理。其他五篇，以對酈生陸賈列傳的論據較強，律書次之，老莊申韓列傳又次之，孝景本紀和日者列傳就更薄弱了。好在我說是可能，這就是像航海的人，偶而見了些樹葉木片，不禁作一點懸想的試探而已。

三　史記中不易辨別爲談著抑遷著者

其次我們要除去那些既看不出司馬談的著作痕跡，也無從見其與司馬遷的〔現〕實生活之關係的，這是：

㈠殷本紀　㈥楚元王世家
㈡秦本紀　㈦荆燕世家
㈢漢興以來將相名臣年表㈠　㈧樂毅列傳
㈣燕召公世家　㈨田單列傳
㈤宋微子世家

這幾篇在討論史記中各文的著作先後時都只好存而不論。兩次除去的結果，我們所論者只有一百一十三篇。

四　司馬遷著述之根據與其創作時之情形

在論司馬遷的著作先後之前，我們對於他的寫作根據和寫作方法，還要有一個一般的考察。他著作的根據，大概不外是：

㈠政府的檔案　這不只從「紬史記石室金匱之書」（國家圖書館裏當然有檔案）一語可以知之，從三王世家中保存的策文可以知之，從淮南衡山列傳所錄的劾奏可以知之，而且從傅靳蒯成列傳中的軍功，如靳歙之「凡斬首九十級，虜百三十二人，別破軍十四，降城五十九，定郡國各一，縣二十三，得王柱國各一人，二千石以下至五百石三十九人。」以及扁鵲倉公列傳中的詔書奏答，尤見非根據檔案是決寫不出的。

㈡現成的書篇　司馬遷一則說：「整齊百家雜語」；二則說：「罔羅天下放失舊聞」；三則說：「述故事，整齊其世傳」；就知道他根據以前的書篇處是很多的。他又說：「漢興，蕭何次律令，韓信申軍法，張蒼為章程，叔孫通定禮儀，則文學彬彬稍進，詩書往往間出矣。自曹參薦蓋公言黃老，而賈生、鼂錯明申商，公孫弘以儒顯。百年之間，天下遺文古事，靡不畢集太史公，太史公仍父子相續纂其職。」他得利用的書是多末豐富，又多末方便！

㈢父親的舊稿　這就是司馬遷所謂「請悉論先人所次舊聞」。司馬談原已經編訂了些呢。不過照「無忘吾所欲論著」看來，似乎有的是資料，大概札記之類而已，缺的是成篇的東西，以及所加的精微的論斷。史記中可能看出是司馬談的手筆的，我們前面已論過了。

㈣實際的見聞　司馬遷所著各文，類多以旅行及聽人述說為印證。

㈤自己的推斷　司馬遷是一個哲人，也是一個詩人，他往往憑他的智慧而對史料有所抉擇並貫串，又憑他的情感和幻想而有所虛構。

這五種成分合起來，就構成他的史記。認眞說起來，他在史記中根據已成的東西處是遠超過於自己的摸索的。懂得這種情形，就不怪史記中風格之雜了，也不暇怪他偶而有著矛盾了；反之，卻只覺得他「涉獵者廣博，貫穿經傳，馳騁古今，上下數千載間，斯已勤矣！」

關於他的著述方法，是和他的著述根據分不開的。他著述既已依據前人爲多，所以他的工作乃是整理剪裁（這就是他所謂「整齊」），乃是對已有資料而尋出或賦予一種意義。此外，則是運用他的文學天才，把自己的人生體驗（大部分是人生苦果）交織於其中，讓所寫的生動而親切，把已往的宛然變爲目前。這就是他的本領。

就他的整理剪裁言，他的工作是客觀性質的。因而他往往採取已有的論斷，作爲代言，假若和自己的不相遠。例如秦始皇本紀後就援用大篇幅賈誼的話，即後來的班固也把他倆的話併爲一談，認爲賈誼、司馬遷說得如何如何了。這樣看來，他的書中一定有不少是保存原來資料的面目的。

可是他也一定有著改裝的地方。他的改裝的方式是有兩種：一是翻譯，把古代難懂的文字翻成當時平易的文字，五帝本紀就是一例。二是就原書的文義重寫，如孟子「王何必曰利」一段，即重寫爲「君不可以言利若是夫！君欲利則大夫欲利，大夫欲利則庶人欲利。上下爭利，國則危矣；爲人君仁義而已矣，何以利爲？」這見之於魏世家。我們試把孟子原文來一比對，就看出司馬遷把原書的迂闊改去了，換上的乃是更符合戰國時代的縱橫面目。因爲他有這種譯和改，所以全書中也不盡留有所採各書的原形。只是現在我們所敢說的，他之保存或改動原始資料，並不均勻，加之司馬遷本人的風格也確是豐富與變幻，往往隨題賦形，所以那痕跡就更十分難辨了。

就他的文學才情言，史記又是非常主觀的。他渲染上許多許多的感情，他也費了不少精力在琢磨他的文章上。在這方面看，史記在史書之外，乃是一部像近代所謂小說或者是抒情詩式的創作。創作有創作的一般特點，那是靠靈感，而優劣不能自主，也不能預期。一篇之成，也不知道經過多少失敗。因而往往有棄稿，但這棄稿也每每存於現在的書中。所以史記也不盡是滿意稱心之作。

我這樣述說的意思，是指明史記決不是完美的，可是正因爲它不美滿，它不會陷入庸俗，卻像斑剝的鐘鼎彝器或殘缺的古人字畫一般，那精妙幽媚處不惟不因此而失，反而更增加了人們對它的慕戀。同時我也是指明，要斷定史記中司馬遷的著作面目，是只可在相當限度內行之，關於他的著作先後，尤其是不能不在十分保留的態度之下而從事了。

五　就著作時代上對司馬遷作品之劃分

我們要想推測司馬遷創作先後的話，只能從他書中的和他實際生活的連繫處去找。這樣我們便發覺童年的感印給他十分深，李陵案的刺戟更時時有著餘響了。

大體上我們可以把他的一百一十三篇著作分為六個集團。第一是，不能確指為司馬遷何時所作，然而能廣泛地指為司馬遷的文章的，這有：

(一)呂后本紀　從贊文「孝惠皇帝高后之時，黎民得離戰國之苦，君臣俱欲休息乎無為，故惠帝垂拱，高后女主稱制，政不出房戶，天下晏然。刑罰罕用，罪人是希，民務稼穡，衣食滋殖」看來，似乎是暗襯後來武帝時代之多事的，所以我想一定是司馬遷作，雖然作於何時不明確。

(二)魯周公世家　「至其揖讓之禮則從矣，而行事何其戾也！」這是譏諷一般講道德，說仁義而實際上毫無道德仁義的儒家如公孫弘之流的，與司馬遷的常時態度正相合。何時寫的？卻還是沒有任何痕跡。

(三)田敬仲完世家　贊裏說田乞、田常專齊國之政，「非必事勢之漸然也，蓋若遵厭兆祥云。」那樣大的政變，卻推在好像遵循卦兆似的，也只有浪漫精神的司馬遷纔能為之。

(四)田儋列傳　主旨當然在寫田橫之氣骨以及那同時自殺的五百人之壯烈，彷彿說高祖創立的漢朝，就沒有這樣出色人物！不是司馬遷，誰會這樣譏諷？

(五)張丞相列傳　這更是極其狠辣的一篇諷刺。記了武帝以前的幾個丞相以後，一說到「及今上時」，便只列出幾個人名，竟說：「皆以列侯繼嗣，娖娖廉謹，為丞相備員而已，無所能發明，功名有著於當世者。」簡直是說武帝朝中無人了！但那筆鋒還不止此，又在側面對那幾個像樣的丞相，也借端對漢朝大攻擊了一番；他說像張蒼那末好，可是也沒贊成改服易色的事，而木強的周昌，敢於擊傷呂后吏的任敖，剛毅守節的申屠嘉，卻並不曾有蕭、曹、陳平那般人的奸滑本領（司馬遷故意說這是「術學」）！表面上讓人看著好像是遺憾似的，實際上卻是贊美，意思是說當今連這樣人物都不見了！這曲曲折折的挖苦，只有司馬遷會！

㈥劉敬叔孫通列傳　主旨在寫「面諛以得親貴」的叔孫通，贊裏諷刺地說：「與時變化，卒為漢家儒宗；大直若詘，道固委蛇，蓋謂是乎？」諷當時儒家，已成了司馬遷的習慣；借機會把道家也加以冷嘲了，又是他父親所不肯為的；所以這文章一定是出自司馬遷，而不是出自司馬談，雖然在時代上沒敍到多末晚。

㈦扁鵲倉公列傳　給人治病，則同行嫉妒，不給人治病，則病家怨望。中國社會實在太難處了！扁鵲以技見殃，倉公匿跡當刑，左右都不對，有本領就活該倒霉。其中隱然有司馬遷的感慨在！

㈧吳王濞列傳　贊裏說：「鼂錯為國遠慮，禍反近身；袁盎權說，初寵後辱。故古者諸侯地不過百里，山海不以封，毋親夷狄以疏其屬，蓋謂吳邪？毋為權首，反受其咎，豈盎錯邪？」眼光那樣銳利，筆下有那樣逼人的鋒芒，這不是溫和的司馬談所能措手，斷然是司馬遷作！

以上八篇為一組，都只能斷其為司馬遷之所著，卻無從確定其所著之先後者。

第二組是，司馬遷之作史記，因為有他父親的薰陶並自己的天才，所以未必自為太史令時始著筆。書中一定有一些少作。現在只能看出是司馬遷在作郎中之前，有著遨遊的蹤跡或者遨遊以前的徵象的，則有：

㈠三王世家　現在的三王世家雖未必為司馬遷原本，但照自序中所講，即著重在文辭，現在所有的，也就幾乎全是策文，所以原文縱存，也不會多出什末來。三王之立，是在元狩六年（公元前一一七），時司馬遷十九歲。我想可能是司馬遷當時就見了這策文，而十分愛好，遂銘記下來的。所以這可能是書中最早的文字。

㈡淮南衡山列傳　我認為也是司馬遷少作，因為，篇中最後所敍為衡山王之敗，時為元狩二年（公元前一二一），司馬遷方十五歲，此其一；篇中錄張蒼等奏文，占很多篇幅，或者是成熟期的司馬遷所不屑為，此其二；說到荆楚民風，只稱「夫荆楚僄勇輕悍，好作亂，乃自古記之矣」，並未證之以自己的見聞，也許這是司馬遷在遨遊（二十歲）之前作，此其三。也許有人疑惑難道不會是司馬談寫的麼？我的答覆是，不會，因為贊文之風格奇崛，與談異。

㈢項羽本紀　在司馬遷開始遨遊以後，其路線當是先東下，至江淮，由是南行，至會稽，折入九嶷，又北上至長沙，更北上盤桓齊魯之間，再南下至於徐州，徘徊於淮陽，於是就歸途，至大梁，登箕山，重返京師。漢初的許多人物及史跡，大半得自徐州的厄困之際。對於項羽的人格之感發，也就是此行的收穫。項羽初起時只二十四歲，自殺時也不過三十一歲（那時的對手漢高祖卻已是五十六歲了）。他的叱咤風雲，鬬力不鬬智，都是一種狂飆式的少年精神之表現，他的失敗在此，他的可愛也在此。能和這發生共鳴的司馬遷，應該也是在少年可知了。所以項羽本紀，恐在此行後不久作。

㈣同樣精神的，是黥布列傳。司馬遷說項羽「何興之暴也」，司馬遷說黥布也是「何其拔興之暴也」。那種狂風暴雨似的勇敢和銳氣，最後卻也同樣悲壯地失敗了，眞是項羽的好配角！季布欒布列傳中的季布，本來也可以列在這裏，那是「以項羽之氣，而季布以勇顯於楚，身屨典軍搴旗者數矣，可謂壯士」的，不過由於另外的理由，我們斷爲以後作。此外，和項羽的「才氣過人」相類的，有「才氣天下無雙」的李廣，有「一奮其氣，威信敵國」的藺相如，但也都基於其他理由，把著作時日暫不列於此。

㈤高祖本紀　寫豁如的高祖，文章便也很疏蕩大度。不過漢高祖一副本來相，卻也留了一個逼眞的記錄。凡漢初事都多係此時作。

㈥蕭相國世家　一方面諷刺蕭何，說他因緣時會，「依日月之末光」；說他借別人的流血，成自己的官運，「淮陰鯨布等，皆以誅滅，而何之勳爛焉」；說他雖然位高名大，但不過是一個侍衛之流，「與閎夭散宜生等爭烈」；但另一方面卻仍是側擊漢高祖，既說漢高祖的小氣，只記得蕭何多送了二錢，又說高祖的猜忌，就是恭謹的蕭何，倘若他不是故意與民爭田，以除卻獲得民和的嫌疑，性命就怕難保。與高祖本紀可爲一類。

㈦留侯世家　仍然是諷刺，張良雖才智過人，但取悅於呂氏，日常設計，也多半一派陰柔，一點丈夫氣也沒有。「狀貌如婦人好女」，這不是大諷刺麼？

㈧陳丞相世家　陳平更是一個盜嫂受金的無恥之徒，他也能容於呂氏的天下，文帝立後，他自知功不如周勃，卻以退爲進，讓周勃坐第一把交椅的丞相，可是乘機使周勃露出弱點，終於自己享一個獨份兒的相位了。

㈨春申君列傳　贊中說：「吾適楚，觀春申君故城宮室，盛矣哉。」此所謂楚是指淮揚一帶，因爲春申君時楚已遷陳。這蹤跡應是在司馬遷厄困鄱、薛、彭城以後，過梁楚以歸的時候，故次於此。

以上九篇又爲一組，大都以二十遨遊爲中心。本來可以繫之於這次壯遊的作品的，還可有許多：像先到了江淮之地的淮陰侯列傳，像關係他南下到了會稽的越王句踐世家，像北上到了長沙的屈原賈生列傳，像以齊魯爲中心的儒林列傳、孔子世家、仲尼弟子列傳，像仍以薛徐爲背境的孟嘗君列傳、曹相國世家、絳侯周勃世家、樊酈滕灌列傳、傅靳蒯成列傳（這都是他「適豐沛，問其遺老」而得的成績），像最後「過梁楚以歸」時所感發的魏世家、信陵君列傳，以及流露「登箕山」的遊蹤的伯夷列傳等均是。但這十四篇，我們卻都分別留到後面再說，理由也見後。

第三組文字，包括見出他做了郎中，奉使西南，參加封禪，塞河，中間喪父，初爲太史令時的一段生活的。約自司馬遷二十二歲至二十八歲。司馬遷是銳於進取的，在他初為太史令時，頗想薦士，所以書中有薦士思想的也大半屬於此際。這組是：

㈠周本紀　贊中有「漢興九十有餘載，天子將封泰山，東巡狩，至河南，求周苗裔，封其後嘉三十里地，號曰周子南君」。時為元鼎四年（公元前一一三），在封禪前三年，時司馬遷年二十三。

㈡司馬相如列傳　文中敍列「司馬相如既卒，五歲，天子始祭后土，八年而遂先禮中嶽，封於泰山；至梁父，禪肅然」。相如卒於元狩五年（公元前一一八），封禪在元封元年（公元前一一〇），時司馬遷二十六歲，正奉使歸來，適逢父喪，但以職務關係，又匆匆就道扈駕之際。

㈢孟子荀卿列傳　文中一方面寫「迂遠而闊於事情」，因而「困於齊梁」的孟子，另方面卻也寫到處「郊迎」的騶衍。對前者是同情，對後者是譏諷。後者之「閎大不經」，之講「五德轉移，治各有宜」，之「先序今以上至黃帝」，我猜想很有可能就是指武帝時的封禪的可笑以及那般苟合取容的儒者之可鄙的。

㈣孝文本紀　贊稱：「漢興，至孝文四十有餘載，德至盛也，廩廩鄉改正服封禪矣，謙讓未成於今，嗚呼！豈不仁哉？」言外是武帝就不謙讓而封禪了，所以可能也是此時譏武帝不度德量力之作。

㈤齊太公世家　贊中說：「吾適齊，自泰山屬之琅琊，北被於海，膏壤二千里，其民闊達多匿知，其天性也。」到泰山又到海上，這不是司馬遷一人在齊魯之都講業時的情況了，乃是參加了漢武帝「既已封泰山，無風雨災，而方士言蓬萊諸神若將可得，於是上欣然庶幾遇之，乃復東至海上，望，冀遇蓬萊焉」（封禪書）的行列時的蹤跡了，當爲此後不久作。篇中齊桓公要封禪一段，與封禪書同，不過一重在桓公之欲行，一重在管仲之勸阻而已。尤可見是封禪先後之際作。

㈥蒙恬列傳　贊中有「吾適北邊，自直道歸，行觀蒙恬所爲秦築長城亭障。」這恰是武帝封禪後，至海上，於是「北至碣石，巡自遼西，歷北邊，至九原，五月，反至甘泉」的路線，所以可能是代表此次大隊巡行之尾聲的。

㈦平準書　平準的成功，也是元封元年的事，而且這是封禪大典的經濟基礎：「大農之諸官，盡籠天下之貨物，貴即賣之，賤則買之，如此，富商大賈，無所牟大利，則反本，而萬物不得騰踴，故抑天下物，名曰平準。天子以爲然，許之。於是天子北至朔方，東到泰山，巡海上，並北邊，以歸。所過賞賜，用帛百餘萬匹，錢金以巨萬計，皆取足大農。」文中只敍到元封元年卜式和桑弘羊的摩擦而止，所以很可能就是這一年作的。

㈧河渠書　司馬遷參加負薪塞河，是封禪的第二年（公元前一〇九）事，他說：「余從負薪，塞宣房，悲瓠子之詩，而作河渠書。」可知是此役不久以後作了。

㈨西南夷列傳　司馬遷之奉使西南在元鼎五年（公元前一一二），但此文敍至元封二年（公元前一〇九）之伐滇，當是伐滇後作，時司馬遷年二十七，距奉使已經三年了。地理文而疏蕩有韻致，見出司馬遷少年作風也有很從容的一種。

(十)南越尉陀列傳　南越之平，在元鼎六年（公元前一一一），還在封禪的前一年。文或爲此事不久作。

(十一)東越列傳　東越之平，即在元封元年（公元前一一〇）。

(十二)越王句踐世家　東越列傳與越王句踐世家相連，在後者中曾說：「後七世至閩君搖，佐諸侯平秦，漢高帝復以搖爲越王，以奉越後，東越閩君，皆其後也。」在前者中也時時提到句踐，二文相貫注，簡直像一篇似的，可斷爲一時之作。

(十三)陳杞世家　越王句踐往前推，是杞，陳杞世家中又有「楚惠王滅杞，其後越王句踐興」的話，也仍可定爲一時之作。再往前推，就將是夏本紀了，但夏本紀以其他理由，不計入這一期。

(十四)朝鮮列傳　朝鮮之平，在元封三年（公元前一〇八），時司馬遷已二十八歲，或此事不久後作。

(十五)傳靳蒯成列傳　在平朝鮮的這一年，司馬遷繼其父爲太史令。成了史官以後，纔有機會得讀政府的檔案。傳靳蒯成列傳中的軍功，是非根據檔案不能寫出的。所以起碼是作於此年，或以後。

(十六)信陵君列傳　在司馬遷作了太史令以後，算是親貴了，於是有薦士之意。如與摯峻勸進書，便是一例。信陵君列傳贊：「信陵君接巖穴隱者，不恥下交。」與此時情味合。篇中雖有「過大梁之墟，求問其所謂夷門者」的足跡，但必遲至這時纔動筆了。

㈦魏世家　贊亦有「吾適故大梁之墟」語，且又涉及信陵君，當與信陵君列傳同時作。

㈧五帝本紀　贊有「余嘗西至空峒，北過涿鹿，東漸於海，南浮江淮」語，按江淮爲其壯遊所經，空峒爲其初爲郎中時扈駕所到，初次到海上，則爲元封封禪時事，惟北過涿鹿一行較晚，乃元封四年（公元前一〇七）從武帝封禪北歸時之蹤跡，又文中敍黃帝所至之地亦多與武帝相似，正封禪空氣頗濃時作。

㈨孔子世家　篇中雖有「適魯，觀仲尼廟堂，車服禮品，諸生以時習禮其家，余祗回留之，不能去云」語，但決不是二十歲遨遊之際作。這是因爲篇中又有「安國爲今皇帝博士，早卒，安國生卬，卬生驩」字樣，查安國約卒於公元前一二六以後，倘卒時爲三十左右，後二十年可以有孫，是驩之生可能在公元前一〇六年左右，孔子世家當作於此時。

㈩三代世表　文中對孔子之了解及用語，有與孔子世家同者，如孔子世家「孔子母死，乃殯五父之衢，蓋其愼也。」三代世表也有「孔子因史文，次春秋，紀元年，正時日月，蓋其詳哉！至於序尚書，則略無年月，或頗有，然多闕，不可錄。故疑則傳疑，蓋其愼也。」同把孔子了解爲一個小心謹愼的人物，語句又同，恐亦一時之作。

㈩一仲尼弟子列傳　旣寫孔子，孔子弟子當繼之而寫。

以上二十一篇，乃是一組。參加封禪和初爲太史令是這一期的司馬遷的主要生活，時間以元封爲中心。

第四組文字，是包括到了太初元年（公元前一〇四）至天漢二年（公元前九九）之前，換言之，即以司馬遷訂太初曆爲始，中間漢武帝有伐大宛之役，到李陵案還未發生。這時，司馬遷自三十二歲到三十六歲。那文字的篇目如下：

㈠曆書　現在的曆書，截至曆術甲子篇以前，當爲司馬遷手筆，其中只敍至太初元年（公元前一〇四），恐怕就是司馬遷訂曆時寫的了。訂太初曆，是和他作史記同樣不朽的大業，那時司馬遷只有三十二歲！

㈡禮書　現在的禮書，截至「禮由人起」以前，爲司馬遷文。其中說：「乃以太初之元改正朔，易服色，封泰山，定宗廟百官之儀，以爲典常，垂之於後云。」也當是紀念這一次的大改革的。

㈢韓長孺列傳　韓安國雖死於元朔二年（公元前一二七），但文中記載了他所推薦的人物壺遂。贊中說：「余與壺遂定律曆」，可知是在太初定曆後作。下文又說：「壺遂官至詹事，天子方倚以爲相，會遂卒。」漢書律曆志稱太中大夫公孫卿、壺遂與太史令司馬遷等建議改曆，可知當時壺遂官還未至詹事。文中雖記遂之卒，亦必距太初不遠。本傳對安國仍在諷刺，說他貌爲忠厚，卻又貪財，不過贊許他的一點，就是推舉人才。這也仍是司馬遷爲太史令後的一貫薦士思想。

(四)儒林列傳　大體上雖像司馬遷早年講業齊魯之都的感印，然而文中敍及「兒寬位至御史大夫，九年而以官卒」。查漢興以來將相名臣年表，兒寬爲御史大夫是元封元年（公元前一一〇），九年乃太初三年（公元前一〇二）。可知此文不得早於這一年。兒寬也參加過太初曆的訂定，恐是此期寫成。按漢書兒寬傳亦作「居位九歲，以官卒」，惟百官公卿表作八年卒，茲從史記儒林列傳及漢書兒寬傳。又徐廣在「兒寬位至御史大夫」句下，注爲「元狩元年」（公元前一二二），必誤無疑，因爲那樣便與漢書、史記兩表不合，而且卒年將在太初前十年了，又如何趕得上訂曆呢？

(五)漢興以來諸侯年表　序中稱「臣遷謹記高祖以來至太初諸侯」，表亦至太初四年（公元前一〇一）而止。這是確切看出作於太初四年的一例。

(六)建元以來王子侯者年表　表中亦只至太初四年。

(七)大宛列傳　自太初元年起，漢武帝興師伐大宛，「凡四歲而得罷焉」，大概在太初三年戰事告一結束，到太初四年纔把善後辦好。大宛列傳是以張騫和大宛馬爲線索的一篇又威風又有趣的妙文。李廣利雖爲伐大宛的主帥，但文中寫得他黯然，反不若張騫的開場之功。全文總在寫李廣利之封侯，實不值一文而已。此文恐是大宛之役結束不久後作。

(八)夏本紀　大宛列傳的贊中說：「禹本紀言河出崑崙，崑崙其高二千五百餘里，日月所相隱避爲光明也。其上有醴泉瑤池。今自張騫使大夏之後也，窮河源，惡睹本紀所謂崑崙者乎？故言九州山川，尙書近之矣。至禹本紀、山海經所有怪物，余不敢言之也。」這和言九州山川的夏本紀相關，或者夏本紀也在大宛列傳前後作的呢。夏本紀贊文中且提及孔子正夏時，正也是和太初訂曆的空氣相近。

(九)樂書　中有「後伐大宛，得千里馬」語，下面又有天馬歌。當係伐大宛不久作。不過後接汲黯之直諫，公孫弘之借端排擠，但他們一個死於元鼎五年（公元前一一二），一個死於元狩二年（公元前一二一），都在伐大宛之前一二十年間，何能諫天馬歌，也何能以此爲私人攻擊的題目？難道眞是司馬遷只寫藝術的眞（汲黯和公孫弘的性格完全對），而不必顧及史實嗎？抑是後人有了改動？不易斷明。現在只是就其有伐大宛語，推測其或爲此時作而已。

(十)天官書　後文講熒惑，說「未有不先形見而應隨之」，最後的一個例，即「兵征大宛，星茀招搖」。可知或亦此時作。

(十一)外戚世家　最後敍及李夫人兄弟坐姦族，「是時其長兄廣利爲貳師將軍，伐大宛，不及誅，還，而上旣夷李氏，後憐其家，乃封爲海西侯。」這正是太初四年事。查李廣利在征和三年（公元前九〇）降匈奴，文中不及敍，可知此文最晚不能過征和三年。又按昭帝生於太始三年（公元前九四），文中不惟未敍及廢其母鉤弋夫人事，亦未及昭帝之生，恐此文甚而也不得晚過太始三年。它之成大概在公元前一〇一至九四間，作於伐大宛之際是最可能的。

(十二)佞幸列傳　傳中已敍及李夫人卒後，禽誅延年昆弟；廣利是伐大宛時不及誅的一個，則延年之誅正在此時。此文之作，亦必去此未遠。

(十三)五宗世家　以漢書諸侯王表對讀，五宗世家所敍，大抵以太初四年爲限。只有長沙王鮒鮈之立，漢書表在天漢元年（公元前一〇〇）。恐此文至遲在天漢元年作。又河間頃王授卒於天漢四年，而文中只敍其立，不及其卒，可見此文再遲不能超過天漢四年（公元前九七）。那時司馬遷年三十九。

(十四)萬石張叔列傳　文中所敍最遲的事是：「慶中子德，慶愛用之，上以德爲嗣，代侯，後爲太常，坐法當死，贖免爲庶人。」依漢書外戚恩澤表，石德之贖免在天漢元年。此文或亦此後不久作。

以上十四篇，爲一組。大抵到太初四年爲止。史記自序中一則說：「（司馬談）卒三歲，而遷爲太史令，紬史記石室金匱之書，五年而當太初元年，十一月甲子朔旦冬至，天曆始改建於明堂，諸神受紀。」下面即接敍和壺遂的問答，問答畢，「於是論次其文」。二則說：「余述歷黃帝以來，至太初而訖，百三十篇。」大概在太初以前，雖寫有散篇，但到了太初元年，因爲改曆一事的大興奮，遂鼓舞整理，到了太初四年，已經就緒。後來的，卻只是修潤或增補了。許多年表至太初四年而止，尤見其爲一個明確的限界。至於自序中又有「於是卒述陶唐以來，至於麟止，自黃帝始」，這一個「麟止」只是比喻的說法而已，只重在像孔子「吾道窮矣」之歎而已，只重在像孔子因見麟而作春秋而已，決非指距太初還有二十幾年前的元狩獲麟。班固等所謂「訖於天漢」（漢書司馬遷列傳）之說，也是指最後的修改（雖然事實上未必止於此時）而言，並非指原定的首尾。

現在說到數量上最多的第五組文字了，大都以天漢二年的李陵案為焦點。李陵以天漢二年（公元前九九）降匈奴，司馬遷為之辨，下獄；次年（公元前九八）誤傳李陵為匈奴練兵，族其全家。司馬遷亦因而受腐刑。這是司馬遷在三十七歲與三十八歲時的事。這次的創痛太深，所以流露於各篇中者亦最多；凡是感慨於資財的缺乏（他自己受刑後，是「家貧，財賂不足以自贖」的），傷心於世態炎涼（李陵未敗時，那些公卿王侯都是稱賀的，後來就「媒孽其短」了），痛恨於獄吏的慘酷，鑒於一人受毀之易，薦士之難，以及友道的苦味，宦者之可恥，受了災禍而隱忍，而發憤者之值得同情等，統統屬之。

(一)楚世家　贊稱：「楚靈王方會諸侯於申，誅齊慶封，作章華臺，求周九鼎之時，志小天下，及餓死於申亥之家，為天下笑，操行之不得，悲夫！勢之於人也，可不慎與！」儼然是一個人不可失勢的寄慨。這其中有李陵的影子！

(二)鄭世家　贊稱：「語有之，以權利合者，權利盡而交疏，甫瑕是也。甫瑕雖以劫殺鄭子，內厲公，厲公終背而殺之！」世人的交情是多末不值錢！

(三)張耳陳餘列傳　世界上的多少朋友，不過以利合，而尤莫著於張耳、陳餘。「張耳、陳餘始居約時，相然信以死，豈顧問哉？及據國爭權，卒相滅亡，何鄉者相慕用之誠，後相背之戾也？豈非以利哉？名譽雖高，賓客雖盛，所由殆與太伯、延陵季子異矣。」

㈣吳太伯世家　由張耳陳餘列傳贊看，此或同一意之另一表現。世家以吳太伯世家爲首，與以伯夷列傳爲列傳首，同爲司馬遷之「反功利精神」。但竟然有人說他「崇勢利而羞賤貧」了，眞太冤枉！

㈤發這種感慨的，又有孟嘗君列傳。「富貴多士，貧賤寡友。」多末刺心！所以傳中雖有「吾嘗過薛」語，我們並不能認爲是壯遊期之作，必李陵案發生後作。

㈥把友道寫得酣暢淋漓的，有魏其武安列傳。田蚡未貴時，侍竇嬰，跪起如子姪，後來竇嬰失勢，除灌夫外，賓客都散去。灌夫爲同情竇嬰，曾強邀田蚡來竇家。灌夫好酒使氣，但這時幸未爆發。後來竇嬰又約灌夫至田蚡家，便果然因酒醉而鬧得不可開交了。傳文就是專寫這樣的活劇。同時，「魏其（即竇嬰）大將也，衣赭關三木」；「灌夫受辱居室」（報任少卿書），正是司馬遷幽囚時的情味。所以魏其武安列傳爲此時作。

㈦汲鄭列傳　同一感慨：「夫以汲鄭之賢，有勢則賓客十倍，無勢則否，況衆人乎？下邽翟公有言，始翟公爲廷尉，賓客闐門，及廢，門外可設雀羅。翟公復爲廷尉，賓客欲往，翟公乃大署其門曰：一死一生，乃知交情；一貧一富，乃知交態；一貴一賤，交情乃見。汲鄭亦云，悲夫！」

㈧世態豈只有炎涼的趨避而已，而且在人不得志時，只專會說一些壞話。平津侯主父偃列傳即寫之。傳稱：「主父偃方貴幸時，賓客以千數，及其族死，無一人收者。唯獨洨孔車收葬之。天子後聞之，以為孔車長者也。」就連怒而殺之的武帝，也以為孔車難得了，這種人眞太少！司馬遷更於贊文中彈出他的悲調：「主父偃當路，諸公皆譽之，及名敗身誅，士爭言其惡，悲夫！」這和李陵之遭遇有多末相像！那唯一相當於孔車的長者，就只有司馬遷自己了！

㈨因此，人的受毁是極易的。司馬穰苴列傳所敍可為一例：「已而大夫鮑氏、高國之屬害之，譖於景公，景公退穰苴，苴發疾而死。」多末好的軍事人才也不得施展了！

㈩樗里子甘茂列傳　所敍為又一例：「甘茂竟言秦昭王，以武遂復歸之韓，向壽、公孫奭爭之，不能得。向壽、公孫奭由此怨讒甘茂。……秦卒相向壽，而甘茂竟不得復入秦，卒於魏。」甘茂因賢被毁，竟因賢不得在位！

㈩㈠穰侯列傳　所敍尤可見人言之可畏：「穰侯，昭王親舅也；而秦所以東益地，弱諸侯，嘗稱帝於天下，天下皆西鄉稽首者，穰侯之功也。及其貴極富溢，一夫開說，身折勢奪，而以憂死，況於羈旅之臣乎？」只要有毁言，那樣親貴都不中用，那樣有功都枉然，何況並不是李夫人一家的李陵？更何況不幸打了個敗仗的李陵？

㈩㈡感傷於無錢無勢而友道不得建立　司馬遷乃有兩方面的思想，一則憤慨於資財，於是作貨殖列傳。他說到沈痛處，有：「淵深而魚生之，山深而獸往之，人富而仁義附焉，富者得勢益彰，失勢則客無所之。」有：「隱居巖穴之士，設爲名高者，安歸乎？歸於富厚也。」把一切敢死犯法者都認爲「其實皆爲財用耳」，把一切妓女遊客賭徒方技都拆穿是「爲重糈」，也就是爲吃飯，最後，他更痛心到極點地說：「無巖處奇士之行，而長貧賤，好語仁義，亦足羞也！」眞讀之欲哭！

㈢蘇秦列傳　亦發此慨，「此一人之身，富貴則親戚畏懼。」後來蘇秦散金報德時，對一人獨後，他說：「我非忘子，子之與我至燕，再三欲去我易水之上，方是時，我困，故望子深，是以後子；——子今亦得矣。」這話也相當沈痛了！

㈣張儀列傳　當與蘇秦列傳同時作。

㈤司馬遷在另方面則更憧憬於超乎利害以上的友誼了，於是作管晏列傳。管仲感激鮑叔的話是：「吾始困時，嘗與鮑叔賈，分財利，多自與，鮑叔不以我爲貪，知我貧也；吾嘗爲鮑叔謀事，而更窮困，鮑叔不以我爲愚，知時有利有不利也；吾嘗三仕，三見逐於君，鮑叔不以我爲不肖，知我不遭時也；吾嘗三戰三走，鮑叔不以我爲怯，知我有老母也；公子糾敗，召忽死之，吾幽囚受辱，鮑叔不以我爲無恥，知我不羞小節，而恥功名不顯於天下也。生我者父母，知我者鮑子也！」敍及晏嬰時，亦有「君子詘於不知己，而信於知己者」之語。此文論友道，論不羞小節而立功名，論薦士（鮑叔薦管仲，晏嬰薦御者爲大夫），均可視爲因李陵案所刺戟而發。

㈥與管晏列傳之同樣憧憬者爲韓世家。贊稱：「韓厥之感晉景公，紹趙孤之子武，以成程嬰、公孫杵臼之義，此天下之陰德也；韓氏之功，於晉未睹其大者也，然與趙魏終爲諸侯十餘世，宜乎哉！」程嬰是抱著趙氏孤兒逃匿山中的，公孫杵臼是犧牲自己的性命以換得趙氏孤兒的活路的，這事誠足感人；而韓厥就是能完成這事的始終的。司馬遷以陰德許之，傾慕爲何如！

㈦游俠列傳　也是這種理想的友誼的寄託。上等人既不講信義，不講交情，於是求之於下等人中。司馬遷一則說：「緩急人之所時有。」二則說：「此皆學士所謂有道仁人也，猶然遭此菑，況以中材而涉亂世之末流乎？其遇害何可勝道哉？」司馬遷之憤於橫遭極刑，「交遊莫救」，那呼援之聲，還躍然紙上！

㈧然而李陵案終於發生了，在李陵方面，乃是名將所常受的遭遇。張釋之馮唐列傳，即借馮唐之口，而說從前廉頗、李牧的往事的，其所以成功，乃在「賞賜決於外，不從中擾」，後來「趙王遷立，其母倡也，乃用郭開讒，卒誅李牧」。馮唐更向文帝說現在就有一個良將，是魏尙，但因文帝「法太明，賞太輕，罰太重」，而下吏削爵，所以就是有廉頗、李牧也不能用呢。由於馮唐的敢言，文帝的聽諫，魏尙被赦了，仍做了雲中守。這事和李陵也殊相像，但敢言的人——又是司馬遷自己——是有了，而聽諫的人卻何在呢？

㈨廉頗藺相如列傳　再記趙聽郭開讒，誅李牧，而趙遂滅事。其中敍廉頗失勢之時，故客盡去，乃復用爲將，客又復至，廉頗不悅，客以市道爲解，此與孟嘗君列傳中馮驩所勸者同，並可爲此期作品之證。

㈩趙世家　亦特重郭開讒李牧事，贊中即專論之：「吾聞馮王孫曰，趙王遷，其母倡也……遷素無行，信讒，故誅其良將李牧，用郭開，豈不謬哉！」當爲同時作。

㈩名將而遭敗，只好歸之於無可奈何的理由。所以白起王翦列傳中有「爲將三世者必敗」之語，王翦、王賁、王離，這是三世。李陵也何嘗不是三世？李廣、李敢、李陵，到了陵，當然必敗了，這和白起之被賜劍自裁，歸之於阬敵；蒙恬之被逼呑藥自殺，歸之於絕地脈；李廣之不封侯，也歸之於殺降；是同樣的寄慨而已。

㈩至於李陵案，在司馬遷方面，更爲賢人所常有的災禍。「淮陰王也，受械於陳。」於是作淮陰侯列傳。薦韓信者爲蕭何，而設計捕殺韓信者仍爲蕭何，人世之險如此！韓信當了楚王，「召辱己之少年令出袴下者，以爲楚中尉，告諸將相曰：『此壯士也！方辱我時，我寧不能殺之邪？殺之無名，故忍而就於此。』」這有隱忍就功名意。更可爲一時之作之證。

㈩「絳侯誅諸呂，權傾五伯，囚於請室。」於是作絳侯周勃世家。周勃出獄以後，曾說：「吾嘗將百萬軍，然安知獄吏之貴乎？」史公眞不能不感慨系之！

㈩司馬遷之痛心疾首於嚴刑峻法，寫得森然可怖的，是酷吏列傳。傳中最後所敘的一個酷吏是杜周，杜周死於太始三年（公元前九四），文中不及敘，只敘其遷爲御史大夫。遷爲御史大夫在天漢三年（公元前九八），可知此傳不能出此五年間。

(廿五)由酷吏列傳推，循吏列傳亦必同時作。因為，「奉職循理，亦可以為治，何必威嚴哉？」循吏正是酷吏的對照，寫循吏正是寫何必威嚴的榜樣。所敍循吏凡五人，都很有骨頭，很能律己，但沒有一個是漢朝人，這是譏諷漢朝便沒有這樣出色人物。再則酷吏與平準為因緣，漢武帝對外用兵之後，一方面行嚴法，一方面即興利。酷吏也往往貪污，杜周初徵為廷史，有一馬，且不全，及官久，家貲累數巨萬，便可為一例。現在這循吏列傳中，孫叔敖把改了的幣制又恢復了，公儀休避免與民爭利，把自己種的菜丟了，把織布機燒了，並把織布的老婆也趕了，這處處有平準書的餘影，更見其與酷吏列傳同時作。

(廿六)秦始皇本紀　其中寫到用法而至「宗室振恐」，「黔首振恐」處，似酷吏列傳，而因用法以至羣盜更多，尤似。或為一時作。

(廿七)苛刻者必敗，史公又把此意寫於陳涉世家中：「陳王以朱房為中正，胡武為司過，主司羣臣；諸將徇地，至令之不是者，繫而罪之；以苛察為忠，其所不善者，弗下吏，輒自治之。陳王信用之，諸將以其故不親附，此其所以敗也。」這對武帝正不啻是警告，並有一種幸災樂禍的預感！

(廿八)然而司馬遷如何能敵住漢武帝？終於受了腐刑，於是只好轉而想忍辱，成功一番事業了。司馬遷因此對已往的英雄之幸與不幸更有著瞭解了，例如：「屈原放逐，乃賦離騷。」於是作屈原賈生列傳。汨羅遺跡，本是司馬遷在壯遊時所憑弔的，但到此際，卻纔更沈痛地有所感發了！

(廿九)「孫子臏腳，兵法修列。」於是作孫子吳起列傳。司馬遷又說：「孫子斷足，終不可用，退論書策，以舒其憤，思垂空文以自見。」接著便是：「僕竊不遜，近自託於無能之詞。」可知正以自己比孫子了！

(三十)「不韋遷蜀，世傳呂覽。」於是作呂不韋列傳。其實呂覽並不是不韋遷蜀以後作，傳中也並不曾如此記載，而且呂覽乃集客人之作，無所謂發憤，也夠不上稱爲大事業，然而司馬遷也顧不得這些了，說他是發憤，就是發憤！司馬遷之可愛有如此者。

(三一)窮愁著書之例又有虞卿，並且他也是爲朋友（魏齊）而不重萬戶侯卿相之印，卒困於大梁的，司馬遷此時對之當尤具同情。故平原君虞卿列傳亦必此時作。

(三二)忍辱而就功名的例子還多，又不止是著作家而已。像伍子胥，「向令伍子胥從奢俱死，何異螻蟻？棄小義，雪大恥，名垂於後世，悲夫！方子胥窘於江上，道乞食，志豈嘗須臾忘郢邪？故隱忍就功名，非烈丈夫孰能致此哉？」於是作伍子胥列傳。

(三三)又如范睢、蔡澤，「不困厄，惡能激乎？」於是作范睢蔡澤列傳。

(三四)更進一步，並非一定有成就，可是已經受辱，司馬遷也以隱忍就功名目之，這樣的例是魏豹、彭越；故魏豹彭越列傳稱：「魏豹、彭越，雖故賤，然已席卷千里，南面稱孤，喋血乘勝，日有聞矣；懷畔逆之意，及敗，不死而虜囚，身被刑戮，何哉？中材以上，且羞其行，況王者乎？彼無異故，智略絕人，獨患無身耳；得攝尺寸之柄，其雲蒸龍變，欲有所會其度，以故幽囚而不辭云。」這就是報任少卿書中所念念不忘的「彭越、張敖，南面稱孤，繫獄具罪。」以及「所以隱忍苟活，幽於糞土之中而不辭者，恨私心有所不盡」之意了。

(三五)同一意者即寫「季布為朱家鉗奴」的季布欒布列傳。贊中稱：「以項羽之氣，而季布以勇顯於楚，身屨典軍搴旗者數矣，可謂壯士！然被刑戮，為人奴而不死，何其下也？彼必自負其才，故受辱而不羞，欲有所用其未足也；故終為漢名將。賢者誠重其死，夫婢妾賤人感慨而自殺者，非能勇也，其計畫無復之耳。欒布哭彭越，趣湯如歸者，彼誠知所處；不自重其死，雖往古烈士，何以加哉？」這和報任少卿書的立意同處尤多，「欲有所用其未足」，自然就是「私心有所不盡」。「婢妾賤人感慨而自殺」，就是「且夫臧獲婢妾猶能自決」。此為李陵案所刺戟，亦毫無疑問。

(三六)賢者受禍是受禍，可是常常有所成就，在現實世界中得意的人反而無稱，這就是他所謂「古者富貴而名摩滅，不可勝記，唯俶儻非常之人稱焉」。史記中許以俶儻者有魯仲連。他的配角鄒陽，在獄中上書，司馬遷亦稱其「有足悲者」。或者這魯仲連鄒陽列傳也是這時作的麼？

(三七)受了腐刑後的司馬遷，最刺心者為宦豎一類的生活。報任少卿書所謂「同子參乘，袁絲變色。」同子是趙談，因父諱改，袁絲即袁盎，這故事見袁盎鼂錯列傳。這列傳一定作於此時。

(三八)同樣表示「事關於宦豎，莫不傷氣」的，是寫「商鞅因景監見，趙良寒心」的商君列傳，殆亦同時作。況且其中有趙良建議商鞅勸秦王顯巖穴之士語，這也仍是司馬遷的薦士思想，不過受刑後雖欲薦而已不復有往日的心情，報任少卿書不也就是因重又提及薦士而發的牢騷嗎？此外，說商君「天資刻薄」，說商君「少恩」，或者即是對酷吏反抗的又一流露，那就更可能是此時作了。

(三九)司馬遷受刑後，發覺自己的地位本來也並不高，「固主上所戲弄，倡優畜之，流俗之所輕也。」於是索性把倡優也寫一寫。那就是滑稽列傳。倡優就倡優，倡優何嘗不富有智慧和同情？倡優何嘗眞正低下？

(四十)封禪書也止於天漢三年。在「其後五年，復至泰山脩封」下，徐廣注：天漢三年。下文又云：「今上封禪，其後十二歲而還，徧於五岳四瀆矣。」從元封元年（公元前一一〇）計，十二歲爲天漢二年（公元前九九），但漢書郊祀志作「自封泰山後十三歲而周徧於五嶽四瀆矣」，十三歲就仍是天漢三年了。恐作十三歲者是。可知封禪書亦此時作。

(四一)孝武本紀（當作今上本紀）　所敍述之事與封禪書同，我認爲是司馬遷重鈔封禪書，故意作一個大諷刺的。別人怕還沒有這個膽量！

(四二)梁孝王世家　所敍最後時代爲梁平王襄立三十九年卒，子無傷立。按梁共王三年景帝崩，共王立七年卒，子襄立。是則漢武帝建元元年爲梁共王四年，至武帝立四十三年而梁平王襄卒，此時當爲天漢四年（公元前九七）。漢書諸侯王表作平王襄嗣四十年薨，較史記多一年，故無傷之立，應爲太始元年（公元前九六）。本文恐在天漢四年或太始元年作。

這四十二篇的一組，是包括文字最多的一組，李陵案之影響，在各文中大抵確切可徵。其他如「李斯相也，而具五刑」，「衛靈公與雍渠載，孔子適陳」，「仲尼厄而作春秋」，「韓非囚秦，說難孤憤」，是則李斯列傳、孔子世家、老莊申韓列傳都有此時作的可能，不過李斯傳中之談字不諱，孔子世家未必重在雍渠，老莊申韓列傳中之老子後人只至景帝世，所以我們只可能說這些文字均在以前，特到了史公受刑後，對其中之事實更有感觸，甚或有所修改而已。更如寫冤枉而只好罪地脈的蒙恬列傳，寫熱心薦士而再以毀廢，竟病酒而卒的信陵君列傳，都也只好如是觀。

現在說到最後的一組文字，第六組了。這一組包括太始和征和，少數傳記則到了後元。司馬遷在太始元年（公元前九六），出獄爲中書令，太始四年（公元前九三），有從幸泰山及雍之役，報任少卿書即作於是年，時已四十三歲。征和二年（公元前九一），有巫蠱之禍，戾太子兵敗自經，任安等腰斬，次年李廣利降匈奴，這都是這一段落中之大事，可據以斷定著作時代者。我覺得很可能司馬遷即卒於李廣利降匈奴之年，這是征和三年，公元前九〇，司馬遷年四十六。這一組文字有：

㈠伯夷列傳　伯夷列傳似乎也是李陵案的餘響。其中如「時然後言，行不由徑，非公正不發憤，而遇禍災者，不可勝數也」，極爲顯然。而文字之似游俠列傳處尤多，如「盜跖日殺不辜，肝人之肉，暴戾恣睢，聚黨數千人，橫行天下，竟以壽終。」似游俠列傳之「伯夷醜周，餓死首陽山，而文武不以其故貶王；跖蹻暴戾，其徒頌義無窮」；又如「巖穴之士，趨舍有時，若此類名堙滅而不稱，悲夫」，似游俠列傳之「自秦以前，匹夫之俠，湮滅不見，余甚恨之」。但後一例之遺詞用字亦似報任少卿書所謂「古者富貴而名摩滅，不可勝記，唯俶儻非常之人稱焉。……寧得自引深藏於巖穴邪？」大概此文作於天漢二年至太初四年間。其間又有「聖人作而萬物睹」一語，索隱正義均謂指自己作史記，使世事益睹見之意，似乎也在受刑後，更覺其著作之重要性者。

㈡由伯夷列傳，知秦楚之際月表恐亦同時作。根據是筆調相近：「示天下重器，王者大統，傳天下若斯之難也。」（伯夷列傳）「以德若彼，用力如此，蓋一統若斯之難也。」（秦楚之際月表序）不是很相像麼？

㈢十二諸侯年表　亦同時作。

㈣六國表　亦同時作。因為，三表的序起筆全同。你看：「太史公讀秦楚之際，曰初作難，發於陳涉；虐戾滅秦自項氏；撥亂誅暴，平定海內，卒踐帝祚，成於漢家。五年之間，號令三嬗，自生民以來，未始有受命若斯之亟也。昔虞夏之興……」這是秦楚之際月表的起頭；「太史公讀春秋歷譜諜，至周厲王，未嘗不廢書而歎也。曰嗚呼，師摯見之矣。紂為象箸而箕子唏，……」這是十二諸侯年表的起頭；「太史公讀秦記，至犬戎敗幽王，周東徙洛邑，秦襄公始封為諸侯，作西畤，用事上帝，僭端見矣。」這是六國表的起頭，統統是太史公讀舊文起，下即敘自古昔，當是因同時作而然。

㈤衛康叔世家　贊稱：「余讀世家言，至於宣公之太子，以婦見誅，弟壽爭死以相讓，此與晉太子申生，不敢明驪姬之過同；俱惡傷父之志，然卒死亡，何其悲也！或父子相殺，兄弟相滅，亦獨何哉？」父子相殺，或即指戾太子與武帝之事，那末，此文就可能作於征和二年（公元前九一）了。

㈥管蔡世家　中云：「康叔封，其後為衛，有世家言。」可知此必在衛康叔世家已成後作，故亦當繫於此。

㈦曹相國世家　最後敘及「征和二年中，宗坐太子死，國除。」當是此時作。

㈧田叔列傳　最後敘及戾太子事：「數歲，坐太子事，時左丞相自將兵，令司直田仁主閉守城門，坐縱太子，下吏誅死。仁發兵，長陵令車千秋上變仁，仁族死。」亦當為此時作。

㈨衛將軍驃騎列傳　敘及巫蠱及太子事者不止一條：「（公孫賀）坐子敬聲與陽石公主奸，為巫蠱，族滅，無後。」「（韓說）掘蠱太子宮，衛太子殺之。」「（趙破奴）後坐巫蠱，族。」亦必此時作。

㈩龜策列傳　亦敘及巫蠱事，「巫蠱時，或頗中。素有眦睚不快，因公行誅，恣意所傷，以破族滅門者，不可勝數。」

（十一）樊酈滕灌列傳　敍至酈氏之後，「終根立，爲太常，坐法，國除。」查漢書樊酈滕灌傳靳周傳則標明「坐巫蠱誅」，可見亦此時作。

（十二）匈奴列傳　最後敍者爲「貳師聞其家以巫蠱族滅，因幷衆降匈奴。」廣利之降在征和三年（公元前九〇），或者即作於此時。

（十三）韓王信盧綰列傳　敍及「（韓嫣）弟說再封，數稱將軍，卒爲案道侯，子代；歲餘，坐法死。後歲餘，說孫曾，拜爲龍頟侯，續說後。」按韓說已死於征和二年，此兩隔歲餘，是已及後元元年（公元前八八）。漢書高惠高后文功臣表，即作後元元年，是對的。不知這是不是仍爲司馬遷筆。

（十四）亦記韓曾後封爲龍頟侯者爲建元以來侯者年表，但作征和二年，恐怕是後人所增，又誤記其年。

（十五）史記中所記更晚之年爲後元二年（公元前八七）。有這樣的年代者爲高祖功臣侯年表，序中只說「至太初，百年之間，見侯五。」表中則書征和者二，書後元者一，表之第一行又有「建元至元封六年，三十六；太初元年盡後元二年，十八」語，顯係原表止於太初，後來又從太初算起，如果不是後人續書，就可能是司馬遷原已在太初草就全表，後元二年卻又作過最後的修訂了。

（十六）齊悼惠王世家　贊有因地大而分之意，與高祖功臣侯年表序所謂富貴驕溢而至隕命亡國之意同，當爲同一時之作。

(十七)惠景間侯者年表　書至後元三年（公元前八六）者二條，這已是昭帝改元爲始元元年之時了，怕眞是後人所增了。

(十八)李將軍列傳　雖敍到李陵之降，但觀後文在敍「族陵母妻子」下，又稱：「自是之後，李氏名敗，而隴西之士居門下者，皆用爲恥焉。」則必在李陵案後頗久作。姑且把這篇最哀壯最令人下淚的文字定爲全書中除自序外最後的一文。

(十九)自序　照理應該眞正是最後的一文。文中敍及「七年而太史公遭李陵之禍」，七年者由太初元年算起，徐廣、張守節均注爲天漢三年（公元前九八），可斷明此文至早在此年作，時司馬遷年三十八。

這十九篇，大致可歸爲一組，乃是司馬遷最後期的文字了。其中有明確的紀年，記出征和二年戾太子之事者有六篇，記出征和三年李廣利之降者有一篇，我覺得可能太史公即卒於是年，李將軍列傳和自序並此際爲之，都是絕筆了。其他敍至後元，甚至昭帝世者，當是後人增入。總之，史記大概在太初訂曆之際規模粗具，已完成多篇，到天漢三年，遭李陵之禍後，統統加入一種抒情的意味，並又完成一批，至征和三年，作了一次最後的修補。但也有不及修補者，遂只存前一二期之跡。

六　結論和餘論——兼論褚先生

我們的結論是，在一百三十篇的史記中，有八篇可能為司馬談著；有九篇不易斷定是司馬談還是司馬遷手筆者；有一百一十三篇，我們有權利可說是司馬遷寫的。

在這有權利可說是司馬遷所寫的一百一十三篇中，不易見著作時代者八篇，可略考時代者一百零五篇。在這一百零五篇中，可畫為五期：元封封禪前（遷二十六歲前）為一期，約九篇；元封封禪時（二十六歲）為二期，約二十一篇；太初訂曆時（三十二歲）為三期，約十四篇；天漢時因李陵之禍受刑（三十八歲）後為四期，約四十二篇；征和戾太子事（四十五歲）前後為五期，約十九篇。我們可注意的是：

第一、太初改曆是一件大事，司馬遷由此而開始整理全稿，是可能的。那時是公元前一〇四，他三十二歲。但此前必已有些存稿。

第二、自序言「至太初而訖」，諸表也多譜至太初四年而止，可見司馬遷原有一個計畫，只敍到這一年（公元前一〇一）。

第三、李陵案是他創痛最深的一事，經過此案以後，書中流露特多，這是當然的。

第四、報任少卿書的年代是可考的，這就是太始四年（公元前九三），司馬遷既尚健在，則再過三年的戾太子事，以及再過四年的李廣利降匈奴事，當能親見。這時是征和三年（公元前九〇），司馬遷年四十六。這應該已經是逼近最後修訂他的全書的時候了。史記之從整理到寫定，大概有十五年的光景。

第五、書中應敍及而未能敍及之年代，爲漢興以來諸侯年表及建元以來王子侯者年表均止於太初四年（公元前一〇一）；外戚世家未敍及征和三年（公元前九〇）李廣利之降，亦且未敍及太始三年（公元前九四）昭帝之生；五宗世家未敍至天漢四年（公元前九七）河間頃王授之卒；酷吏列傳未敍及太始三年（公元前九四）杜周之死：皆爲篇中之可確切定其時限者。

自序既說「藏之名山，副在京師」，當寫成後必有一份隨身帶著，可隨時修改的，其他鈔本則不可能。但後來這些本子卻可互有聚散，這就是書中斷限未必一致之故了。

我們在這裏不能不附注一筆，史記中每一篇都可能一部分爲此時作，一部分爲彼時作，但現在未暇分論；又，一篇中亦每有兩種可能，可推此時作彼時補，或逕推爲彼時作者，現在只能就認爲最合理的一種可能論之。

在史記之外，現在所存的司馬遷的作品還有：㈠與摯峻書，當爲二期作品；㈡不全的素王妙論，與貨殖列傳殆同時作，故爲四期作品；㈢悲士不遇賦亦爲四期作品；㈣報任少卿書爲五期作品。桓譚說：「通才著書以百數，惟太史公爲廣大，餘皆藂殘小論，不能比之。」（御覽六百二）司馬遷的產量是可驚的，但現在只留有這些了，而且其中免不了假！

最後，既講到史記著作的先後，就不能不想到其中的缺補，一講到缺補，就不能忘卻褚先生了。褚先生是兩漢之際將近二十位補寫史記的人物之一，只因那其餘的人物之成績多半湮沒了，所以褚先生在無意間——他本人也許不曉得——便冒了許多人的功，卻也代了不少人的過。

褚先生名少孫，漢書上說他是沛人。曾跟著那時的大儒王式治過學。王式是武帝之孫昌邑王賀的老師。在昭帝死的一年（公元前七四），霍光等曾經迎昌邑王賀來嗣位，可是沒有一個月，就因為他淫亂，而把他廢了。他的許多臣，除了有多次諫諍的，大半下獄而死。王式也幾乎不免。王式當時曾被責問：為什末沒有諫書？他說：「臣以詩三百五篇，朝夕授王。至於忠臣孝子之篇，未嘗不為王反復誦之也；至於危亡失道之君，未嘗不流涕為王深陳之也。——臣以三百五篇諫，是以亡諫書。」這樣，便也幸而得保首領。但自此，卻就回家，再不敢教書了。由這件事推斷，褚少孫師事王式的時候，一定在公元前七四年以前。假設這時以二十多歲計，他的生年大概還和司馬遷的垂暮相接。

褚少孫恐怕並不像一般人所想像的淺陋。這是因為他的先生王式既很高明，他又受了很好的訓練故。據說褚少孫去應博士弟子選的時候，那些博士見他進退有禮，誦說有法，決不強不知以為知，便都驚問他：到底跟著什末人學的？他答說是學自王式。大家對於王式是早曉得的，便立刻都推薦王式了。可是徵來的結果，被同是講魯詩的博士江公所辱，遂謝病免歸。後來褚少孫也是博士了，也傳魯詩，所以「魯詩有張唐褚氏之學」。褚先生原來也是一個經學專家呢。一般人所以想像他淺陋的緣故，實在是因爲史記中的許多不高明的補文，那本不一定是他寫的，卻早就記在他的帳上而已。

我們統觀史記中，明明標爲褚先生補寫的，有：

㈠三代世表後張夫子褚先生問答的一段，說明契后稷無父而生的神話只是欲見其有天命精誠之意，並非眞無父而生。至於詩經上說無父，傳記上說有父，乃是信以傳信，疑以傳疑。這話何嘗不對！歷史應該保存，神話也應該保存。同時褚先生的理性主義也流露出來了。

㈡建元以來侯者年表後，補記孝昭以來功臣侯者，敍至孝宣時。

㈢梁孝王世家後特補敍竇太后之愛少子（即梁王），致造成「驕子不孝」的後果。敍事頗細微。

㈣三王世家後說明封策書的獲得，並解說其中的文義。所引兩段有荀子語。這篇在張晏所稱褚補之內。

㈤田叔列傳後附寫任安事，不惟記錄了司馬遷一個機敏而忠誠的重要友人，而且傳文很淳樸而生動，這是頗值得稱道的一篇。

㈥滑稽列傳後補寫郭舍人、東方朔、東郭先生、淳于髡、王先生、西門豹六則。這是補傳中比較可觀的文字，而記敍西門豹之作弄女巫處，尤爲傳神。

(七)日者列傳後，發了一套賢者避世的議論，兼及當時的各種占卜家和以一技見長的人。

(八)龜策列傳後，說他求龜策傳不可得，乃自太卜官中寫取了一些龜策卜事。除了眞正專門講龜卜的幾段以外，又留有一長段寫神龜見夢於宋元王，但經過衛平的四次辯論，終於把它殺了的故事。這乃是最早的韻文小說。其中「物不全，乃生也」，也可說是一種「缺陷論」的哲學。這也是褚補傳中很別緻很可喜的一篇。所引也有荀子語。日者列傳和龜策列傳，統在張晏所稱褚補四篇之內。

還有幾篇，並沒有標明「褚先生曰」，但曾經被人認爲也是他補的，這是：

(一)孝武本紀，鈔封禪書，張晏謂褚補。

(二)漢興以來將相名臣年表，天漢四年以後，司馬貞索隱說是褚先生所補。這個表一直敍到孝成帝鴻嘉元年（公元前二〇）。

(三)禮書，張守節正義說是褚先生取荀卿禮論兼爲之。

(四)樂書，張守節正義說是褚先生鈔樂記，又把篇次顚倒了。

(五)陳涉世家後附「褚先生曰」，但裴駰集解引徐廣說，一作太史公；又證之以班固奏事，確係司馬遷採取賈誼文。我們不曉得這「褚先生曰」是誰加的，可是至少在晉末徐廣時就已經這樣附會了。

(六)外戚世家後寫有王太后（武帝母）、衛后、邢夫人（其美爲尹夫人所驚愧）、鉤弋夫人（昭帝母）四則。現有「褚先生曰」字樣，可是張守節正義注道：「疑此元成之間褚少孫續之也。」可知在盛唐時還不曾把著作責任確切推到褚先生身上。

(七)楚元王世家中有地節二年（公元前六八）字樣，張守節正義也說是「蓋褚先生誤也」。

(八)齊悼惠王世家中有建始三年（公元前三〇）字樣，張守節正義也說是「褚先生次之」。

(九)孟嘗君列傳後馮驩一段，有人也疑惑是褚先生續寫之。

(十)張丞相列傳後，自車千秋以下，司馬貞索隱說是「皆褚先生等所記」，加一等字，可見也未能的確斷爲褚先生之筆了。

(十一)匈奴列傳末，索隱引張晏曰：「自狐鹿姑單于已下，皆劉向、褚先生所錄，班彪又撰而次之，所以漢書匈奴傳有上下兩卷。」似以前通行本尙有續文，中有褚先生筆，現在是歸入漢書了。

總之，標明褚先生的有八則，被人疑惑是出自褚先生的有十一則，後者大半是推測之詞，原不可靠，前者也有少數在疑似之間，好像只要史記中在時間上是到了司馬遷絕筆以後的，大家就把責任推在褚少孫身上，他太冤枉，也太幸運了！但無論如何，他是對史記頗爲熱心的人物，一則說：「臣幸得以文學爲侍郎，好覽觀太史公之列傳。」（三王世家後）再則說：「幸得宿衛，出入宮殿中十有餘年，竊好太史公傳。」（龜策列傳後）他求仁得仁，的確已經和司馬遷的名字一同不朽了！不一定傳自他的手筆的，不必說了，標明他著的任安傳、西門豹傳、宋元王夢神龜事，文筆卻都那樣生動暢達而圓潤，我們不能低估了他！他不惟長魯詩，而且「治春秋」（龜策列傳後），熟於荀子，偏於理性主義，學識是相當豐富的。他之對史記，更是同情地在愛好，在欣賞，並非以枯燥的史書視之。他之補史記，也是專給「後世好事者讀之，以游心駭耳」（滑稽列傳後），好事者就是藝術上的愛好者，等於英文中的Amateur，「游心駭耳」也正是對大藝術品的陶醉和驚奇，誰能再說褚先生淺陋呢？毋令獨蒙惡聲焉！

㈠　無從斷定原表止於何年，現在之表，竟到了成帝鴻嘉元年——公元前二〇了！

第七章　司馬遷的精神寶藏之內容

——浪漫的自然主義

一　司馬遷之識

作爲一個詩人的司馬遷，他是一個不朽的抒情詩人；作爲一個學者的司馬遷，乃是一個無比的深刻而淵博的學者。五帝本紀的贊上說：

> 學者多稱五帝，尚矣！然尚書獨載堯以來；而百家言黃帝，其文不雅馴，薦紳先生難言之。孔子所傳宰予問五帝德及帝繫姓，儒者或不傳。余嘗西至空峒，北過涿鹿，東漸於海，南浮江淮矣，至長老皆各往往稱黃帝、堯、舜之處，風教固殊焉。總之不離古文者近是。予觀春秋、國語，其發明五帝德、帝繫姓，章矣！顧第弗深考。其所表見，皆不虛。書缺有間矣，其軼乃時時見於他說。非好學深思，心知其意，固難為淺見寡聞道也。余并論次，擇其言尤雅者，故著為本紀書首。

這是史記中的第一篇文字的自注，這不啻說明了司馬遷的「眞本實學」。司馬遷之難能可貴，並不只在他的博學，而尤在他的鑑定、抉擇、判斷、燭照到大處的眼光和能力。——這就是所謂識。就是憑這種識，使他統馭了上下古今，使他展開了「究天人之際，通古今之變，成一家之言」的事業，使我們後人俯首帖耳在他的氣魄和胸襟之下。學問而到了這個地步，已近於一種藝術，因爲它已經操縱在己，沒法傳給別人，也沒法爲人所倣傚了！

司馬遷之識力高處，簡直不唯叫我們向往，而且叫我們驚訝。例如他處在正統的漢代，漢代已經定鼎了八九十年了，但他仍能對中間不過八九年的擾攘的主角們都給了很高的地位，他不唯把項羽寫作本紀，把陳涉也寫作世家，而且把那「五年之間，號令三嬗」的緊張局面，作出了一個秦楚之際月表，讓後人不至抹煞了那些反秦的人的聲勢，或忽略了他們歷史上的眞正大小。

又如世家本是記有世襲的意義的，但他卻斗膽把一個平民的孔子也列在韓、魏、田齊、陳涉之間了。他的意思是，政治上既有世襲，文化上也有世襲，形式上有世襲，精神上也有世襲，他曉得孔子隱然是中國的一個大教主。歷史上是紀錄人類生活的眞相的。他之所不拘拘於形式者，卻越法把握了事實的核心。

再如司馬遷處的時代，是一個有學術之爭的時代。大爭端是在儒與老。「世之學老子者則絀儒學，儒學亦絀老子。」（老莊申韓列傳）這是多麼難處理的課題。可是司馬遷仍能勝任愉快。試想就時代說，武帝是正在表彰儒學的了，但司馬遷卻仍然給老子寫了傳。再就司馬遷本人的性格和家學說，則是寧近於老子，而不近於孔子的了，然而司馬遷也並沒有因自己的偏好而減低了對孔子之客觀的認識。他更往往把孔老的話同時援用（如伯夷列傳、酷吏列傳、游俠列傳都是），各稱其分，這是司馬遷的公平處。老子的生平，卻又是一個撲朔迷離的事件呀。糾纏著許多傳說和神話，可是司馬遷卻把各種說法並列，讓讀者自己去判斷。他有採訪的忠實，卻又有態度上的謹愼和保留。同時他把老子的姓名、籍貫、子孫都列出來了，所以那神話之可靠性，也就不攻自破了。

更如向來的歷史是以政治史爲中心的，是以帝王的起居注爲主要內容的，但司馬遷注意到了社會和經濟。他知道流氓刺客，求籤問卜同樣是社會的大事件，而貪官汚吏，富商大賈，宦官戲子，后妃妻妾也同樣是人類活動中發生著作用的分子。所以他所寫的社會，是全面社會，是骨子裏的社會。在萊布尼茲的哲學中，有小單子反映宇宙的話，史記一書可說就是反映宇宙的那樣單子了。莎士比亞號稱具有世界的眼睛，司馬遷也便是中國的莎士比亞！

就是在小處，也看出司馬遷之深透一層的眼光的，我們不妨再略舉幾例，如封禪書最後說：

余從巡祭天地諸神、名山川而封禪焉。入壽宮，侍祠神語，究觀方士祠官之意，於是退而論次自古以來用事於鬼神者，具見其表裏，後有君子，得以覽焉。若至俎豆珪幣之詳，獻酬之禮，則有司存。

就可見司馬遷所追求的是一件事情的前因後果，好作為後來人的借鑑，而一些瑣碎的繁文末節，他便不預備浪費筆墨了。事實上，他在封禪書裏所寫的也是這件事情的可笑，以及漢武帝的心理。他寫的乃是人類的生活的行為，而不是死的枝葉。他所處的地位是超然的，凌空的，而不是陷在塵封的具體事件的泥漿裏。又如他批評平原君說：「平原君，翩翩濁世之佳公子也，然未睹大體。」他批評魯仲連說：「魯連其指意雖不合大義，然余多其在布衣之位，蕩然肆志，不詘於諸侯，談說於當世，折卿相之權。」他所指出的大體、大義，正就是他自己的著眼處。至如他之評商君：

商君，其天資刻薄人也！跡其欲干孝公以帝王術，挾持浮說，非其質矣。且所因由嬖臣，及得用，刑公子虔，欺魏將卬，不師趙良之言，亦足發明商君之少恩矣！余嘗讀商君開塞耕戰書，與其人行事相類，卒受惡名於秦，有以也夫！

這話多末中肯！他之評蘇秦：

蘇秦兄弟三人，皆游說諸侯以顯名。其術長於權變，而蘇秦被反間以死，天下共笑之，諱學其術。然世言蘇秦多異，異時事有類之者，皆附之蘇秦。夫蘇秦起閭閻，連六國從親，此其智有過人者。吾故列其行事，次其時序，毋令獨蒙惡聲焉！

也見他看事情能透過一層，不被通俗的輿論所迷惑。再如他評張儀，評李斯，評魏其、武安、灌夫：

夫張儀之行事，甚於蘇秦，然世惡蘇秦者，以其先死，而儀振暴其短，以扶其說，成其衡道。要之，此兩人，真傾危之士哉！

李斯以閭閻歷諸侯，入事秦，因以瑕釁，以輔始皇，卒成帝業，斯為三公，可謂尊用矣。斯知六藝之歸，不務明政以補主上之缺，持爵祿之重，阿順苟合，嚴威酷刑，聽高邪說，廢適立庶。諸侯已畔，斯乃欲諫爭，不亦末乎？人皆以斯極忠而被五刑死。察其本，乃與俗議之異。不然，斯之功，且與周召列矣。

魏其、武安，皆以外戚重。灌夫用一時決策而名顯。魏其之舉，以吳楚；武安之貴，在日月之際。然魏其誠不知時變，灌夫無術而不遜，兩人相翼，乃成禍亂。武安負貴而好權，杯酒責望，陷彼兩賢，……嗚呼哀哉！禍所從來矣！

這都是很能看到事情的底層，又恰中分寸的。他所謂「察其本」，就是見出他那識力的本領處。留侯世家中稱：「留侯從上擊代，出奇計馬邑下，及立蕭何相國，所與上從容言天下事甚衆，非天下所以存亡，故不著。」總見他所注意者之大了。

一個人的「學」誠然重要，然而眞正本錢還是在「識」，劉知幾說良史一定要有才學識，章學誠又加上德，然而三者或四者之中，最重要的還是「識」。因爲「才」不過使一個人成爲文人，「學」不過使一個人成爲學者，只有「識」纔能讓一個人成爲偉大的文人，偉大的學者。至於「德」，那也仍是識的問題。能見大體之謂識，能察根本之謂識，有這種識，還會沒有史德麼？必須有「一覽衆山小」的境界，然後足以言史！

二　司馬遷之學——百科全書式的人物

像司馬遷的實際生活之那樣繁複一樣，他那精神內容也是豐富極了，簡直是一個寶庫。識力者卻就是那寶庫的一把鑰匙。現在我們卻就要打開那寶庫看一看，裏面都是些什麼寶藏？

他那財富的第一項，應該是學。他恐怕是那時第一個據有廣博的知識的人。——在這一點上他可以和孔子相比！他參加過訂曆，他有曆法的知識。他巡行過全國，他有地理——而且是活地理，應該說是政治地理、文化地理——的知識。他理解到人類的經濟活動，他留心到人類的宗教行爲，所以他又有著經濟學的、社會學的、民俗學的知識。他有一貫的看法，他有他的哲學。他對政治上有他的見解，他有他的社會理想。他是一個巧於把握文字的人，他有語言學上的訓練和技術。——他的確是亞里斯多德那一型的哲人！他自己是一部百科全書！

三　語言學的訓練——所謂古文

我們先說司馬遷在語言學上的訓練吧。這項訓練，就是他常說的「古文」。他在自序中有「年十歲，則誦古文」的話。照傳統的看法乃是指古文尚書。但就他各處所說的古文看來。如：

余讀春秋古文，乃知中國之虞，與荊蠻、句吳兄弟也。——吳太伯世家

孔子因史文，次春秋，紀元年，正時日月，蓋其詳哉！至於序尚書，則略無年月，或頗有，然多闕，不可錄。故疑則傳疑，蓋其慎也。余讀諜記，黃帝以來，皆有年數，稽其歷譜諜，終始五德之傳，古文咸不同乖異，夫子之弗論次其年月，豈虛哉？——三代世表

學者多稱七十子之徒，譽者或過其實，毀者或損其真，鈞之未睹厥容貌，則論言。弟子籍出孔氏古文，近是。——仲尼弟子列傳

至長老皆各往往稱黃帝、堯、舜之處，風教固殊焉。總之，不離古文者近是。——五帝本紀

於是譜十二諸侯，自共和訖孔子，表見春秋、國語，學者所譏盛衰大指著於篇，為成學治古文者要刪焉。——十二諸侯年表

則古文並不限於尚書，唯既標明「弟子籍出孔氏古文」，可知他所謂古文實在和孔氏有關。儒林列傳中稱「孔氏有古文尚書，而安國以今文讀之。」可見孔安國乃是一個能把古文講解爲今文的人，這實在就是一種古代語言學（classical philology）的專家。司馬遷跟他誦古文，也就是受這種訓練吧。不過其中最重要的乃是古文尚書而已。王國維在觀堂集林中對古文二字有專文解釋，他自然有他的論點，但我覺得這裏所謂古文，實在就是古代語言學的訓練，沒有旁的。——換言之，即我認爲他所謂古文，既與後代今古文之爭無涉（在思想上，司馬遷反而近今文派），而亦非一種特殊文字。

這種訓練在司馬遷看來是十分重要，它彷彿是治古代史的一把鑰匙，也彷彿是考驗古代史料的一塊試金石。他自己既有著這方面的很深的素養，應該是可以自傲的了。

四　司馬遷之讀書

司馬遷究竟讀了些什麼書，這也是一個有趣的問題。我們自然沒法知道司馬遷所讀的書的全體，但我們卻覺得他是一個無書不窺的人。所謂「遷爲太史令，紬史記石室金匱之書。」所謂「百年之間，天下遺文古事，靡不畢集太史公，太史公仍父子相續纂其職。」他既有著可以得到這樣的豐富的精神食糧的機會，他是這麼幸運，他能不飽覽嗎？正如他對於人物的趣味之廣泛一樣，他對於書的趣味也是博縱而不拘的，試看史記中所流露的吧！

㈠孔子的著作或關於孔子的著作　「余讀孔氏書，想見其爲人。」（孔子世家）

㈡孟子　「余讀孟子書。至梁惠王問何以利吾國，未嘗不廢書而歎也。曰：嗟乎！利誠亂之始也。」（孟子荀卿列傳）

㈢老莊申韓　「老子所貴道，虛無因應，變化於無爲，故著書辭，稱微妙難識。莊子散道德放論，要亦歸之自然。申子卑卑，施之於名實。韓子引繩墨，切事情，明是非，其極慘礉少恩。皆原於道德之意，而老子深遠矣。」（老莊申韓列傳）書中引老子者尚多，論莊子處亦精，此處不多舉。書中引韓者則又有：「韓子稱長袖善舞，多錢善賈，信哉是言也！范雎、蔡澤，世所謂一切辯士，然游說諸侯，至白首無所遇者，非計策之拙，所爲說力少也。」（范雎蔡澤列傳）「韓子曰：『儒以文亂法，而俠以武犯禁。』二者皆譏，而學士多稱於世云。」（游俠列傳）

㈣商君書　「余嘗讀商君開塞、耕戰書，與其人行事相類。」（商君列傳）

㈤管子、晏子　「吾讀管氏牧民、山高、乘馬、輕重、九府，及晏子春秋，詳哉其言之也，既見其著書，欲觀其行事，故次其傳。」（管晏列傳）

㈥兵家　「余讀司馬兵法，閎廓深遠，雖三代征伐，未能竟其義，如其文也。」（司馬穰苴列傳）「世俗所稱師旅，皆道孫子十三篇、吳起兵法，世多有，故弗論，論其行事所施設者。」（孫子吳起列傳）「兵以正合，以奇勝，善之者出奇無窮。奇正還相生，如環之無端。夫始如處女，適人開戶；

後如脫兎，適不及距；其田單之謂邪！」（田單列傳）

(七)屈原、賈生的作品　「余讀離騷、天問、招魂、哀郢，悲其志。適長沙，觀屈原所自沈淵，未嘗不垂涕，想見其爲人。及見賈生弔之，又怪屈原，以彼其材，游諸侯，何國不容，而自令若是？讀鵩鳥賦，同生死，輕去就，又爽然自失矣。」（屈原賈生列傳）而在伯夷列傳、南越列傳中重又引到鵩鳥賦，秦始皇本紀贊中則兼引過秦，說：「善哉乎賈生推言之也。」

(八)酈生書，陸生新語　「世之傳酈生書，多曰：漢王已拔三秦，東擊項籍，而引軍於鞏洛之間，酈生被儒衣往說漢王，迺非也！自沛公未入關，與項羽別，而至高陽，得酈生兄弟。余讀陸生新語書十二篇，固當世之辯士。」（酈生陸賈列傳）

(九)尚書諜記　「余讀諜記，……於是以五帝繫諜，尚書集世紀黃帝以來，訖共和爲世表。」（三代世表）

(十)春秋國語　「予觀春秋、國語，其發明五帝德、帝繫姓，章矣。」（五帝本紀）

(十一)秦記　「太史公讀秦記，……獨有秦記，又不載日月，其文略不具。……余於是因秦記，踵春秋之後，起周元王，表六國時事，訖二世，凡二百七十年，著諸所聞興壞之端，後有君子，以覽觀焉。」（六國表）

(十二)禹本紀、山海經　「……故言九州山川，尚書近之矣，至禹本紀、山海經所有怪物，余不敢

言之也。」（大宛列傳）

㈢秦楚之際的史料　「太史公讀秦楚之際曰：初作難，發於陳涉；虐戾滅秦，自項氏；撥亂誅暴，平定海內，卒踐帝祚，成於漢家。」（秦楚之際月表）

㈣公文、檔案之類　「太史公讀列封。」（惠景間侯者年表）「余讀功令，至於廣厲學官之路，未嘗不廢書而歎也。」（儒林列傳）「燕齊之事，無足采者，然封立三王，……文辭爛然，甚可觀也，是以附之世家。」（三王世家）

其他如世家言（衛康叔世家）、弟子問（弟子列傳）、長短說（田儋傳），相如之文，鄒陽之辭等，還有許多；而且他讀的以及用的書，也未必一一寫出，只是我們就所標明者而論，已夠代表他的趣味之廣，涉獵之遠了。就這些書的性質看，也許有彼此衝突的，然而司馬遷卻夠同樣欣賞，同樣融會，並行而不相妨礙！讀書多不難，難在讀書要有理解。即以司馬遷之論孔子，論老子，論屈原，他是太會讀書了。這就又靠他的識了。關於這方面，我們將在論他的文學批評時再及之。

五　司馬遷與儒家

司馬遷因為所受的教育之故，他浸潤於儒家思想中者未嘗不深，且關於春秋之意義，他尤其有著心得，不過關於這方面的探索，我因業已寫在司馬遷和孔子一篇中了，這裏不想複述。但為免得使人忽略了他的思想中這方面的成分計，所以仍寫上這一個小標題。

六　司馬遷之根本思想——道家

司馬遷的吸取也並非漫然的，他有他性格上最深的契合著的哲學面目。不錯，他父親希望他作第二個孔子，這就造就一個學者而論，他父親的教育也許是成功了，然而就一個人之性格上的發展論，司馬遷的主要思想的路線，所走的卻是他父親的同樣道路，這便依然是道家。道家的主要思想是自然主義，這也就做了司馬遷的思想的根底。

讓我慢慢把這意思說下去。我首先要說的，是司馬遷書中的道家成分。就歷史的意義說，應該稱爲「老學」；就時代的意義說，應該稱爲「黃老」；但就學術的體系意義說，應該稱爲「道家」。這種思想的中心是在老子一書。至於老子這人如何，老子一書又如何，這不是我們現在的篇幅所能說的。現在所能說的，只是司馬遷對於老子一派的學問的把握而已。司馬遷說：

> 老子修道德，其學以自隱無名為務。
>
> 李耳無為自化，清靜自正。
>
> 老子所貴道，虛無因應，變化於無為，故著書辭，稱微妙難識。莊子散道德放論，要亦歸

之自然。申子卑卑，施之於名實。韓子引繩墨，切事情，明是非，其極慘礉少恩。皆原於道德之意，而老子深遠矣。

自然無爲就是老學的眞精神。所謂自然，用現在的話講，就是「順其自然」，因爲順其自然，不加人力，所以也可以稱爲「無爲」。無爲就是不勉強的做。這裏邊也就包括一個前提，這就是承認客觀的力量。所謂客觀的力量，也便是一種「勢」。——這是物質的自然和人爲的（文化的，歷史的）活動所加在一起而構成的一種趨勢（tendency）。所以這裏邊雖然不是純粹的西洋所謂自然主義（naturalism），然而實在以自然主義爲基本出發點。——這可以說是司馬遷的思想之哲學基礎。

我們再看司馬遷在其他地方所引的老子吧：

參為漢相國，清靜，極言合道。然百姓離秦之酷後，參與休息無為，故天下俱稱其美矣。

——曹相國世家

或曰：「天道無親，常與善人。」若伯夷、叔齊，可謂善人者非耶？——伯夷列傳

桓公欲背曹沫之約，管仲因而信之，諸侯由是歸齊。故曰「知與之為取，政之寶也。」——管晏列傳

女無美惡，居宮見妒，士無賢不肖，入朝見疑，故扁鵲以其伎見殃，倉公乃匿跡自隱而當

刑，緹縈通尺牘，父得以復寧。故老子曰：「美好者，不祥之器。」豈謂扁鵲等邪？若倉公者，可謂近之矣。——扁鵲倉公列傳

孔子曰：「導之以政，齊之以刑，民免而無恥；導之以德，齊之以禮，有恥且格。」老氏稱：「上德不德，是以有德，下德不失德，是以無德。法令滋章，盜賊多有。」太史公曰：信哉是言也！法令者治之具，而非制治清濁之源也。——酷吏列傳

叔孫通希世度務，制禮進退，與時變化，卒為漢家儒宗。「大直若詘，道固委蛇。」蓋謂是乎！——劉敬叔孫通列傳

老子曰：「至治之極，鄰國相望，雞狗之聲相聞，民各甘其食，美其服，安其俗，樂其業，至老死不相往來。」必用此為務，輓近世，塗民耳目，則幾無行矣。太史公曰：夫神農以前，吾不知已，至若詩書所述，虞夏以來，耳目欲極聲色之好，口欲窮芻豢之味，身安逸樂，而心誇矜，勢能之榮，使俗之漸民久矣。雖戶說以眇論，終不能化。故善者因之，其次利道之，其次教誨之，其次整齊之，最下者與之爭。——貨殖列傳

這其中都有著對於老學之極中肯的理解，而化爲司馬遷自己的思想了，你看：他說曹參的清靜，休息無爲，是合道的；他說法令非制治清濁之源（因爲那就是有爲了）；對於人民的慾望，經濟行爲，

便最好是「因之」，而最下策是「與之爭」，因爲前者就是順著一種「勢」，後者就是「有爲」。這都是老學的眞精神！自然是沒有意志的，只是一種趨勢，所以說天道無親，不過大體上是長與善人而已，因此也就有例外，因此也就對於伯夷、叔齊不能無感慨。所謂「勢」是一個動態的。這動態之中有一個原則，那就是相反卻又相成，所以「與之以取」，所以「美好者，不祥之器」。應付這種勢，便也要運用它，所以要「與時變化」，「大直若詘」。

就初期的道家講，重在原則，那就是老學。就後期的道家講，乃是重在這原則的應用，這便是黃老。初期因爲重在原則，可以說重在形上學，重在對自然的認識；後期因重在應用，可以說重在人生論，重在人事上的應付。前期乃是較重在純粹的自然主義的，後期卻是重在順其自然的一個原則的發揮上。——司馬遷則是把兩期的道家思想都能吸收，都能消化，又都能運用了的。

我們現在更進一步看司馬遷對老學的運用。他最澈底地表現自然主義的，莫過於他那素王妙論（見玉函山房輯佚書卷八十九，以及王充論衡命祿篇）：

春夏囚死，秋冬旺相，非能為之也；日朝出而暮入，非求之也，天道自然。

再沒有比這個宣言更鮮明的了！他從這個觀點，便瞭解了許多事情：

諸侯大國，無過齊悼惠王，以海內初定，子弟少，激秦之無尺土封，故大封同姓，以填萬民之心，及後分裂，固其理也。——齊悼惠王世家

理是什麼？理正是自然之理，也就是一種趨勢。趨勢是不可違抗的：

吾適故大梁之墟，墟中人曰：秦之破梁，引河溝而灌大梁，三月城壞，王請降，遂滅魏。說者皆曰：魏以不用信陵君，故國削弱，至於亡。余以為不然，天方令秦平海內，其業未成，魏雖得阿衡之佐，曷益乎？——魏世家

在通常，一個承認客觀力量的人，往往不能欣賞那和客觀的力量對抗的人物，可是司馬遷不然，他一方面很承認客觀力量之大，但一方面卻又同情那些作「無效的抵抗」的英雄，所以他那書裏是能夠充分發揮那所謂「悲劇意識」的。——這樣一來，貫穿著他那全書的，就是一種抒情的命運感了！

在客觀的力量之中，歷史的趨勢是其一。其他卻還有地理的力量。表現於書中者有：

余嘗西至空峒，北過涿鹿，東漸於海，南浮江淮矣，至長老皆各往往稱黃帝、堯、舜之處，風教固殊焉。——五帝本紀

余與壺遂定律曆，觀韓長孺之義，壺遂之深中隱厚，世之言梁多長者，不虛哉！——韓長

豨列傳

詩之所謂戎狄是膺，荊舒是懲，信哉是言也。淮南衡山，親為骨肉，疆土千里，列為諸侯，不務遵蕃臣職，以承輔天子，而專挾邪僻之計，謀為叛逆，仍父子再亡國，各不終其身，為天下笑，此非獨王過也，亦其俗薄，臣下漸靡使然也。夫荊楚僄勇輕悍，好作亂，乃自古記之矣。——淮南衡山列傳

三晉多權變之士，夫言從衡彊秦者，大抵皆三晉之人也。——張儀列傳

吾嘗過薛，其俗閭里率多暴桀子弟，與鄒魯殊，問其故，曰：孟嘗君招致天下任俠姦人入薛中，蓋六萬餘家矣。世之傳孟嘗君好客自喜，名不虛矣。——孟嘗君列傳

吾適齊，自泰山屬之琅琊，北被於海，膏壤二千里，其民闊達多匿知，其天性也。以太公之聖建國本，桓公之盛修善政，以為諸侯會盟稱伯，不亦宜乎？洋洋哉，固大國之風也！——齊太公世家

及高皇帝誅項籍，舉兵圍魯，魯中諸儒，尚講誦，習禮樂，弦歌之音不絕，豈非聖人之遺化，好禮樂之國哉？故孔子在陳曰：「歸與歸與，吾黨之小子狂簡，斐然成章，不知所以裁之。」夫齊魯之間，於文學，自古以來，其天性也。——儒林列傳

這都無異於是一種雛型的文化地理學。地理的力量以外，是經濟的力量。經濟的力量尤超過一切：

富者人之情性，所不學而俱欲者也。故壯士在軍，攻城先登，陷陣卻敵，斬將搴旗，前蒙矢石，不避湯火之難者，為重賞使也。其在閭巷少年，攻剽椎埋，劫人作姦，掘冢鑄幣，任俠并兼，借交報仇，篡逐幽隱，不避法禁，走死地如騖，其實皆為財用耳。今夫趙女鄭姬，設形容，楔鳴琴，揄長袂，躡利屣，目挑心招，出不遠千里，不擇老少者，奔富厚也。游閑公子，飾冠劍，連車騎，亦為富貴容也。弋射漁獵，犯晨夜，冒霜雪，馳阬谷，不避猛獸之害，為得味也。博戲馳逐，鬪雞走狗，作色相矜，必爭勝者，重失負也。醫方諸食技術之人，焦神極能，為重糈也。吏士舞文弄法，刻章偽書，不避刀鋸之誅者，沒於賂遺也。農工商賈畜長，固求富益貨也。——貨殖列傳

這眞是拆穿後壁的說法了。他從軍士之勇在爲賞，流氓之輕生在爲財，妓女之賣笑在爲奔富貴，一直說到浮浪子弟，打獵，賭博，技術專家，貪官污吏，農工商賈等，都是爲吃飯。倘就這點看，司馬遷他比韓非統攝得還廣泛，他比王充看得還純粹，他應該怕是古代思想家中最能澈底論世的了！

很有趣的是，他的酷吏列傳是與平準書相表裏的，因爲平準書正是在經濟方面給酷吏之產生以說明者：

干戈日滋，行者齎，居者送，中外騷擾而相奉，百姓抏弊以巧法，財賂衰耗而不贍，入物者補官，出貨者除罪，選舉陵遲，廉恥相冒，武力進用，法嚴令具，興利之臣自此始也。

這眼光也高極了！照司馬遷所瞭解，武帝之所以從事武功，不只是由武帝一人的意志而然，實在是那時經濟力量膨脹的結果，因經濟力量膨脹而事侵略，因侵略而經濟轉趨衰歇，社會因而不安，於是酷吏任用。

司馬遷在另一方面，卻有近於弗洛乙德：

英布者，其先豈春秋所見楚滅英六皐陶之後哉？身被刑法，何其拔興之暴也！項氏之所坑殺人以千萬數，而布常為首虐，功冠諸侯，用此得王，亦不免於身為世大僇。禍之興，自愛姬殖，妒娼生患，竟以滅國！——黥布列傳

凡此種種客觀的力量（歷史的趨勢，地理的環境，經濟的因素，性的關係），都是使司馬遷採取了道家的自然主義的立場，歸於無爲的。他說：

無造福先，無觸禍始，委之自然，終歸一矣！——悲士不遇賦（藝文類聚三十）

在自己是無爲，這是他的人生觀；在社會方面也主張無爲，那是他的政治哲學。他認爲社會現象原是如此的：

故物賤之徵貴，貴之徵賤，各勸其業，樂其事，若水之趨下，日夜無休時。不召而自來，不求而民出之，豈非道之所符，而自然之驗邪？——貨殖列傳

他眞不愧是道家的司馬談的兒子了！在這種基本認識上，他的思想是一貫的。基於這種自然主義，他有他的科學態度。所以他在刺客列傳中不採國策上「天雨粟，馬生角」之說，以爲大過。

他更不信地脈：

吾適北邊，自直道歸。行觀蒙恬所為秦築長城亭障，塹山堙谷，通直道，固輕百姓力矣。夫秦之初滅諸侯，天下之心未定，痍傷者未瘳，而恬為名將，不以此時彊諫，振百姓之急，養老存孤，務修衆庶之和，而阿意興功，此其兄弟遇誅，不亦宜乎？何乃罪地脈哉！——蒙恬列傳

他不信龜策：

余至江南，觀其行事，問其長老云：龜千歲乃遊蓮葉之上，著百莖共一根。又其所生，獸無虎狼，草無毒螫，江傍家人，常畜龜，飲食之，以為能導引致氣，有益於助衰養老。豈不信哉？——龜策列傳

在不熟悉司馬遷的諷刺筆調的，一定以爲司馬遷也是信龜策了，然而這恰是反面的話呢。要知道他慣於以褒作貶，慣於用最高的理智和當時的愚人開一開玩笑！

他又有一種取信的態度，恰像胡適之所謂的「拿證據來」。例如日者列傳中說：

古者卜人所以不載者，多不見於篇；及至司馬季主，余志而著之。

這種證據還是要求於書本上的，至於大宛列傳中所說：

禹本紀言河出崑崙，崑崙其高二千五百餘里，日月所相隱避為光明也，其上有醴泉瑤池。今自張騫使大夏之後也，窮河源，惡睹本紀所謂崑崙者乎？

這就是要求實地的證據了。他之各地考察，以證實他的歷史著作，也無非是這個同一要求的另一表現而已。這可以稱爲一種實證主義（positivism）。實證主義本也是自然主義的一支！

至於司馬遷把道家思想應用於人事處更多。我們幾乎可以這樣說，凡是書中論到一個人的成敗處，大體上都是採取道家的觀點。例如論項羽之敗是在「興之暴」，是在「自矜功伐」；黥布之敗也是在「拔興之暴」，在「常爲首虐，功冠諸侯」，於是「用此得王，亦不免於身爲世大僇」。他責備周亞夫的是「足己而不學，守節不遜」，所以「終以窮困」。他責備韓信的是「假令韓信學道謙讓，不伐己功，不矜其能，則庶幾哉於漢家勳，可以比周召、太公之徒。」因爲這些人都是不曉得老子所謂「飄風不終朝，驟雨不終日」的道理，更缺乏老子所謂「不自伐故有功，不自矜故長」的修養的，司馬遷之責論即是由老子立場而云然。反之，像司馬遷之贊美張良「無知名，無勇功，圖難於易，爲大於細」（自序），也是同樣就道家觀點而加以欣賞了。

七　司馬遷和荀學

照孟子荀卿列傳上說，荀子是趙人，而游學於齊，最後適楚。這是一個調和南北學派的人物。齊楚文化本爲一系，荀子也恰是溝通了它們的。

荀子雖是儒家，但已經採取了道家的思想。在李斯列傳中，當李斯在最富貴的時候，曾忽然歎道：

嗟乎，吾聞之荀卿曰：「物禁太盛。」夫斯乃上蔡布衣，閭巷之黔首，上不知其駑下，遂擢至此。當今人臣之位，無居臣上者，可謂富貴極矣。物極則衰，吾未知所稅駕也。

李斯所引的荀子，正是一種道家思想。因爲照道家的看法，世界的事物都是在變動中的，凡發展到一種頂點時，便會下降，所以人們最好在任何一種事上都不讓它發展到飽和的狀態，以免變質。

在荀子的思想體系中，又有著濃厚的自然主義色彩，天論便是一個例子。這也是因吸收道家而然。在齊楚文化這一系的傳遞上，在自然主義的表現上，司馬遷和荀子都是應該接近的。假若照近今某一些人的研究，荀子在先秦學術中的地位，遠超過前人的想像，那末，他之影響司馬遷也是很自然的了。

現在就史記的文字看，其中最明顯的痕跡是六國表上所謂的「法後王」。荀卿的法後王是不是指秦，雖無明文，但荀子至少是希望有一個大帝國之出現的。荀子弟子李斯之入相秦，在某一種意義上說，未始不是受了荀子的鼓勵和啓發。司馬遷對於秦也頗有好感，他不贊成那些對秦加以非笑的人，他說那只是「牽於所聞」，「與以耳食無異」呢。

此外，像在游俠列傳中所說：「此如順風而呼，聲非加疾，其勢激也。」在貨殖列傳中所說：「此皆誠壹之所致。」淮南衡山列傳中所說：「亦其俗薄，臣下漸靡使然也。」這都是援用荀子的語彙的，而禮書、樂書更是採自荀子的禮論、樂論，即使樂書採自樂記，而樂記出自公孫尼子，但公孫尼子仍爲荀子一系（余別有考），可見司馬遷之承受荀學處也是無可疑的了。

同時我們附帶要說的，是史記中引用賈誼的地方也特別多，而且始皇本紀和陳涉世家直然鈔大段的賈誼過秦以爲贊（此據徐廣、裴駰之說），屈原列傳之後又直然以賈誼配之，可知司馬遷之估價賈誼也是很高的。在我們細讀賈誼傳的結果，便見出大概賈誼也是荀學。你看：

年十八，以能誦詩屬書聞於郡中，吳廷尉為河南守，聞其秀才，召置門下，甚幸愛。孝文皇帝初立，聞河南守吳公治平為天下第一，故與李斯同邑而常學事焉，乃徵為廷尉。廷尉乃言賈生年少，頗通諸子百家之書，文帝召以為博士。

由此可知賈誼乃是爲吳廷尉所薦引並愛幸，而吳廷尉爲李斯的弟子，也就是荀卿的再傳弟子了。賈誼以十八歲在吳廷尉的門下，而文帝召見時年二十餘，那末起碼在吳的門下也有四五年。他所受的薰陶一定是很大的。同時在氣味上也一定是很合得來，否則哪裏會愛幸和薦引呢？司馬遷之屢引賈誼，或者就是也因爲賈誼有得於荀學之故吧。

再有一點也可注意，司馬遷之荀學，也許竟是由賈誼得來的。因爲賈誼的孫子賈嘉和司馬遷是朋友，「孝武皇帝立，舉賈生之孫二人至郡守，而賈嘉最好學，世其家，與余通書。」（賈生列傳）

再據儒林列傳，有「自此以後，魯周霸、孔安國，雒陽賈嘉，頗能言尙書事」的話，則賈嘉也是尙書方面的學者，與孔安國輩分相近，同司馬遷想也在師友之間。假若我們的推斷不錯，司馬遷和荀學的關係可能如下表：

荀卿——李斯——吳廷尉——賈誼——賈誼之子——賈誼之孫賈嘉——司馬遷

八　浪漫的自然主義

可是我們不要忘記，司馬遷在性格上更占大量成分的乃是他的濃烈的情感，他原是像屈原樣的詩人。所以結果，假若用一個名詞以說明司馬遷時，我們應該稱他爲浪漫的自然主義（romantic naturalism）。我想來想去，實在找不到更合適的稱呼了！

司馬遷的本質是浪漫的，情感的。他的情感本是不時爆發而出的。自然主義是他對一切的看法，但看法之後，卻終不掩他的情感。例如，不錯，他曉得游俠之產生是由於經濟，如貨殖列傳所說；然而在說明其產生之後，就表露他的情感了，「自秦以前，匹夫之俠，湮滅不見，余甚恨之。」他衝口而出了！他把古今一切著作都歸到「大抵聖賢發憤之所爲作也」，這更是不折不扣的浪漫觀點。

因此，他的自然主義，並沒引導他到啓蒙精神而止，卻發揮在籠罩在他的浪漫精神上了！

九 司馬遷的歷史哲學與歷史科學

司馬遷究竟是一個歷史家。司馬遷在這一方面的貢獻如何，在傳統的評價中，原已有一種公論（雖然我們覺得不夠），我們姑且引趙翼的一段話，以爲代表。

司馬遷參酌古今，發凡起例，創為全史，本紀以序帝王，世家以記侯國，十表以繫時事，八書以詳制度，列傳以誌人物，然後一代君臣政事賢否得失，總彙於一編之中。自此例一定，歷代作史者，遂不能出其範圍，信史家之極則也。——二十二史箚記

這意思是說司馬遷之功乃在給中國的所謂「正史」立下一個規模。其次稱道司馬遷的史學貢獻的，是說他開創了「通史」，這說法最初爲鄭樵所提及，後來又爲章學誠所張大。

反之，對司馬遷的史學不滿的，除了班固站在古典的立場說他「是非頗繆於聖人，論大道則先黃老而後六經，序游俠則退處士而進姦雄，述貨殖則崇勢利而羞貧賤」而外，又有鄭樵責其博雅不足之說：

大著述者必深於博雅，而盡見天下之書，然後無恨。當遷之時，挾書之律初除，得書之路

未廣，亘三百年之史籍，而跼蹐於七八種書，所為遷恨者，博不足也。而其書，皆齊人之語，今遷書全用舊文，間以俚俗，良由採摭未備，筆削不遑，故曰：予不敢墮先人之言，乃述故事，整齊其世傳，非所謂作也。劉知幾亦譏其多聚舊記，時插新言，所可為遷恨者，雅不足也。——通志總序

所謂雅不足就仍是班固的同一觀點，不過一從思想上論列，一從語言上論列而已。然而這在反面，卻恰可以說明司馬遷之浪漫精神，這不唯不足爲病，卻正是特色所在處。至於所謂博不足，卻就是現代人所斤斤計較的史料的豐富不豐富的問題。我認爲這也不過是「事後有先見之明」的可笑看法罷了。司馬遷在那時實在已盡了搜集史料的能事了，而且他也是有著運用史料的方便的，古人著書不能像現在人一一標出來源，這是我們必須考慮的。再說一個歷史家之可貴，並不在史料之多，而在對史料之瞭解，並能看出它的意義。現在人動輒說史料多少，這是只求廣度，而忘了求深度了。司馬遷之可貴，乃在他的「識」。由於他的「識」，於是他能對平凡的史料，而掘發出了意義。這豈是淺薄的人所能夢見的？

我認爲從前人對司馬遷所加的估價是不夠的，所加的貶詞也是不正確的，——在一個英雄身上發現蒼蠅似的瑕疵原不足爲訓。照我們現在的瞭解，我們認爲司馬遷除了爲正史立下規模以及有通

史的氣魄之外，又有下面幾種了不起的貢獻：

第一、一個歷史家的可貴，首在有一種「歷史意識」。有歷史意識，然後纔能產生一種歷史範疇。歷史範疇是什麼呢？歷史範疇就是演化。凡是認爲一切不變的，都不足以言史。自來的思想家，不外這兩個觀點：一是從概念出發，如柏拉圖，如康德；一是從演化出發，如亞里斯多德，如黑格耳。司馬遷恰恰是屬於後者的。用他的名詞說，就是變，就是漸，就是終始：

維三代之禮，所損益各殊務，然要以近情性，通王道，故禮因人質為之節文，略協古今之變，作禮書第一。——自序

臣弒君，子弒父，非一旦一夕之故也，其漸久矣。——自序

罔羅天下放失舊聞，王跡所興。原始察終，見盛觀衰。……天人之際，承敝通變。——自序

故漢興，承敝易變，使人不倦，得天統矣。——高祖本紀

語有之，以權利合者，權利盡而交疏，甫瑕是也，甫瑕雖以劫殺鄭子，內厲公，厲公終背而殺之。此與晉之里克何異？守節如荀息，身死而不能存奚齊，變所從來，亦多故矣。——鄭世家

儒者斷其義，馳說者騁其詞，不務綜其終始。——十二諸侯年表

學者牽於所聞，見秦在帝位日淺，不察其終始，因舉而笑之，不敢道。——六國表

觀其所以得尊寵，及所以廢辱，亦當世得失之林也，何必舊聞？於是謹其終始，表見其文。——高祖功臣侯年表

咸表終始，當世仁義成功之著者也。——惠景間侯者年表

為天數者，必通三五，終始古今，深觀時變，察其精粗，則天官備矣。——天官書

是以物盛則衰，時極而轉，一質一文，終始之變也。——平準書

僕竊不遜，近自託於無能之詞，網羅天下放失舊聞，考其行事，綜其終始，稽其成敗興壞之紀。……亦欲以究天人之際，通古今之變，成一家之言。——報任安書（據文選）

在「變」，「漸」，「終始」三者之中，司馬遷尤其時時提及的乃是終始。終始者並不是一堆死的東西，擺在那兒的，如果那樣便只是史料而已了。一個歷史家需要對於史料加以專家的把握，用司馬遷的話講就是：「綜其終始」，「察其終始」，「謹其終始」，這裏邊實在包括許多方法和許多本領。「謹其終始」是客觀的遵循這一種演變，「察其終始」是對於這一種演變加以觀察，最後卻要加以組織，那就是「綜其終始」，而且更要看出其中的意義，尋出一種原則，也就是所謂「通古

今之變」了。他說「儒者斷其義，馳說者聘其詞，不務綜其終始」，就因爲前者是哲學家文學家的看法，只有他之「綜其終始」纔是一個歷史家的看法。這其中有司馬遷的學力，也有他的識力。司馬遷處處沒忘了他是一個歷史家，他處處運用這種歷史意識，發揮這種意識，所以他可稱爲是中國上古第一個覺醒的擔負著歷史使命，歷史課題的人。同時司馬遷又有著詩人的天才，他往往把這種演化的趨勢，就具體的事件上觀察之，把握之，描寫之，例如他對諸侯之被削弱，便從他們之「貧者或乘牛車」看出來（見平準書及五宗世家），因此他的歷史意識乃是佐之以詩人的慧眼，於是燭照的角落更多，而表現出來的也更有著史詩性的意味了。

第二、司馬遷是一個有史觀的人，換言之，他有他對歷史的一貫的看法。他有他的歷史哲學。假若說他的歷史意識，是在所謂「通古今之變」上，那末他的歷史哲學，就是在「究天人之際」上。天人之際是什末？用現在的話講，就是客觀力量和主觀行爲的消長結果。在客觀力量之中，更重經濟力量，這是我們已經說過的了。同時他所認識的客觀力量並不是死的，而是在一種動態之中的，這動態卻又有一種法則可尋，那就是盛衰循環：

當是之時，網疏而民富，役財驕溢，或至兼并豪黨之徒，以武斷於鄉曲。宗室有土，公卿大夫以下，爭于奢侈，室盧輿服僭于上，無限度。物盛而衰，固其變也。——平準書

> 故書道唐虞之際，詩述殷周之世，安寧則長庠序，先本絀末，以禮義防於利。事變多故，而亦反是。是以物盛則衰，時極而轉，一質一文，終始之變也。——同
>
> 夏之政忠，忠之敝，小人以野，故殷人承之以敬。敬之敝，小人以鬼，故周人承之以文。文之敝，小人以僿，故救僿莫若以忠。三王之道若循環，終而復始。——高祖本紀
>
> 夏正以正月，殷正以十二月，周正以十一月，蓋三王之正若循環，窮則反本。——曆書

在平準書中，是以經濟的變動而解釋吏治的變動的絕好的說明。

在高祖本紀中，也堪稱爲一種文化哲學。司馬遷雖然不能時時抓牢這種觀點，但總算疏而不失了。

再則講文化哲學的人，往往定出一種週期來，如施賁格勒即謂每一種文化有兩千年的壽命是。司馬遷在這點上卻也有近似的說法，這就是：「夫天運三十歲一小變，百年中變，五百載大變，三大變一紀，三紀而大備。此其大數也。」（天官書）

第三、司馬遷承了中國學者的傳統（尤其是由於他父親的教育），並不以純粹的客觀事實之說明爲限（他父親一則說：「無忘吾所欲論著」，二則說：「余爲太史而弗論載」，可見都是要在歷史書裏發表自己的意見的），卻還要致用，卻還要從學術的研究中得出一種智慧，尤其是政治的智慧。他所得

的智慧便是「承敝通變」。人類既在變化之中，爲順應這種大勢，便只有採取變革的辦法，而不能遵守故常了。這也可以說是司馬遷心目中的歷史教育的內容，他自己就是要擔負這種教育的使命的，他在史記中，創「八書」，以爲通史的榜樣，用意也便在此。他在自序中已明言之：

禮樂損益，律曆改易，兵權山川鬼神，天人之際，承敝通變，作八書。

後來司馬光把自己的歷史著作叫做資治通鑑，也仍是此意。因此往大處說，歷史教育乃是一種政治教育。往小處說，歷史教育卻也起碼是一種倫理教育。所以在司馬遷的心目中，歷史一定有所刺譏褒貶，他認爲這是孔子的遺教，孔子就是這樣的：

七十子之徒，口授其傳指，為有所刺譏褒諱挹損之文辭，不可以書見也。——十二諸侯年表

只是後來的人只注意了消極的作用，單有貶刺，而忽略了積極的意義罷了。司馬遷在這一點上卻又特別提醒。他遵循著他父親的指示，說：

春秋採善貶惡，推三代之德，褒周室，非獨刺譏而已也。

事實上司馬遷也正是這樣實行著的。我們看他的自序中，每作一傳，幾乎都是「嘉」某人之某一方面如何而後動筆的。他恰如瑪修·阿諾德對於批評的認識，是要把認爲美好的東西宣傳出去的。——中國的文學批評本寓於史，但很少人曉得這積極的作用更爲重要就是了。政治教育和倫理教育是司馬遷在歷史教育上的認識和貢獻處。

第四、司馬遷的歷史是眞正人類整個活動的歷史。這並不在乎史料的全不全（雖然在這一點上司馬遷也仍無可議），而在乎觸及的方面不廣。英人弗里曼（E.F.Freeman）著歷史研究方法論（Method of Historical Study），說：「歷史家應該每事皆知。」（原書頁四五）司馬遷夠這個資格——至少就那個時代說是夠這個資格。

第五、在記錄人類的整個活動之中，司馬遷尤其難得的是在他的歷史中擡高了平民的地位。他的本紀世家雖然還是帝王貴族的史乘，然而其中也業已加入了一個布衣——孔子，和一個傭耕的陳涉了，至於列傳中的仲尼弟子、游俠、刺客、滑稽等等，卻大都是平民。就是像老孟荀那般學者，扁鵲、倉公那般技術人才以及老粗出身的那般將官，也都是小市民階層的。美國歷史家羅賓遜（J.H. Robinson）在新史學（The New History）中所說的「爲平民而著的歷史」（History for the common people），司馬遷實在已經庶幾近之了。這不唯已往的歷史家沒有做到，就是司馬遷以後的歷史家也很少能繼續。

第六、在歷史科學的方法上，司馬遷的貢獻尤其大。體裁的創製已由前人說過，我們不必多說。我覺得最難得的是，司馬遷的歷史實在已由廣度而更走入深度。正像德國史學家考爾夫（Korff）那般人所謂，歷史的意義，不在探求外延，而更在探求內包。司馬遷的歷史已經能夠探求到人類的心靈。所以他的歷史，乃不唯超過了政治史，而且更超過了文化史，乃是一種精神史，心靈史了。這是第一點。其次是，歷史本來是講演化的，演化是縱的，是順著一種線索的，這在司馬遷固然已經很能把握了，但他卻更進一步，在演進之中而加入一種體系的探求。例如他的刺客列傳、酷吏列傳、貨殖列傳、游俠列傳、循吏列傳、佞幸列傳、龜策列傳、日者列傳、儒林列傳等，都是想用一種體系去整理的。這樣的傳記已經占列傳的總數七分之一。八書更不用說。不但這樣，就是他的標出人名的列傳，也多半以類相從，例如老莊申韓可以稱為哲人列傳，孫子、吳起可以稱為兵家列傳，屈賈可以稱為詩人列傳是。再說就是列傳與列傳之間的排列也仍是有著連繫的，例如孫吳列傳之前便是司馬穰苴列傳，這同樣是兵家；而蘇秦列傳之後便是張儀列傳，這同樣是縱橫家，其他同樣的例子不必盡舉。這就可見司馬遷乃是要在人類的生活經驗之中而尋出若干範疇來了。因此，他的書乃是演化與體系二者並重的，倘無前者固不足為「史」，倘無後者便也不能駕馭史，超乎史。這是他在史學方法上可貴的第二點。

至於他之運用史料，鑑別史料（如五帝本紀中之以古文為準，周本紀中之辨居洛邑為受犬戎之攻而非爲伐紂，魏世家中之論魏滅並非由於不用信陵，蘇秦張儀列傳中之推原蘇秦蒙惡聲之由），都有近於現代人的疑古和考證的方法處。再則他的澈底執行闕疑的辦法，兼採衆說，留待後人判斷（如老子問題，如呂尚事周的情形等），這乃是近於美人溫遜（Vincent）在他的歷史研究法（Historical Research）中所說歷史判斷與法官判斷之異即在前者可不下判決，以待新證據（見原書頁二五六）。這統是可貴的，但比起前二者來，總算是貢獻中之小焉者了。

第七、在對於中國歷史的瞭解上，司馬遷有他的新見地，這就是對於秦的看法。他對於秦，估價很高，書中在在言之：

> 秦取天下多暴，然世異變，成功大。傳曰法後王，何也？以其近己而俗變相類，議卑而易行也。學者牽於所聞，見秦在帝位日淺，不察其終始，因舉而笑之，不敢道，此與以耳食無異，悲夫！——六國表

> 至秦有天下，悉內六國禮儀，采擇其善，雖不合聖制，其尊君抑臣，朝廷濟濟，依古以來。至於高祖，光有四海，叔孫通頗有所增益減損，大抵皆襲秦故。自天子稱號，下至佐僚，及宮室官名，少有變改。——禮書

一個歷史家必須客觀，必須不以成敗論事，司馬遷身居漢代而能不避嫌疑以論秦之歷史地位，這也

是難能可貴的。司馬遷在歷史上的發明本多，現在只是舉出最重大的一項以概其餘罷了。

十　司馬遷之政治觀

司馬遷的史學，既以經世致用作爲目標之一，當然不能不有一種政治理想的寄託，——至少對政治有他的看法。

因爲他的根本思想既是道家的自然主義，所以他的政治哲學也便建立在無爲上。他覺得最好是順其自然。他理想的是：

> 孝惠皇帝高后之時，黎民得離戰國之苦，君臣俱欲休息乎無為。故惠帝垂拱，高后女主稱制，政不出房戶，天下晏然，刑罰罕用，罪人是希，民務稼穡，衣食滋殖。——呂后本紀

呂后時的政治本無可稱，但是能夠做到無爲，人民能安居樂業，他也就認爲不錯了。無爲的反面是有爲，是多事，多事就容易出亂子。像七國之亂便是一個榜樣：

> 漢興，孝文施大德，天下懷安。至孝景不復憂異姓，而鼂錯刻削諸侯，遂使七國俱起，合從而西鄉，以諸侯大盛，而錯為之不以漸也。及主父偃言之，而諸侯以弱，卒以安。安危之機，

豈不以謀哉？——孝景本紀

這其中確有一種對黃老術的向往在。（孝景本紀或爲司馬談著，但至少司馬遷是同意這個看法的。）一般人或者以爲司馬遷也是贊成封禪，改曆，易服色等事的，其實司馬遷站在無爲的立場，對這並不贊成。他說：

孔子言「必世然後仁，善人之治國百年，亦可以勝殘去殺。」誠哉是言！漢興，至孝文四十有餘載，德至盛也！廩廩鄉改正服封禪矣，謙讓未成於今，嗚呼！豈不仁哉？——孝文本紀

他雖然也參加過封禪改曆，但那等於「當官差」，他之贊美孝文帝，就是表明他的本心是不贊成武帝那一套太有爲的舉動而已。

在許多有爲的事件之中，他尤其痛惡的是嚴刑峻法，所以他說：

周秦之間，可謂文敝矣，秦政不改，反酷刑法，豈不繆乎？故漢興承敝易變，使人不倦，得天統矣。——高祖本紀

嚴刑峻法並不足以求治。法越密，人越能作弊。他曾指出：「自張湯死後，網密，多詆嚴。官

事寖以秏廢。」他痛切的說：「法令者治之具，而非制治清濁之源也。昔天下之網嘗密矣，然姦僞萌起，其極也，上下相遁，至於不振。」（均見酷吏列傳）眞慨乎言之！這讓我們想起老子所謂「法令滋章，盜賊多有」來，司馬遷到底是根於老學呵！不過老子（假若眞有這末一個人）還是就哲人的眼光觀察而已，而司馬遷身受峻法之禍，親見嚴刑的流弊，其體驗之深淺卻自有不同了！

假若有了嚴刑峻法以後，能夠守法還好，如果不守法，那就爲害更不可勝言了。司馬遷在不得已而求其次的時候，是贊成守法的，他在張釋之列傳裏先記張釋之守法的言論：

法者，天子所與天下公共也。今法如此而更重之，是法不信於民也。且方其時，上使立誅之，則已。今既下廷尉，廷尉，天下之平也，一傾而天下用法皆為輕重，民安所措其手足？

這話是因爲一個人驚了文帝的駕，張釋之按法處以罰金，而文帝認爲罰太輕而說的。又有一次，是有人盜高廟前玉環，張釋之又依法只判了死罪，而文帝卻認爲當滅族。張釋之便又爭道：

法如是足也。且罪等，然以逆順為差，今盜宗廟器而族之，有如萬分之一，假令愚民取長陵一抔土，陛下何以加其法乎？

這本是難得的守法精神。於是司馬遷在贊中也便加以頌揚道：「張季之言長者，守法不阿意，有味哉，有味哉！」但我們卻覺得司馬遷的頌揚也是雅有意味的。因爲，他所有在酷吏列傳中所寫的森怖世界，是完全在這裏寄託其一線希望了！只是文帝尚是一般人所認爲寬厚和易的人，猶且以法定的處罰爲不足，試想在武帝之時又應該如何？究竟有幾個張釋之？碰在不是張釋之的一般人的手裏，人命又將如何？司馬遷追慕張釋之，實有隱痛在！

司馬遷對這曾時有反抗，既寫酷吏列傳以著刑法之惡，又在絳侯世家中借周勃以指獄吏之貴，更作循吏列傳，以指示正規：

> 法令，所以導民也。刑罰，所以禁姦也。文武不備，良民懼；然身修者，官未曾亂也，奉旨循理，亦可以為治，何必威嚴哉？

他頂痛恨那般爪牙似的人物。天下最可惡的，也實在就是那般助桀爲虐的二花臉之流。司馬遷說李斯「阿順苟合，嚴威酷刑。」就已是一個典型。至於漢代那些慘酷的劊子手，卻同時又是貪污的蛆蟲。像那「杜周初徵爲廷史，有一馬，且不全，及身久任事，至三公列，子孫尊官，家貲累數巨萬矣。」這錢是哪裏來的？還不是敲詐麼？既由敲詐，可知殊非守法。法治已不是上策，到了弄法亂法，貪贓以枉法的地步，那人民的受禍就更不堪問了。司馬遷傾向於超乎法，他說：

> 漢興，破觚而為圜，斲雕而為朴，網漏於吞舟之魚，而吏治蒸蒸，不至於姦，黎民艾安。由是觀之，在彼不在此！

同時，他常說：「九卿碌碌奉其官，救過不贍，何暇論繩墨之外乎?」繩墨之外，就是超乎法。司馬遷之所以有這種思想，這〔或〕許有兩個原因：一是因爲古代學與術不分，任何事情都不免有一種藝術的意味，彷彿都有一種「神而明之，存乎其人」的光景，所以纔論「繩墨之外」的運用；二是因爲由於司馬遷的浪漫精神，他總不喜歡拘拘於一些繁碎的科條，例如最需要講紀律的莫過於軍事了，但在軍事中他卻贊成「號令不煩，士卒鄉之」的李將軍。浪漫精神是隨處有一種衝決之勢的，這樣而表現於司馬遷的政治思想也是無足怪的。司馬遷不但想超乎法治，甚而想超乎一切的政治。他「嘉伯之讓」而作吳太伯世家，他爲「讓國餓死，天下稱之」而作伯夷列傳，這兩篇一居世家之首，一居列傳之首，一定都非偶然。眞的，如果站在道家的自然主義，政治根本也可以不要了。

不過在現實社會中，政治問題總是要有的，法治既不是最高的政治理想，那末，靠什末呢?司馬遷對這問題的答覆大概仍是偏於人治。他對於人才十分注意，例如他說：

> 堯雖賢，興事業不成，得禹而九州寧，且欲興聖統，唯在擇任將相哉！唯在擇任將相哉！
>
> ——匈奴列傳

賢人乎！賢人乎！非質有其內，惡能用之哉！甚矣！「安危在出令，存亡在所任。」誠哉是言也！——楚元王世家

這裏都有他對於人才之迫切的呼籲。本來，他的一部整個史記，也可說就是對於到那時爲止的人才的總評衡。雖在他痛恨的酷吏，他也仍然就人才主義而加過高下的品題。他把人才的重要簡直看在一個國家的興亡之上，像吳世家的一篇史乘乃重在季札之爲「閎覽博物君子」，越世家的一篇記錄乃重在范蠡之「三遷皆有榮名，名垂後世」，他完全是像漢武帝那樣求才若渴了！

司馬遷對於政治的看法，從無爲到超乎法治，從不得已而贊成守法到人才主義，大略已如上述。現在再附帶說他對於戰爭的看法。他對於戰爭也是站在自然主義的立場的，他認爲不可免：

自含血戴角之獸，見犯則校，而況於人懷好惡喜怒之氣，喜則愛心生，怒則毒螫加，情性之理也。——律書

這簡直是生物學的說明了。所以他認爲到必要時，就該用兵，而不贊成腐儒迂闊之談：

豈與世儒闇於大較，不權輕重，猥云德化，不當用兵，大至窘辱失守，小乃侵犯削弱，遂執不移等哉？故教笞不可廢於家，刑罰不可捐於國，誅伐不可偃於天下，用之有巧拙，行之有

逆順耳。——律書

司馬遷雖時時不掩其浪漫的色彩，但因爲他有重在大處的識力，所以立論究竟很鞏固，這就是前人所說「奇而不失其正」了。至於他說「用之有巧拙」，這就仍是像他對於政治的看法之有一種「繩墨之外」的向往而已。（律書可能爲司馬談著，特司馬遷亦必同此意。）

最後，我們不能不提及的，是司馬遷時時站在百姓的立場說話。他痛恨那般仰承統治者的鼻息而壓榨老百姓的人物，這可見之於他之責蒙恬：

吾適北邊，自直道歸，行觀蒙恬所為秦築長城亭障，塹山堙谷，通直道，固輕百姓力矣。夫秦之初滅諸侯，天下之心未定，痍傷者未瘳，而恬為名將，不以此時彊諫，振百姓之急，養老存孤，務修衆庶之和，而阿意興功，此其兄弟遇誅，不亦宜乎？

他所謂「百姓力」，「百姓之急」，「衆庶之和」，這都眞是老百姓的口吻。他說他們遇誅亦宜。

十一　司馬遷之民間精神

假若說民間精神也是浪漫情調之一時，則司馬遷在這方面也沒做了例外。

司馬遷雖因爲儒家的教育之故，講縉紳先生的趣味，講雅，可是他骨子裏的精神是平民的。他對於皇帝吧，每每赤裸裸的把他們的外衣剝掉，而極盡諷嘲之能事，寫他們的怒，寫他們的偏私，寫他們的愚，寫他們的好笑。對於官僚呢，他尤其在揶揄著，挖苦著。種種裝模作樣的人，如張湯，如公孫弘，如袁盎，在他看得一文不値。反之，在平民方面，他卻極端禮讚著，向往著，用盡了他那極其熟悉而親切之筆描繪著。

例如游俠根本是社會上的一種下層組織，也就是現在的所謂流氓。可是司馬遷十分加以稱道。他說：「今游俠，其行雖不軌於正義，然其言必信，其行必果，已諾必誠，不愛其軀，赴士之阨困，既已存亡死生矣，而不矜其能，羞伐其德，蓋亦有足多者焉，且緩急人之所時有也。」又說：「布衣之徒，設取予然諾，千里誦義，爲死不顧世，此亦有所長，非苟而已也。故士窮窘而得委命，此豈非人之所謂賢豪間者耶？誠使鄉曲之俠，與季次、原憲比權量力，效功於當世，不同日而論矣。要以功見言信，俠客之義，又曷可少哉！……至如閭巷之俠，修行砥名，聲施於天下，莫不稱賢，是爲難耳。然儒墨皆排擯不載。自秦以前，匹夫之俠，湮滅不見，余甚恨之！以余所聞，漢興，有朱家、田仲、王公、劇孟、郭解之徒，雖時扞當世之文罔，然其私義廉潔退讓，有足稱者；名不虛立，士不虛附。至如朋黨宗彊比周，設財役貧，豪暴侵凌孤弱，恣欲自快，游俠亦醜之。余悲世俗不察其意，而猥以朱家、郭解等，令與暴豪之徒同類，而共笑之也！」所謂布衣，所謂鄉曲，所謂閭巷，正是指現在的所謂下層社會。你看他一則說「有足多者」，二則說「曷可少哉」，三則說「有足稱者」，他的向慕爲何如！秦以前的游俠湮滅不見，他便惱恨，漢興以來的游俠爲世俗所不瞭解，他便悲哀，他的同情又何如！游俠的紀律和信條，他是清楚的，這就是行果諾誠，赴士困危，不怕死，卻又不矜伐。而且他們雖有勢力，但不聚斂，也不欺弱者。尤其難得的，是他們同樣有品德的鍛鍊，修行砥名，廉潔退讓，這是比朝廷中那般僞君子像公孫弘等，高出萬萬的。所以就是觸犯當時刀筆吏的法律，不合乎僞君子的「正義」，司馬遷對他們也仍然在原諒著了！

當時的游俠，魯有朱家，洛陽有劇孟，江淮之間有王孟，濟南有瞯氏，陳有周庸，代北有諸白，梁有韓無辟，陽翟有薛況，陝有韓孺，長安有樊仲子，槐里有趙王孫，長陵有高公子，西河有郭公仲，太原有鹵公孺，臨淮有兒長卿，東陽有田君孺，司馬遷多麼瞭如指掌！假若他不是深透在民間生活，他能這樣熟悉嗎？至於此中最大的人物郭解，他還親自見過！郭解被迫搬家的時候，來送錢的出到千餘萬，有人說他不夠賢，立時被他手下的人割去了舌頭，他的勢力這樣大，可是身材卻十分短小，言語十分平庸，司馬遷也是深深的有著印象的呢。

司馬遷的精神已經浸潤在民間生活的內層了！所以他的文字也有著民間語言——白話——的生動和有力。

黯時丞相史，皆與黯同列，或尊用過之，黯褊心，不能無少望，見上，前言曰：「陛下用羣臣，如積薪耳，後來者居上。」上默然有間，黯罷，上曰：「人果不可以無學，觀黯之言也，日益甚！」——汲黯列傳

齊有宦者徐甲，……是時齊人主父偃知甲之使齊以取后事，亦因謂甲，即事成，幸言偃女願得充王後宮，甲既至齊，風以此事。紀太后大怒曰：「王有后，後宮具備，且甲齊貧人，急乃為宦者，入事漢，無補益，乃欲亂吾王家。且主父偃何為者，乃欲以女充後宮！」——齊悼惠王世家

唐為中郎署長，事文帝，文帝輦過，問唐曰：「父老何自為郎，家安在？」——馮唐列傳

呂后與兩子居田中耨，有一老父過，請飲。呂后因餔之，老父相呂后曰：「夫人，天下貴人。」令相兩子，見孝惠曰：「夫人所以貴者，乃此男也。」相魯元，亦皆貴。老父已去，高祖適從旁舍來，呂后具言客有過，相我子母，皆大貴。高祖問，曰：「未遠。」乃追及，問老父，老父曰：「鄉者夫人嬰兒皆似君，君相貴不可言！」高祖乃謝曰：「誠如父言，不敢忘德。」及高祖貴，遂不知老父處。——高祖本紀

主爵都尉汲黯是魏其，內史鄭當時是魏其，後不敢堅對，餘皆莫敢對。上怒內史曰：「公平生數言魏其、武安長短，今日廷論，局趣效轅下駒，吾並斬若屬矣！」即罷起入。上食太后，

太后亦已使人候伺，具以告太后，太后怒不食，曰：「今我在也，而人皆藉吾弟，令我百歲後，皆魚肉之矣。且帝寧能為石人邪？此特帝在，即錄錄，設百歲後，是屬寧有可信者乎？」上謝曰：「俱宗室外家，故廷辨之，不然，此一獄吏所決耳。」——魏其武安侯列傳

都多麼像娓娓煦煦的家人語？司馬遷不但所寫的是白話，而且不是紙上的白話，卻是地地道道的口語了。至於：

陳勝王凡六月，已為王，王陳。其故人嘗與傭耕者聞之，之陳，扣宮門，曰：「吾欲見涉。」宮門令欲縛之，自辨數，乃置，不肯為通。陳王出，遮道而呼涉，陳王聞之，乃召見，載與俱歸。入宮，見殿屋帷帳，客曰：「夥頤！涉之為王沈沈者！」楚人謂多為夥，故天下傳之。——陳涉世家

帝欲廢太子，而立戚姬子如意為太子，大臣固爭之，莫能得。上以留侯策即止，而周昌廷爭之，彊，上問其說。昌為人口吃，又盛怒，曰：「臣口不能言，然臣期期知其不可，陛下雖欲廢太子，臣期期不奉詔。」上欣然而笑。既罷，呂后側耳於東廂聽，見周昌，為跪謝曰：「微君，太子幾廢！」——張丞相列傳

這更是有名的例子，這就又不止寫口語了，而且能寫方言和口吃。古典派是要典雅到和現實十萬八千丈遠的，浪漫的司馬遷卻留戀在現實的核心，不惜照攝一切，傳眞萬有。傳靳蒯成傳上說周緤：「軍乍利不乍利，終無離上心。」乍也是俗語。便見司馬遷之運用白話，抑又不只在寫對白而已，就是行文中，也夾雜起來了。爲實行運用口語，他之用古書，便常常經過一道翻譯的手續，尙書的「克明俊德」，他寫成「能明馴德」，尙書的「欽若昊天」，他寫做「敬順昊天」，這也是人所週知的事。——司馬遷原來是兩千年前的胡適呢！

口語之外，司馬遷又愛援用俗諺。他或者明稱「諺曰」，或者稱「鄙言」，或者稱「語」，或者暗用而不標明：

諺曰：「桃李不言，下自成蹊。」此言雖小，可以諭大也。——李將軍列傳贊

諺曰：「人貌榮名，豈有既乎？」——游俠列傳贊

諺曰：「千金之子，不死於市。」此非空言也。——貨殖列傳

諺曰：「力田不如逢年，善仕不如遇合。」固無虛言，非獨女以色媚，而仕宦亦有之。——佞幸列傳

諺曰：「百里不販樵，千里不販糴。居之一歲，種之以穀；十歲，樹之以木；百歲，來之

以德。」德者，人物之謂也。——貨殖列傳

鄙語云：「尺有所短，寸有所長。」白起料敵合變，出奇無窮，聲震天下，然不能救患於應侯。——白起列傳贊

鄙語曰：「利令智昏」，平原君貪馮亭邪說，使趙陷長平兵四十餘萬衆，邯鄲幾亡。——平原君列傳贊

鄙人有言曰：「何知仁義，已饗其利者為有德。」——游俠列傳。

語有之，「以權利合者，權利盡而交疏。」甫瑕是也。——鄭世家贊

語曰：「能行之者，未必能言，能言之者，未必能行。」孫子籌策龐涓明矣，然不能早救患於被刑。吳起說武侯以形勢不如德，然行之於楚，以刻暴少恩亡其軀，悲夫！——孫子吳起列傳贊

語曰：「當斷不斷，反受其亂。」春申君失朱英之謂邪。——春申君列傳贊

語曰：「千金之裘，非一狐之腋也；臺榭之榱，非一木之枝也；三代之際，非一士之智也。」——劉敬叔孫通列傳贊

語曰：「變古亂常，不死則亡。」豈錯等謂邪？——袁盎鼂錯列傳贊

語曰：「不知其人，視其友。」二君之所稱誦，可著廊廟。——張釋之馮唐列傳贊

甚矣，「安危在出令，存亡在所任。」誠哉是言也。——楚元王世家贊

「女無美惡，居宮見妒；士無賢不肖，入朝見疑。」故扁鵲以其伎見殃，倉公乃匿跡自隱而當刑。——扁鵲倉公列傳贊

「毋為權首，反受其咎。」豈盎錯邪？——吳王濞列傳贊

司馬遷之引用俗諺，就如同引用經典似的一樣鄭重了，他彷彿在民間的體驗結晶之中，而灌注著自己生命似的了。語言本是精神的軀殼。英國的浪漫詩人渥滋渥斯，不是也主張採取日常生活和日常用語嗎？法國對工人最同情的小說家左拉不也是每每驅遣下等社會的土語嗎？就在這種精神與語言的湊拍上，我們遇到司馬遷。

因爲富有民間精神之故，司馬遷的史記不止取材於堂皇的史乘和檔案，他還訪問了許多老百姓。例如他寫韓信，就是淮陰的老百姓告訴他，韓信在幼時，雖然貧困，可是早預備下一個大墳的。他寫蕭何、樊噲、曹參、滕公，也是豐沛的老百姓告訴他這些將相在從前鼓刀屠狗賣繒時的情況的。他彷彿是一個平凡的百姓似的，他是老百姓的發言人，也是老百姓的見聞的書記。所以他的評論每每以俗諺爲依歸，那也是當然的了。

這種民間精神，於是使司馬遷有著一些素樸的反抗性。他對一切接近民間的人，常常情不能已

的歌讚著。「不恥下交」的信陵君，他是多末特別賣了氣力去敍述著呢！同時，凡是反抗權貴的人，他也往往極力表彰。魯仲連吧，他就眉飛色舞地說：「余多其在布衣之位，蕩然肆志，不詘於諸侯，談說於當世，折卿相之權」了。最後，他簡直自己索性據有一種予奪的構成（自然，在幻想裏！）吧，把平民偏偏擡高起來。「布衣」的孔子，他偏把他列爲世家，傭耕的曇花一現的陳涉，他偏把他和許多諸侯並排，對於楚霸王，讓他和秦始皇、漢武帝鼎足而立。司馬遷以此自快，他是一個過屠門而大嚼的無冕帝王，愛封愛貶，全由己呀！

然而民間者，無非是窮困愁苦的一羣之稱。在這方面，司馬遷尤其有他的體會和感觸。平準書裏，對於興利的大臣，極盡其痛恨之筆，貨殖列傳裏，暢快地宣洩著「無巖處奇士之行而長貧賤，好語仁義，亦足羞也」的悲憤。因此，他對於人生不是飄浮地像蜻蜓一樣的點水而過的，他所寫的也絕不是虛幻的鬼影或抽象的教條，卻是赤裸裸的「如是人生」；因此他的思想構成一種浪漫的自然主義，其中有文化的成分，有道家的成分，有他那抒情的性格的成分，但也有得自實際生活的體認的成分；因此司馬遷爲一切平民永遠地歡迎著，也爲一切浪漫詩人或有浪漫情調的人所永遠地歡迎了！

十二　史記一書的個性

凡是讀一部書，就像認識一個朋友一樣，如果不曉得他的個性，則無論說短論長，全無是處，在論史記時，我覺得至少這下面的幾個前提是必須注意到的：

第一、要知道司馬遷是拿整個的「史記」與人相見的，並非單篇分開給我們（雖然在漢朝似乎是各篇單行，但那是流傳的情形，並非著述的情形），因此他對於每一問題的看法，我們不能單就篇名的外形去找。例如管仲、晏嬰的貢獻或歷史地位，如果我們只看管晏列傳當然要責備司馬遷所記太略的，然而在齊世家中卻仍有詳細的記載。又如信陵君的眞相，單看信陵列傳也不夠，而在范睢蔡澤列傳中纔能看出來。原來他沒有像信陵列傳中人格那樣完整，在急人之難上也有時很猶豫。再則他在魏國的關係之重要，單看信陵列傳也仍是不足，那就又要看魏世家。再如子產本見於循吏列傳，但循吏列傳中的子產太平凡了，不夠一個大政治家，可是在鄭世家中卻便又見出他的眞正的設施來。原來司馬遷在一個歷史家之外，兼是一個藝術家，他曉得每一篇傳記一定有一個中心，爲求藝術上的完整起見，便把次要的論點（在藝術上次要）放在別處了。這是前人所發見的「互見法」。我們可以這樣說，就他單篇文章看，他所盡的乃是一個藝術家的責任，只有就他整部的史記說，他纔是盡的歷史家的責任。倘就單篇而責備之，他就太冤枉了。

第二、就原則上說，司馬遷對自己的主觀見解和客觀描寫是分開去處理的。大概在傳記中的敍述往往是純粹客觀的，而主觀的評衡則見之於自序中說到所以做各傳之故處。所以我覺得要眞正看司馬遷的見解時，自序最重要。其次便是每篇的贊。但多數的贊是處在客觀與主觀之間的。所以就是有些評衡，也是個人的意味（personal）居多，如敍到個人的經驗或與傳中的人物的關係等，有時則是傳中的補充而已。我覺得司馬遷這個辦法也很好，讓人假若要看客觀的描寫，就看他的傳記。假若要看他的通體的看法，就看他的序。假若對他的自己的個人的印象發生興趣，就看他的贊。他的體例如此（但只是疏而不失的體例），淸淸爽爽，免得有人執此而求彼，反而加以責難。至於司馬遷在事實上是否絕對在描述中維持客觀的限度呢，那是另一個問題，他之選擇描寫的材料，也無疑是經過了主觀的決定的，但無論如何，他這體例是我們在論史記時必須考慮到的。

第三、我們又必須瞭解司馬遷的反面文章。他是一個巧於諷刺的人，他善達難言之隱。所以他的本意，必須就全書推求而得，決不能專看表面文章，例如書中的最大的諷刺，是對付漢代，尤其集中在武帝。他的方法卻是指秦罵漢。這個秘密，自明淸以來的學者，都已經窺破了。同時，他能以褒作貶，筆下是酸酸辣辣的，那要完全從他的語氣中看出來。史記一書的難讀，這也是一個大原因。必須靠我們對他的表現方式的熟悉，纔能得其眞正命意所在。

第四、我們又當曉得史記中雖然有些得自他父親的舊稿，但各篇已大體上經過了他的潤色。所以縱然看出某一篇可能成自他的父親之手，而仍然可以由之而見司馬遷的見解，——至少是他同意的見解。再則史記固有補缺，但全文中也往往有他原來的幾段書稿，我們也都須分別援用，不能因爲業已認定某篇爲後人補改，就全然不加信任了。

第五、我們更必須注意史記在是一部歷史書之外，又是一部文藝創作，從來的史書沒有像它這樣具有作者個人的色彩的。其中有他自己的生活經驗，生活背境，有他自己的情感作用，有他自己的肺腑和心腸。所以這不但是一部包括古今上下的史書，而且是司馬遷自己的一部絕好傳記。因此，我們必須能把握史記中司馬遷之主觀的用意，纔能理解這部書，纔能欣賞這部書。

十三　史官的傳統

一般地說，司馬遷的史學是得自孔子，但中國之史的傳統卻遠在孔子之前，孔子也不過是接受那種傳統而已。究竟古代史家的傳統是怎樣的，我們現在就想探求一下。古代的史學在史官，大概古代的史官有這些性質：

一是具有豐富的學識和眼光。例如周太史伯便能告訴鄭桓公友建國的地點：

幽王以褒后故，王室治多邪，諸侯或畔之，於是桓公問太史伯曰：「王室多故，予安逃死乎？」太史伯對曰：「獨雒之東土，河濟之南可居。」公曰：「何以？」對曰：「地近虢鄶，虢鄶之君，貪而好利，百姓不附，今公為司徒，民皆愛公，公誠請居之，虢鄶之君見公方用事，輕分公地，公誠居之，虢鄶之民，皆公之民也。」公曰：「吾欲南之江上，何如？」對曰：「昔祝融為高辛氏火正，其功大矣，而其於周未有興者，楚其後也，周衰楚必興，興非鄭之利也。」公曰：「吾欲居西方，何如？」對曰：「其民貪而好利，難久居。」公曰：「周衰，何國興者？」對曰：「齊、秦、晉、楚乎！夫齊，姜姓，伯夷之後也，伯夷佐堯典禮。秦，嬴姓，伯翳之後也，伯翳佐舜，懷柔百物。及楚之先，皆嘗有功於天下；而周武王克紂後，成王封叔虞於唐，其地阻險，以此有德與。周衰，並亦必興矣。」桓公曰：「善」。於是卒言王，東徙其民雒東，而虢鄶果獻十邑。——鄭世家

這是公元前八〇六年的事，他不但把建國的地點給鄭國選定了，而且對後來的國際大勢，也瞭若指掌地推測出來了。可見一定是很淵博而銳利的人物了。

又如當魯定公立的時候（公元前五〇九），趙簡子問史墨（服虔注：晉史蔡墨）曰：「季氏亡乎？」他答道：

不亡！季友有大功於魯，受鄪為上卿，至於文子、武子，世增其業，魯文公卒，東門遂殺

適立庶，魯君於是失國政，政在季氏，於今四君矣。民不知君，何以得國？是以為君慎器與名，不可以假人。——魯周公世家

這也對於國際的情形十分熟悉，此等人大有政治顧問的資格。

二是這些史官大半曉得一些巫祝卜筮的事情，有點像僧侶或預言家的人物。如周幽王二年（公元前七八〇），西州三川皆震，於是伯陽甫（即太史伯陽）便能預言周之將亡，他說：

周將亡矣！夫天地之氣，不失其序，若過其序，民亂之也。陽伏而不能出，陰迫而不能蒸，於是有地震。今三川實震，是陽失其所而填陰也。陽失而在陰，原必塞，原塞，國必亡。夫水土演而民用也。土無所演，民乏財用，不亡何待？昔伊洛竭而夏亡，河竭而商亡，今周德若二代之季矣，其川原又塞，塞必竭。夫國必依山川，山崩川竭，亡國之徵也。川竭必山崩。若國亡，不過十年，數之紀也。天之所棄，不過其紀。——周本紀

過了一年，幽王嬖愛褒姒，他又批評道：

禍成矣，無可奈何。

更如陳厲公二年（公元前七〇四），生子敬仲完，周太史過陳，便算了一卦，而預言到他將來能夠代齊：

陳厲公使以周易筮之，卦得觀之否，是為觀國之光，利用賓於王，此其代陳有國乎？不在此，其在異國，非此其身，在其子孫。若在異國，必姜姓。姜姓太嶽之後。物莫能兩大，陳衰，此其昌乎？——陳世家

再如楚昭王三十七年（公元前四八九），看見一塊大紅雲彩，像鳥一樣，在太陽的兩旁飛過，便去請教周太史，周太史答道：

是害於王，然可移於將相。——楚世家

他的將相聽了，都想投河免災，幸而昭王沒有聽，這事曾得到過孔子的贊許，說：「楚昭王通大道矣，其不失國，宜哉！」然而周太史之懂得災異，還是不可否認的。

最奇特的是周太史儋，能預言秦周之分合，他在周烈王二年（公元前三七四），對秦獻公說：

始周與秦國合而別，別五百載復合，合十七歲而霸王者出焉。——周本紀

這話很爲司馬遷所相信，曾四度援引（周本紀之外，又見老莊申韓列傳、封禪書和秦本紀）。這預言的根據何在，卻沒有說明，但是因此便更加神秘了。說眞的，司馬遷之究天人之際，也就仍由這預言家的身分所蛻化而已。

三是史官有一種公正不阿的職業道德。像周成王在小時候，曾用桐葉刻成珪，給他弟弟叔虞玩，說：「拿這個封你吧。」那史佚聽了就請擇日封叔虞，成王說：「吾與之戲爾。」史佚便道：「天子無戲言，言則史書之，禮成之，樂歌之。」於是叔虞便被封了。這就是晉國的起原（晉本紀）。這雖然像一種笑談，但在一般人心目中的史官的確是這樣嚴格的。這事早在公元前一千多年，或者只是傳說，然而已是一個有意義的傳說了。此外像後來趙盾的弟弟趙穿殺了晉靈公（公元前六〇七），而晉太史董狐寫道：「趙盾弑其君。」趙盾說：「弑者趙穿，我無罪。」董狐說：「子爲正卿，而亡不出境，反不誅國亂，非子而誰？」這事也邀到孔子的稱贊，說：「董狐，古之良史也，書法不隱。」還有齊國太史寫「崔杼弑莊公」（公元前五四八）的故事更悲壯動人。崔杼把這個太史殺了，他弟弟還是照樣寫，這弟弟也被殺了，而另一個弟弟仍是照樣寫。這樣拿性命來換取眞理，眞太可敬愛了！

從上面這三點看來，史官是政治家，預言家和新聞記者合而爲一的人物。不過既是官，就不是一種自由職業。只有孔子是羨慕這種職務，而由自私人去從事的。司馬遷卻由政府的官吏而擔負這一方面的使命。我們對史官的性質清楚了，然後纔能曉得司馬遷的職業生活的性質。司馬遷乃是這一流人物中之最傑出者，因而他乃是第一流的政治家，第一流的學者（古代預言式的人物，必通曆算，因而乃是具有雛型的自然科學常識的人，而司馬遷則由是而構成他的自然主義；當然，他也訂過太初曆，而且他之運命感，依然有些預言家的意味的遺留），並第一流的新聞記者了！這乃是孔子所企求不得，只好私人著述，以求過屠門大嚼之癮的，又是司馬談所雖有著機會而不得實踐，含恨以終的，然而司馬遷卻如願以償了！他的職業生活確定了他的事業的性質，而他的天才和個性卻使他走到了那事業的頂端。——他是浪漫的自然主義的大思想家，也是浪漫的自然主義的大詩人！

第八章　司馬遷的風格之美學上的分析

一　司馬遷的散文風格之來源

司馬遷的散文，乃是純正的散文，乃是唐宋以來所奉爲模範的散文。——也就是古文家所推爲正統的散文。

這種散文，或者以爲是司馬遷創始的，但倘加以考察，就知道這乃是漢朝的一種通俗文字。我們試舉幾個例子來看。例如劉邦在初起事時，曾書帛射城上，告沛父老：

天下苦秦久矣。今父老雖為沛令守，諸侯並起，今屠沛。沛今共誅令，擇子弟可立者立之，以應諸侯，則家室完。不然，父子俱屠，無為也。

這時是秦二世元年（公元前二〇九），距司馬遷生時還有七十多年。但這文字很有些像司馬遷了。當時劉邦纔有數百人。又不過是些烏合之衆，這樣的文字決非出自什末名家，而它的對象又是老百姓，所以我們應該以通俗文字視之。

又如在漢文帝元年（公元前一七九），南越王尉佗因爲陸賈的交涉成功，而取消帝號，曾上書稱謝：

蠻夷大長老夫臣佗，前日高后隔異南越，竊疑長沙王讒臣，又遙聞高后盡誅佗宗族，掘燒先人冢，以故自棄，犯長沙邊境。且南方卑溼，蠻夷中間，其東閩越千人衆號稱王，其西甌駱裸國亦稱王，老臣妄竊帝號，聊以自娛，豈敢以聞天王哉？

這時距司馬遷之生約有四十年，風格也就更相似。南越在當時還是邊遠之地，風格也竟如此，可見這乃是當時普遍的通俗文字的風格了。

再如到了漢武帝元狩元年（公元前一二二），淮南衡山謀反，公孫弘引病請退，武帝報之以書：

古者賞有功，褒有德，守成尚文，遭禍右武（據日本史記會注考證改），未有易此者也。朕宿昔庶幾，獲承尊位，懼不能寧，惟所與共為治者，君宜知之；蓋君子善善惡惡，君宜知之。君若謹行，常在朕躬。君不幸罹霜露之病，何恙不已，迺上書歸侯，乞骸骨，是章朕之不德也。今事少閒，君其省思慮，一精神，輔以醫藥！

這時代就更和司馬遷的生年相近了，只有十幾年的光景。這文字多麼活潑自然！——當時一般的文字原來就是如此的。我說這種文字是純正的散文，是因爲它很淳樸有力，一點也不矯揉藻飾；尤其重要的，其中很少駢列的句法。其他像淳于意的女兒之上書求贖父罪，淳于意所陳的許多病歷記錄，嚴安、徐樂、主父偃等的奏書，齊哀王之致書諸侯討呂氏等，都是這種文章。

當我們仔細分析這種風格時，便可發見大抵是很疏宕而從容，不拘拘於整齊的形式，但卻十分有著韻致。如果找比方的話，大概只有宋元人的水墨畫是和這相近的。這就是所謂奇，所謂逸，而司馬遷即是這種風格中之更精鍊，更純粹，更高貴，更矯健的。

如果我們更進一步去觀察，我們可以說這種風格是來自秦文。秦文就是偏於奇橫而不偏於駢偶的；她的韻文乃是以三句爲韻，就已經是很好的一種說明了。在散文中，那就尤其顯然。我們先從最早的文字看起吧，例如秦穆公的誓詞：

嗟士卒，聽無譁！余誓告汝。古之人，謀黃髮番番，則無所過。以申思不用蹇叔、百里傒之謀，故作此誓。令後世以記余過！

這是公元前六二四年時的文章。又如秦孝公發布的求賢令：

昔我穆公，自岐雍之間，修德行武，東平晉亂，以河為界；西霸戎翟，廣地千里；天子致伯，諸侯畢賀，為後世開業，甚光美。會往者厲、躁、簡公、出子之不寧，國家內憂，未遑外事。三晉攻奪我先君河西地，諸侯卑秦，醜莫大焉。獻公即位，鎮撫邊境，徙治櫟陽，且欲東伐，復穆公之故地，修穆公之政令。寡人思念先君之意，常痛於心。賓客羣臣，有能出奇計彊秦者，吾且尊官，與之分土。

這是公元前三六二年的時候。後來如張儀之檄楚相：

始吾從若飲，我不盜而璧，若笞我。若善守汝國，我顧且盜而城。

事在公元前三二九年。秦昭王之約楚懷王：

始寡人與王約為弟兄，盟於黃棘，太子為質，至驩也。太子陵殺寡人之重臣，不謝而亡去，寡人誠不勝怒，使兵侵君王之邊。今聞君王乃令太子質於齊以求平。寡人與楚接境壤界，故為婚姻，所從相親久矣。而今秦楚不驩，則無以令諸侯。寡人願與君王會武關，面相約，結盟而去，寡人之願也。敢以聞下執事。

事在公元前三〇〇年。到了始皇時代，我們又可略舉數例，一是議帝號令：

異日韓王納地效璽，請為藩臣，已而倍約，與趙魏合從畔秦，故興兵誅之，虜其王。寡人以為善，庶幾息兵革。趙王使其相李牧來約盟，故歸其質子；已而倍盟，反我太原，故興兵誅之，得其王。趙公子嘉乃自立為代王，故舉兵擊滅之。魏王始約服入秦，已而與韓趙謀襲秦，秦兵吏誅，遂破之。荊王獻青陽以西，已而畔約，擊我南郡，故發兵誅，得其王，遂定其荊地。燕王昏亂，其太子丹乃陰令荊軻為賊，兵吏誅滅其國。齊王用后勝計，絕秦使，欲為亂，兵吏誅虜其王，平齊地。寡人以眇眇之身，興兵誅暴亂，賴宗廟之靈，六王咸伏其辜。天下大定，今名號不更，無以稱成功，傳後世，其議帝號！

二是稱始皇令：

朕聞：大古有號毋謚；中古有號，死而以行為謚；如此則子議父，臣議君也，甚無謂，朕弗取焉！自今已來，除謚法，朕為始皇帝，後世以計數，二世、三世至千萬世，傳之無窮！

三是廢封建令：

天下共苦戰鬬不休，以有侯王；賴宗廟，天下初定，又復立國，是樹兵也；而求其寧息，豈不難哉？廷尉議是。

這都是在公元前二二一年的時候。這些文字出自誰手，我們不曉得，但確是大手筆。當時最有名的大文學家則是李斯，我們試再舉李斯的焚書議和獄中上書爲例：

五帝不相復，三代不相襲，各以治；非其相反，時變異也。今陛下創大業，建萬世之功，固非愚儒所知。且越言乃三代之事，何足法也？異時諸侯並爭，厚招游學，今天下已定，法令出一；百姓當家則力農工，士則學習法令辟禁。今諸生不師今而學古，以非當世，惑亂黔首。丞相臣斯昧死言：古者天下散亂，莫之能一，是以諸侯並作，語皆道古以害今，飾虛言以亂實，人善其所私學，以非上之所建立。今皇帝并有天下，別黑白而定一尊。私學而相與非法教人，聞令下則各以其學議之，入則心非，出則巷議，夸主以為名，異趣以為高，率羣下以造謗。如此弗禁，則主勢降乎上，黨與成乎下。禁之便！臣請史官非秦紀皆燒之，非博士官所職，天下敢有藏詩書百家語者，悉詣守尉雜燒之。有敢偶語詩書，棄市。以古非今者，族。吏見知不舉者，與同罪。令下三十日不燒，黥為城旦。所不去者，醫藥、卜筮、種樹之書。若有欲學法令，以吏為師。

這時在公元前二一三年。過了五年，李斯被囚，又從獄中上書：

臣為丞相治民三十餘年矣。逮秦地之狹隘，先王之時，秦地不過千里，兵數十萬，臣盡薄材，謹奉法令，陰行謀臣，資之金玉，使游說諸侯，陰修甲兵，飾政教，官鬬士，尊功臣，盛其爵祿，故終以脅韓弱魏，破燕趙，夷齊楚，卒兼六國，虜其王，立秦為天子，罪一矣。地非不廣，又北逐胡貉，南定百越，以見秦之彊，罪二矣。尊大臣，盛其爵位，以固其親，罪三矣。立社稷，修宗廟，以明主之賢，罪四矣。更剋畫平斗斛度量文章，布之天下，以樹秦之名，罪五矣。治馳道，興游觀，以見主之得意，罪六矣。緩刑罰，薄賦斂，以遂主得衆之心，萬民戴主，死而不忘，罪七矣。若斯之為臣者，罪足以死固久矣，上幸盡其能力，乃得至今，願陛下察之。

李斯的其他文章尚多，不盡錄。從這許多的秦文看來，我們大致可以得到一個共同的印象，那就是非常直致、坦率、峻厲、爽利，而有一種驃悍驕橫的力量。她的風格和戰國時其他國家的文字不同。我們雖然還不曾對各國的文字統統作過分析，但至少我們可以說戰國的一般文字是一種以明快、鋒利爲特色的，而秦文在這方面並沒有那樣顯著，反之，它的最顯著的特點乃在有些霸氣，——原始的蠻橫之氣。

就是這種原始的蠻橫狀態，使它不甚拘拘於形式，有時雖有駢句，但總是整而不齊，如李斯文章中「夸主以爲名，異趣以爲高」，彷彿是偶句了，但緊接著又加上一句「率羣下以造謗」，便把那整齊的形式打破了。

秦和西漢的文章雖然這樣一線相承，但也經過了一種風格演化：那就是西漢時代的散文乃是把秦文更柔化了，更纏綿化了，更沖淡些了，更疏散些了。這是時代精神使然，也是楚辭的影響使然。司馬遷講西漢的政治時說：「漢興，破觚而爲圜，斲雕而爲樸，網漏於呑舟之魚。」（酷吏列傳）這話同樣可應用於風格的演化上。這就是所謂時代精神。同時楚辭中那種抒情的意味，又不知不覺間吸入於漢人的筆下，於是便更多了一番情趣。

柏拉圖說：「男子退化了，就變爲女人。」這話在生理學上的意義如何，我們不想去批評。但這永遠是藝術上風格的演進的一個律則。秦文之變而爲西漢，西漢變而爲東漢、魏、晉，都可拿這原則去說明。文字變到東漢，那就似乎太女性化了，而在西漢時卻恰到好處。粗野和強悍是去掉了，只剩下剛健，但卻並沒有步入柔靡。

就在這種恰好的階段上，出現了司馬遷的散文。他的文字我們可以稱爲奇而韻。奇就是來自秦文的矯健，而變爲疏蕩；韻就是由於經過楚辭的洗禮，使疏蕩處不走入偏枯躁急，同時卻又已經有著下一代的風格的萌芽。

二　史記書中的形式律則

司馬遷不止是一個歷史家，而且是文學家（而且他之文學家的成分實多於歷史家處）；史記也不止是歷史書，而且是文學書；這統是盡人皆知的。但現在我們要強調一下，司馬遷實在是意識地要把史記寫成一部藝術品的，他說：「所以隱忍苟活，幽於糞土之中而不辭者，恨私心有所不盡，鄙陋沒世而文采不表於後世也。」他實在是想盡量表現他的文采或者藝術天才的。講藝術不能不講形式，我認爲史記一書裏自有它的藝術形式律則。照我們所探研的結果，大抵是這樣的：

第一　統一律

他竭力維持一篇作品的審美意味上的統一性。在這種地方，他有時不惜犧牲歷史上的眞。可是他未嘗沒有補救的法子，那就是把一個歷史人物的性格分散在不同的篇章裏，而在同一篇章裏則極力維持他那所要表現的某種突出的個性。例如信陵君列傳裏的主人公是仁厚而愛士的，幾乎成了一個一無瑕疵的人物；而他之畏秦，不敢收留魏齊，不能欣賞虞卿之爲了友道而拋棄相印，卻寫在范睢蔡澤列傳裏。又如在汲鄭列傳裏的汲黯是多末鯁直、硬朗，又是一個一點缺陷也沒有的人物；但在酷吏列傳中卻露出了他之和周陽由「俱爲忮」了。原來司馬遷對於他所塑造的人物，也以藝術品視之，不能讓他有任何雜質！

每一篇傳——寫得成功的傳（這樣的文字約占全書之半），司馬遷寫來都有一個中心的主題。他彷彿曉得每一篇文章就是一個獨立的生命，他盡量去創造這一個生命，去維護這一個生命，去發揚這一個生命。他寫的舜，是要寫他是一個如何孝謹的人物；他寫的秦始皇，是要寫他是一個如何剛毅戾深的人物；他寫的項羽，是寫他如何代表一種狂飆突起的精神；他寫的劉邦，是寫他如何有著大度和豪氣，但又不免帶流氓的意味；他寫的封禪書，是要在飄飄欲仙之中而有著諷刺；他寫的平準書，是要在借寫經濟之便，而掘發著當時的吏制和刑法；越世家在寫范蠡的堅忍；孔子世家在寫孔子之學禮，問禮，好禮，習禮，講禮；陳涉世家是講的草莽英雄的粗枝大葉；外戚世家是講的人生命運之渺茫；蕭相國世家是在寫高祖的忌刻；留侯世家是在寫張良之道家人格之完整；管晏列傳等於論友道；孟荀列傳無異於論阿世苟合與特立獨行的對立；孟嘗君列傳是在寫一個無賴子弟的領袖；平原君列傳卻在寫一個託大的公子哥兒生活；信陵君列傳是寫一個眞正禮賢下士的榜樣；春申君列傳卻在寫一個政客的宦海升沈；范睢列傳是在寫一個由私人利害出發的人物的成和敗；藺相如列傳是在寫一個智勇雙全的人物之應變處世的技巧；屈原列傳純然是在抒情的氛圍裏；李斯列傳卻像是寫一個人的人格演化的小說；張耳陳餘列傳寫人結怨之漸；淮陰侯列傳寫決斷爲一人成敗之機；叔孫通列傳寫希世度務的人物之得意；李將軍列傳寫才氣無雙的將軍之轗軻；平津侯列傳寫老官僚的臉譜；汲黯列傳寫憨直人的心腸；酷吏列傳在寫慘酷之中仍注意著人才的高下；大宛列傳則感慨之中又透露著風趣；貨殖列傳寫趨富避貧是人類的自然慾望；太史公自序寫善承父志和輔翼六經是自己的志事；——幾乎每一篇都有他不放鬆的主題，爲他緊緊抓牢，一意到底。

最有趣的是：同是一件事，他可以寫好幾次，但因爲場合的不同，他可以有好幾種寫法。例如鴻門之宴，就有下面這樣的差別：

㈠項羽本紀：

沛公軍霸上，未得與項羽相見。沛公左司馬曹無傷使人言於項羽曰：「沛公欲王關中，使子嬰為相，珍寶盡有之。」項羽大怒曰：「旦日饗士卒，為擊破沛公軍。」當是時，項羽兵四十萬在新豐鴻門，沛公兵十萬在霸上。范增說項羽曰：「沛公居山東時，貪於財貨，好美姬；今入關，財物無所取，婦女無所幸，此其志不在小。吾令人望其氣，皆為龍虎，成五采，此天子氣也。急擊勿失！」楚左尹項伯者，項羽季父也，素善留侯張良。張良是時從沛公，項伯乃夜馳之沛公軍，私見張良，具告以事，欲呼張良與俱去。曰：「毋從俱死也。」張良曰：「臣為韓王送沛公，沛公今事有急，亡去不義，不可不語。」良乃入，具告沛公。沛公大驚，曰：「為之奈何？」張良曰：「誰為大王為此計者？」曰：「鯫生說我曰：『距關，毋內諸侯，秦地可盡王也。』故聽之。」良曰：「料大王士卒足以當項王乎？」沛公默然曰：「固不如也。且為之奈何？」張良曰：「請往謂項伯言沛公不敢背項王也。」沛公曰：「君安與項伯有故？」張良曰：「秦時與臣游，項伯殺人，臣活之；今事有急，故幸來告良。」沛公曰：「孰與君少長？」良曰：「長於臣。」沛公曰：「君為我呼入，吾得兄事之。」張良出，要項伯。項伯即入見沛公。沛公奉卮酒為壽，約為婚姻，曰：「吾入關，秋毫不敢有所近，籍吏民，封府庫，而待將軍。所以遣將守關者，備他盜之出入與非常也。日夜望將軍至，豈敢反乎？願伯具言臣之不敢倍德也。」項伯許諾。謂沛公曰：「旦日不可不蚤自來謝項王。」沛公曰：「諾。」於是項伯復夜去，至軍中，具以沛公言報項王，因言曰：「沛公不先破關中，公豈敢入乎？今人有大功而擊之，不義也，不如因善遇之。」項王許諾。沛公旦日從百餘騎來見項王，至鴻門，謝曰：「臣與將軍戮力而攻秦，將軍戰河北，臣戰河南，然不自意能先入關破秦，得復見將軍於此。今者有小人之言，令將軍與臣有郤。」項王曰：「此沛公左司馬曹無傷言之；不然，籍何以至此？」項王即日因留沛公與飲。項王、項伯東嚮坐，亞父南嚮坐，——亞父者，范增也。沛公北嚮坐，張良西嚮侍。范增數目項王，舉所佩玉玦以示之者三，項王默然不應。范增起出召項莊，謂曰：「君王為人不忍，若入前為壽，壽畢，請以劍舞，因擊沛公於坐，殺之。不者，若屬皆且為所虜！」莊則入為壽，壽畢，曰：「君王與沛公飲，軍中無以為樂，請以劍舞。」

項王曰：「諾。」項莊拔劍起舞，項伯亦拔劍起舞，常以身翼蔽沛公，莊不得擊。於是張良至軍門見樊噲，樊噲曰：「今日之事何如？」良曰：「甚急。今者項莊拔劍舞，其意常在沛公也。」噲曰：「此迫矣，臣請入與之同命。」噲即帶劍擁盾入軍門。交戟之衛士欲止不內，樊噲側其盾以撞，衛士仆地，噲遂入，披帷西嚮立，瞋目視項王，頭髮上指，目眦盡裂。項王按劍而跽曰：「客何為者？」張良曰：「沛公之參乘樊噲者也。」項王曰：「壯士！賜之卮酒。」則與斗卮酒。噲拜謝起，立而飲之。項王曰：「賜之彘肩。」則與一生彘肩，樊噲覆其盾於地，加彘肩上，拔劍切而啗之。項王曰：「壯士能復飲乎？」樊噲曰：「臣死且不避，卮酒安足辭？夫秦王有虎狼之心，殺人如不能舉，刑人如恐不勝，天下皆叛之。懷王與諸將約曰：『先破秦入咸陽者王之。』今沛公先破秦，入咸陽，毫毛不敢有所近，封閉宮室，還軍霸上，以待大王來。故遣將守關者，備他盜出入與非常也。勞苦而功高如此，未有封侯之賞，而聽細說，欲誅有功之人。此亡秦之續耳，竊為大王不取也。」項王未有以應，曰：「坐。」樊噲從良坐。坐須臾，沛公起如廁，因招樊噲出。沛公已出，項王使都尉陳平召沛公。沛公曰：「今者出，未辭也，為之奈何？」樊噲曰：「大行不顧細謹，大禮不辭小讓，如今人方為刀俎，我為魚肉，何辭為？」於是遂去，乃令張良留謝。良問曰：「大王來，何操？」曰：「我持白璧一雙，欲獻項王；玉斗一雙，欲與亞父；會其怒，不敢獻，公為我獻之。」張良曰：「謹諾。」當是時，項王軍在鴻門下，沛公軍在霸上，相去四十里。沛公則棄車騎，脫身獨騎，與樊噲、夏侯嬰、靳彊、紀信等四人持劍盾步走，從驪山下道芷陽間行。沛公謂張良曰：「從此道至吾軍，不過二十里耳，度我至軍中，公乃入。」沛公已去，間至軍中，張良入謝曰：「沛公不勝桮杓，不能辭。謹使臣良奉白璧一雙，再拜獻大王足下；玉斗一雙，再拜奉大將軍足下。」項王曰：「沛公安在？」良曰：「聞大王有意督過之，脫身獨去，已至軍矣。」項王則受璧置之坐上。亞父受玉斗置之地，拔劍撞而破之，曰：「唉！豎子不足與謀！奪項王天下者必沛公也！吾屬今為之虜矣！」沛公至軍，立誅殺曹無傷。

㈡高祖本紀：

沛公左司馬曹無傷聞項王怒，欲攻沛公，使人言項羽曰：「沛公欲王關中，令子嬰為相，珍寶盡有之。」欲以求封。亞父勸項羽擊沛公，方饗士，旦日合戰。是時項羽兵四十萬，號百萬；沛公兵十萬，號二十萬，力不敵。會項伯欲活張良，夜往見良，因以文諭項羽，項羽乃止。沛公從百餘騎驅之鴻門，見謝項羽。項羽曰：「此沛公左司馬曹無傷言之；不然，籍何以至此？」沛公以樊噲、張良故，得解歸。歸，立誅曹無傷。

㈢留侯世家：

項羽至鴻門下，欲擊沛公。項伯乃夜馳入沛公軍，私見張良，欲與俱去。良曰：「臣為韓王送沛公，今事有急，亡去，不義。」乃具以語沛公。沛公大驚曰：「為將奈何？」良曰：「沛公誠欲倍項羽邪？」沛公曰：「鯫生教我距關，無內諸侯，秦地可盡王，故聽之。」良曰：「沛公自度能卻項羽乎？」沛公默然，良久曰：「固不能也。今為奈何？」良乃固要項伯，項伯見沛公。沛公與飲，為壽，結賓婚。令項伯具言沛公不敢倍項羽；所以距關者，備他盜也。及見項羽後解。

㈣樊酈滕灌列傳

項羽在戲下，欲攻沛公。沛公從百餘騎，因項伯面見項羽，謝無有閉關事。項羽既饗軍士，中酒，亞父謀欲殺沛公，令項莊拔劍舞坐中，欲擊沛公，項伯常肩蔽之。時獨沛公與張良得入座，樊噲在營外，聞事急，乃持鐵盾入到營。營衛止噲，噲直撞入，立帳下。項羽目之，問為誰？張良曰：「沛公參乘樊噲。」項羽曰：「壯士！」賜之巵酒、彘肩。噲既飲酒，拔劍切肉，食盡之。項羽曰：「能復飲乎？」噲曰：「臣死且不辭，豈特巵酒乎？且沛公先入定咸陽，暴師霸上，以待大王。大王今日至，聽小人之言，與沛公有隙，臣恐天下解，心疑大王也。」項羽默然。沛公如廁，麾樊噲去。既出，沛公留車騎，獨騎一馬，與樊噲等四人步從，從間道山下歸走霸上軍，而使張良謝項羽。項羽亦因遂已，無誅沛公之心矣。是日微樊噲犇入營誚讓項羽，沛公事幾殆。

我們分析這四個片段，就可見出在項羽本紀裏所寫的場面最全，因爲這是項羽成敗的關鍵。在這裏，把范增的決斷和項羽的淳樸坦率都寫出來了，而高祖的窘迫和張良的從容也刻劃出來了。到了高祖本紀中，因重在寫高祖的成功，所以這事已滅了重要，他的窘迫之態也就只淡淡的寫出而已。同時在這兩篇中都寫出曹無傷之挑撥和被誅，因爲他是關係這事的首尾的。留侯世家和樊噲列傳便都把曹無傷卸去，因爲這時已不重在這事的原委，卻重在兩人的貢獻了。在留侯世家中，根本沒提到樊噲，只說「及見項羽後解。」這是因爲留侯世家重在寫一個策士的從容劃策的生活，加入一個武將，便不調和了。在樊噲列傳中卻也不把樊噲寫得十分生龍活虎，這是因爲樊噲根本並非那樣有聲有色的人物；至於在項羽本紀中所以寫得那樣生氣勃勃者，乃是爲了襯托項羽的原故而已。在項羽本紀中，沒有一個人物是鬆懈的，沒有一個片段是微弱的，因爲否則就不能構成那個叱咤風雲的氛圍，不能表現那「力能扛鼎，才氣過人」的霸王之狂飆突起的精神了。

司馬遷像一個出色的攝影師一樣，他會選取最好的鏡頭。在同一個景色裏，他會挑選最適宜的角落。在一羣人之中，他會爲他們拍合影，卻也會爲他們拍獨照。他曉得任何一個藝術品一定有一個重心，由於這重心而構成完整。在這種意味上，他是一個優異的肖像畫家，也是一個優異的雕刻家。同時，他也像一個大音樂家一樣，他要在他每一個傑作裏奏著獨有的旋律。因此，我們在讀過他所寫的傳後，總覺得餘音繞梁，時刻迴旋在我們的心靈深處。

這種緊緊抓牢的主題，就是他的每一篇具有生命的傳記的靈魂。由於這種各自獨具的靈魂，所以每一篇傳記都是像奇花異草樣地，生氣勃勃地呈現在人的眼前了。

第二　內外諧和律

司馬遷盡量求他的文章之風格和他的文章中之人物性格相符合。卜封（Buffon）所謂的「文如其人」，我們已不足以拿來批評司馬遷了，我們卻應該說是「文如其所寫之人」。司馬遷的風格之豐富簡直是一個奇蹟，而每一種風格的變換都以內容爲轉移。現在只舉幾個最顯著的例子。像他寫戰功，便多半用短句：

高祖為沛公而初起也，參以中涓從。將擊胡陵、方與，攻秦監公軍，大破之。東下薛，擊泗水守軍薛郭，西復攻胡陵，取之。徙守方與，方與反為魏，擊之。豐反為魏，攻之。賜爵七大夫。擊秦司馬𡰱軍碭東，破之。取碭、孤父、祁、善置。又攻下邑以西至虞，擊章邯車騎。攻爰戚及亢父，先登。遷為五大夫。北救東阿，擊章邯軍，陷陳，追至濮陽。攻定陶，取臨濟。南救雍丘，擊李由軍，破之，殺李由，虜秦侯一人。秦將章邯破殺項梁也，沛公與項羽引而東，楚懷王以沛公為碭郡長，將碭郡兵，於是乃封參為執帛，號曰建成君。遷為戚公，屬碭郡。其後從攻東郡尉軍，破之成武南。擊王離軍成陽南，復攻之杠里，大破之。追北，西至開封，擊趙賁軍，破之，圍趙賁開封城中。西擊秦將楊熊軍於曲遇，破之。虜秦司馬及御史各一人，遷為執珪。從攻陽武，下轘轅、緱氏，絕河津，還擊趙賁軍尸北，破之。從南攻犨，與南陽守齮戰陽城郭東，陷陳，取宛，虜齮，盡定南陽郡。從西攻武關、嶢關，取之。前攻秦軍藍田南，又夜擊其北，秦軍大破，遂至咸陽，滅秦。項羽至，以沛公為漢王，漢王封參為建成侯。——曹相國世家

這些短句就宛如短兵相接的光景。在他寫纏綿的情調時，那文字就入於潺湲悠揚。

屈平疾王聽之不聰也，讒諂之蔽明也，邪曲之害公也，方正之不容也，故憂愁幽思而作離騷。「離騷」者，猶離憂也。夫天者，人之始也；父母者，人之本也。人窮則反本，故勞苦倦

極，未嘗不呼天也；疾痛慘怛，未嘗不呼父母也。屈平正道直行，竭忠盡智，以事其君，讒人間之，可謂窮矣；信而見疑，忠而被謗，能無怨乎？屈平之作離騷，蓋自怨生也。——屈原賈生列傳

在我們讀到這裏的時候，簡直忘了他是傳記，卻是辭賦了！

再如他寫封禪，便多半用惝怳之筆，彷彿讓人也到了煙雲飄渺的蓬萊：

自威、宣、燕昭使人入海求蓬萊、方丈、瀛州。此三神山者，其傳在勃海中，去人不遠。患且至，則船風引而去。蓋嘗有至者，諸僊人及不死之藥皆在焉。其物禽獸盡白，而黃金、銀為宮闕。未至，望之如雲。及到，三神山反居水下。臨之，風輒引去，終莫能至云。——封禪書

事情本在有無之間，文筆也便在若即若離之中。和這差不多的是他寫老子。因爲孔子見老子，有「猶龍」之歎，所以司馬遷寫老子時便也採了畫龍的辦法，讓他鱗爪時隱時現：

老子脩道德，其學以自隱無名為務。居周久之，見周之衰，迺遂去。至關，關令尹喜曰：「子將隱矣，彊為我著書。」於是老子迺著書上下篇，言道德之意，五千餘言，而去，莫知其

所終。或曰：老萊子，亦楚人也，著書十五篇，言道家之用，與孔子同時云。蓋老子百有六十餘歲，或言二百餘歲，以其脩道而養壽也。自孔子死之後，百二十九年，而史記周太史儋見秦獻公曰：「始秦與周合而離，離五百歲而復合，合七十歲而霸王者出焉。」或曰：儋即老子。或曰：非也。世莫知其然否。——老子，隱君子也！

這樣就更增加了那幽深的人格的老子之神秘性了。反之，他寫信陵君，則是筆端十分仁厚：

酒酣，公子起為壽侯生前，侯生因謂公子曰：「今日嬴之為公子亦足矣！嬴乃夷門抱關者也，而公子親枉車騎，自迎嬴於衆人廣座之中，不宜有所過，今公子故過之。然嬴欲尚公子之名，故久立公子車騎市中，過客以觀公子，公子愈恭。市人皆以嬴為小人，而以公子為長者能下士也。」……於是公子泣，侯生曰：「公子畏死邪？何泣也？」公子曰：「晉鄙嚄唶宿將，往恐不聽，必當殺之，是以泣耳，豈畏死哉？」……客有說公子曰：「物有不可忘，或有不可不忘。夫人有德於公子，公子不可忘也；公子有德於人，願公子忘之也。且矯魏王令，奪晉鄙兵以救趙，於趙則有功矣，於魏則未為忠臣也。公子乃自驕而功之，竊為公子不取也。」於是公子立自責，似若無所容者。

語氣都多末安詳、和緩，而有著無限的暖意！

至於他寫酷吏，那就是另一副技術了，酷吏是慘酷無情的，他便也出之以鐵面無私：

> 杜周者，南陽杜衍人。義縱為南陽守，以為爪牙。舉為廷尉史，事張湯，湯數言其無害。至御史，使案邊失亡，所論殺甚衆，奏事中上意。任用，與減宣相編，更為中丞十餘歲，其治與宣相放。然重遲，外寬，內深次骨。宣為左內史，周為廷尉，其治大放張湯，而善候伺：上所欲擠者，因而陷之；上所欲釋者，久繫待問，而微見其冤狀。客有讓周曰：「君為天子決平，不循三尺法，專以人主意指為獄，獄者固如是乎？」周曰：「三尺安出哉？前主所是，著為律；後主所是，疏為令。當時為是，何古之法乎？」至周為廷尉，詔獄亦益多矣。二千石繫者，新故相因，不減百餘人。郡吏大府舉之廷尉，一歲至千餘章。章大者連逮證案數百，小者數十人；遠者數千，近者數百里。會獄，吏因責如章告劾，不服，以笞掠定之。於是聞有逮，皆亡匿。獄久者至更數赦，十有餘歲，而相告言，大抵盡詆以不道，以上廷尉及中都官詔獄，逮至六七萬人，吏所增加十萬餘人。周中廢，後為執金吾，逐盜，捕治桑弘羊、衛皇后昆弟子刻深，天子以為盡力無私，遷為御史大夫。家兩子夾河為守，其治暴酷，皆甚於王溫舒等矣。杜周初徵為廷史，有一馬，且不全；及身久任事，至三公列，子孫尊官，家訾累數巨萬矣。

杜周可以說是一個集大成的酷吏，因爲在他之前的那些酷吏的一切本領他都學來了，他會逢迎，他會枉法，他會貪贓，他會用刑。司馬遷寫他時所用的方法，卻也是近於拷打的方法。這樣拷打的結果，審問出那個最可惡的創始的張湯來了，而且又審問出一個更大的獎勵酷吏的罪魁來了，那就是漢武帝。杜周論殺甚重，便中上意；杜周枉法，詔獄也便益多；杜周捕治得兇，天子便以爲盡力無私。司馬遷這時乃是像一個法官一樣，而讓漢武帝立在堂下了。酷吏的行爲是慘酷的，酷吏所操持的世界是森森然有著鬼氣的，可是司馬遷在鞭打著他們的靈魂時卻也同樣無情，筆下嚴厲到極點，一點寬貸也沒有的。

難道司馬遷沒有輕鬆之筆麼？有；那就是在滑稽列傳裏：

淳于髡仰天大笑，齊威王橫行；優孟搖頭而歌，負薪者以封；優旃臨檻疾呼，陛楯得以半更。豈不亦偉哉？

在幽默的場合，他便還它一副笑臉。其他如寫漢高祖時筆下便豁然有大度，寫李廣時乃使用一種疏朗朗的筆觸，寫孔子時是那樣溫良爾雅，寫伍子胥時又是那樣有著怨毒報復，總之，他的筆墨是在意識的使它和所寫的內容相符合著。司馬遷在這裏乃是像一個熟練的名演員一樣，他能夠扮演老少男女的一切角色，演什末像什末。歌德說文藝的皮和核是分不開的，外就是內，內就是外，司馬遷是充分作到了。每一篇作品，他曉得那靈魂和軀殼如何相一致著。

司馬遷往往用兩種突出的性格或兩種不同的情勢，亦或兩種不同的結果，作爲對照，以增加作品的生動性。

第三　對照律

我們具體地看罷，像在項羽本紀中，司馬遷先寫了項羽，項羽是一個純然少年精神的代表，他初起事時纔二十四歲，拔劍自刎時也纔三十一歲。「年少氣盛」，「血氣方剛」，「好勇鬬狠」，正是這樣的人物所表現的。同時司馬遷卻寫了一個比項羽大二十五歲的「世故老人」，那就是漢高祖。在項羽自殺時，高祖五十六歲了。因爲年齡的懸殊，當然一個要鬬力，一個要鬬智。一個純任熱情、才氣和本能的憤怒，一個卻常常經過理智底考慮而以退爲進，以柔克剛。結果那狂風暴雨式的素樸青年是失敗了，而老有世故的鬬智漢子成功了。這樣的對照，司馬遷覺得還不足，於是在項羽一邊，又有項羽和范增的對照，這裏同樣有年齡的懸殊。范增大概大項羽四十多歲，而性格上則是天生的參謀人才，參謀人才要有男性的堅忍和意志；而項羽則是一個天生的元帥，元帥是要有母性的仁慈的（這一點，蔣百里在全民族戰爭論的序上提起過）。在漢高祖那邊，則對照的是漢高祖和張良。高祖時刻受著窘迫，而張良永遠能夠從容。

同樣有著這樣的對照的，是信陵君和侯嬴。信陵君又是一個多情而仁厚的青年，而侯嬴則是陰鷙的老謀士，也七十多歲了。越世家中的范蠡和范蠡的長男也是一個對照。范蠡也是典型的軍事參謀，他看得定，拿得牢，非常堅忍。可是他的長男不行，他沒有聽他父親的話，他不忍得把錢輕輕丟給莊生，結果莊生爲他救弟之死，卻又依然把他弟弟送了命。這長男帶弟屍回來的時候，親友都爲之悲痛，范蠡卻笑道：「吾固知必殺其弟也。彼非不愛其弟，顧有所不能忍者也。是少與我俱，見苦爲生難，故重棄財。至如少弟者，生而見我富，乘堅驅良，逐狡兎，豈知財所從來，故輕去之，非所惜吝。前日吾所爲欲遣少子，固爲其能棄財故也，而長者不能，故卒以殺其弟，事之理也，無足悲者。吾日夜固以望其喪之來也。」因爲他堅忍，所以可以幫句踐復仇，所以可以自己全命，所以可以自己致富，沒有那個不能忍的長男之對照，范蠡的性格是不會這樣明晰的。

在封禪書裏，司馬遷也是以對照律作爲那一篇妙文的指導原則。這對照是漢武帝和方士。在漢武帝方面是愚，「神君所言，上使人受之，命之曰書法。其所語，世俗之所知也，無絕殊者，而天子心獨喜。」眞被愚弄得可笑。而在方士方面是詐。例如騙了許多酒食賞賜的五利將軍，最後卻是「裝治行，東入海，求其師云」，治裝裏邊，就不知是囊括了多少財物了。後來所謂「僊人好樓居」的公孫卿，也不過在大興土木之中，剋扣一些私錢而已。就是這種對照著的愚和詐的交織，構成了這一篇飄逸而又辛辣的傑作。

在平準書裏則是官僚資本和農民意識的對照，一邊是事析秋毫的興利之臣的桑弘羊等，一邊是上輸助邊的農民卜式。二者最後的衝突尖銳化了，卜式直然道：「縣官當食租衣稅而已，今弘羊令吏坐市列肆，販物求利，烹弘羊，天乃雨。」一邊在犧牲，一邊在榨取，這憤恨是無怪的。

此外，在孔子世家裏是拿熱心救世的孔子和個人主義的出世者老子、長沮、桀溺、接輿等相對照；在這裏，我們一邊看見有著對人世戀戀的溫情，另一邊看見那些聰明者之冷冷然的諷嘲。在孟子荀卿列傳裏，則是只顧主張不顧成敗的思想家和一般阿世苟合的說客之對照，一邊是寂寞，一邊是受到處處的逢迎。在刺客列傳中，就有著智深勇深的荊軻和天眞躁急的太子丹之對照；在汲黯列傳裏，就有好直諫，面折人過的汲黯和專阿主意的張湯之對照；在衛將軍驃騎列傳裏，就有仁善退讓，以和柔自媚於上的衛青，和不省士卒，有氣敢任的霍去病之對照；在劉敬叔孫通列傳裏，就有出自內心的主張的劉敬與希世度務的叔孫通之對照；前者見了高祖，不肯改自己的破衣服，後者則脫掉自己的儒服，而換上漢高祖最愛的楚裝了。

在許多對照之中，最常見的是因爲一人性格行爲不同，而得到善終與否的對照：有才能的蘇秦，因齊大夫與之爭寵之故，而被刺死；他的弟弟蘇代、蘇厲，因較平庸，即皆以壽終；見蘇秦列傳。扁鵲因爲勇於爲人治病，爲同行所妒，結果被刺殺；倉公不敢爲人治病了，卻也被人怨恨，幾乎受刑，然而終於解脫；見扁鵲倉公列傳。主父偃鋒芒太露，結果是族死；公孫弘善於自藏，貌爲忠誠，便活了八十歲，「竟以丞相終」；見平津侯主父偃列傳。好出奇計，然而不免有些狂放的酈食其，到底為齊王所烹；而有些柔術的陸賈，卻安車駟馬，得到不少酒食，也「竟以壽終」；見酈生陸賈列傳。——這裏邊有司馬遷對於中國這個民族的弱點的瞭解，也有著處這個惡濁社會的生存哲學，但不能不叫人感喟系之！

在許多對照中，寫得最複雜的，是魏其武安列傳。這裏有著武安侯田蚡在未貴時對於魏其侯竇嬰之跪起如子姪和後來說拜訪而不想去拜訪的對照，有著同為竇太后所不喜，因而家居，然而一個是眞正失勢，一個是慢慢更能握權的對照。又有著對於梁孝王、淮南王的關係的對照，竇嬰主持家法，說：「天下者，高祖天下，父子相傳，此漢之約也，上何以得擅傳梁王？」而田蚡卻曾經受淮南王財物，說：「上未有太子，大王最賢，高祖孫，即宮車宴駕，非大王立，當誰哉？」更有著在同是好客之中，而竇嬰好客是在進賢，是發自眞心，田蚡好客則只是做作，為和竇嬰競爭，「欲以傾魏其諸將相」的對照。

在許多對照之中，寫來最帶有司馬遷自己的感慨的，則是張耳陳餘列傳和李將軍列傳。張耳、陳餘是刎頸交，但後來因為利害摩擦，陳餘竟以殺張耳為投降漢高祖的條件。在這一年之後，司馬遷緊接著寫張耳的兒子張敖得到部下愛戴的壯烈故事。他們部下想反叛漢高祖，準備成功後即歸功張敖，失敗後則自己任咎。結果失敗了，便有十餘人爭著尋死，更有貫高等甘受苦刑，以明張敖無罪，到張敖被赦，便認爲使命已畢，終於絕肮自殺。這種義俠的行爲和張耳、陳餘那種因利背德的結局，是多末大的對照呢！至於才氣無雙的名將李廣，司馬遷在用按部就班的程不識與之對照之外，卻又寫出他一個從弟李蔡，李蔡是中下人物，「名聲出廣下遠甚，然廣不得爵邑，官不過九卿。而蔡爲列侯，位至三公。」李廣處處轗軻，李蔡竟直上青雲，這對照實在更叫人難以爲懷了！

對照的方法是像畫家用了鮮明的色彩一樣，是像戲劇家創造出對立的性格一樣，於是讓所描繪表現的對象更清晰了。

第四　對稱律

大抵司馬遷在寫合傳的時候，如果不用對照律，便往往用對稱律，當然也有時二律並用。這是中國人的一種特有的審美意識，這是像大建築物前一定擺兩個大石獅，或者堂屋裏一定掛一副對聯似的。司馬遷也是意識地要求這種安排的。例如絳侯周勃世家，事實是周勃、周亞夫父子二人的合傳。在周勃傳中寫的是文帝之忌刻，文帝把他的丞相免了，叫他就國，後來逼得這樣一個老實的人每見河東守尉來巡查時，便常被甲，令家人持兵以見之，終於入獄。在周亞夫傳中，則寫的是景帝的忌刻，因爲他不贊成封皇后兄王信爲侯，他說：「高皇帝約，非劉氏不得王，非有功不得侯，不如約，天下共擊之。今信雖皇后兄，無功，侯之，非約也。」景帝當時雖無話可說，以後就故意給他難堪，吃飯的時候不給他筷子，大塊肉也不切開，終於借故把他抓入獄中，在他死後，就把王信封爲侯了。周勃和周亞夫的遭遇便是對稱著的。

在管晏列傳中，是以論友情爲中心的。在管仲方面就有鮑叔的知己之感，在晏嬰方面就有著石父的「君子詘於不知己而信於知己者」的論調，這也是對稱著的。

以上二例是稍微不太明顯的，至於明顯的例子那就太多了：孫子吳起列傳中，孫臏和吳起都同樣招忌。白起王翦列傳中，一個因坑降作爲賜死的理由，一個因三世爲將作爲必敗的原因，這統統是以不成其爲理由的理由作說詞，而且又都隱指著李廣、李陵的遭遇。魯仲連鄒陽列傳則同爲齊人，同擅長函札；魏豹彭越列傳則同爲魏王，同是被囚，被殺；季布欒布列傳則同曾爲奴，同曾爲人救助，意氣也有些類似；袁盎鼂錯列傳則二人都是峭直刻深，不得善終。而張釋之馮唐列傳，在張釋之方面，中間稱道周勃，末尾以他的兒子張摯「以不能取容當世，故終身不仕」爲餘波；在馮唐方面，則中間稱道魏尚，末尾也以他的兒子馮遂「亦奇士」爲餘波。汲鄭列傳吧，在汲黯方面，先說「其先有寵於古之衛君」，最後說「上以黯故，官其弟汲仁至九卿，子汲偃至諸侯相，黯姑姊子司馬安亦少與黯爲太子洗馬，……昆弟以安故，同時至二千石者十人。」在鄭當時方面，則也是先說「其先鄭君」，最後也同樣說「莊兄弟子孫，以莊故，至二千石六七人焉」。這更是意識地尋求對稱形式了。

我們再看汲黯傳中：「黯爲謁者，東越相攻，上使黯往視之，不至，至吳而還，報曰：『越人相攻，固其俗然，不足以辱天子之使。』河南失火，延燒千餘家，上使黯往視之，還報曰：『家人失火，屋比延燒，不足憂也。』」這兩事明明是表現對稱的美。又如匈奴傳中：

冒頓乃作為鳴鏑，習勒其騎射，令曰：「鳴鏑所射而不悉射者，斬之。」行獵鳥獸，有不射鳴鏑所射者，輒斬之。已而冒頓以鳴鏑自射其善馬，左右或不敢射者，冒頓立斬不射善馬者。居頃之，復以鳴鏑自射其愛妻，左右或頗恐，不敢射，冒頓又復斬之。居頃之，冒頓出獵，以鳴鏑射單于善馬，左右皆射之，於是冒頓知其左右皆可用。從其父單于頭曼獵，以鳴鏑射頭曼，其左右亦皆隨鳴鏑而射殺單于頭曼，遂盡誅其後母與弟及大臣不聽從者，冒頓自立為單于。冒頓既立，是時東胡彊盛，聞冒頓殺父自立，乃使使謂冒頓，欲得頭曼時有千里馬。冒頓問羣臣，羣臣皆曰：「千里馬，匈奴寶馬也，勿與。」冒頓曰：「奈何與人鄰國，而愛一馬乎？」遂與之千里馬。居頃之，東胡以為冒頓畏之，乃使使謂冒頓，欲得單于一閼氏。冒頓復問左右，左右皆怒，曰：「東胡無道，乃求閼氏，請擊之。」冒頓曰：「奈何與人鄰國，愛一女子乎？」遂取所愛閼氏予東胡。東胡王愈益驕，西侵。與匈奴間中有棄地莫居千餘里，各居其邊為甌脫，東胡使使謂冒頓曰：「匈奴所與我界甌脫外棄地，匈奴非能至也，吾欲有之。」冒頓問羣臣，羣臣或曰：「此棄地，予之亦可，勿與亦可。」於是冒頓大怒曰：「地者，國之本也，奈何予之？」諸言予之者皆斬之。冒頓上馬，令國中有後者斬，遂東襲擊東胡。

這殺父自立和東敗東胡固然有對稱之美，而射馬、射妻是對稱，求馬、求女也是對稱。司馬遷語句上很避免駢偶，但對稱的美感卻仍是很強烈的。

第五　上昇律

凡是司馬遷敍一個情節或一種心理狀態的進展時，往往使用這個逐漸加強或加濃的原理。例如平準書中：「……物盛而衰，固其變也。……選舉陵遲，廉恥相冒，武力進用，法嚴令具，興利之臣，自此始也。……於是見知之法生，而廢格沮誹窮治之獄用矣。……然無益於俗，稍騖於功利矣。……故三人言利，事析秋毫矣。法既益嚴，吏多廢免。……吏道益雜不選，而多賈人矣。……自是之後，有腹誹之法，以此而公卿大夫多諂諛取容矣。」興利和嚴法是這時經濟政策的兩翼，司馬遷寫這現象，便是用著上昇律的。

又如留侯世家中，寫留侯爲太子設計，招了四個鬚眉皓白的老人來，叫高祖看見了，先是「怪之」。後來知道了這四人就是高祖要尋訪的名人，「上乃大驚」，到這四人臨去時，高祖便「目送之」。在心理的過程上，便也是遞進的。

再如信陵君列傳中，「公子於是乃置酒，大會賓客，坐定，公子從車騎虛左，自迎夷門迎生。侯生攝弊衣冠直上載公子上坐，不讓，欲以觀公子，公子執轡愈恭。侯生又謂公子曰：『臣有客在市屠中，願枉車騎過之。』公子引車入市，侯生下見其客朱亥。俾倪，故久立，與其客語，微察公子，公子顏色愈和。當是時，魏將相宗室賓客滿堂，待公子舉酒，市人皆觀公子執轡，從騎皆竊罵侯生。侯生視公子色終不變，乃謝客就車。至家，公子引侯生坐上坐，徧贊賓客，賓客皆驚。」從這「公子執轡愈恭」，「公子顏色愈和」，「公子色終不變」看，司馬遷是在故意使用著上昇律，以增加他作品之戲劇性的。

再如張耳陳餘列傳中，二人之結怨，先是誤會，張耳怨陳餘曰：「始吾與公爲刎頸交，今王與耳旦暮且死，而公擁兵數萬，不肯相救，安在其相爲死，苟必信，胡不赴秦軍俱死，且有十一二相全？」次是責問，於是陳餘怒曰：「不意君之望臣深也，豈以臣爲重去將哉？」陳餘把印綬交出了，不想張耳果然受下，於是陳餘「亦望張耳不讓」，「由此陳餘、張耳遂有郤」，最後雙方以兵戎相見，而且陳餘投降漢王的條件是「漢殺張耳乃從」了。這也是一種上昇律，到了「漢殺張耳乃從」便是頂點。

其他，如扁鵲列傳中，扁鵲見齊桓侯，先謂「君有疾，在腠理，不治將深」；次謂「君有疾，在血脈」；又次謂「君有疾，在腸胃間」；最後則望見而逃，因爲他病「已在骨髓」了。魏其武安列傳中，魏其因失勢客稀，先是「天下吏士趨勢利者，皆去魏其，歸武安」；以後「魏其失竇太后，益疏不用，無勢，客稍稍自引而怠傲」；同時武安的驕橫，由「天下士、郡國諸侯愈益附武安」；到惹得武帝說：「君除吏已盡未？吾亦欲除吏」；再到坐在他哥哥的上座，「以爲漢相尊，不可以兄故私橈，武安由此滋驕。」衛將軍驃騎列傳中，二人一進一退，先是「由此驃騎日以親貴，比大將軍」，後來「自是以後，大將軍青日退，而驃騎日益貴」。這統統是應用上昇律，作爲全傳的結構的原理的。

第六　奇兵律

司馬遷在行文時，是像行軍一樣。有時往往用一支奇兵，使他的行程得到更愉快的效果。最明顯的是平準書中的卜式。「平準」是攻擊當時的興利之臣和嚴刑峻法的，卜式就是司馬遷所設的奇兵，卜式在篇中時出時沒，司馬遷用他，以求殺敵致果。我們試看他先寫那些富商大賈，「財或累數萬，而不佐國家之急」，又寫「徵發之士益鮮」，這裏都已經把卜式埋伏下了。後來卜式正式出現，要「輸其家半助邊」，又要「父子死之」以從軍越南；他主張治民如牧羊，把惡羊斥去，勿令敗羣；他拜爲齊王太傅時，而孔僅使天下鑄作器；他被尊時，而天子下緡錢令；他相齊，而楊可告緡徧天下；此後，是卜式貶秩爲太子太傅，而桑弘羊爲治粟都尉；最後是借卜式的話，「烹弘羊，天乃雨」，而文字也就立刻收場。

同樣情形的是魏其武安列傳中的籍福。叫武安讓魏其爲丞相的是他，勸魏其兼容的也是他，代武安向魏其要田地的又是他，在灌夫使酒罵座時強按著灌夫的頸頸向武安謝罪的還是他，這也是司馬遷在行文時的一支奇兵呀。不過這回不是用他來攻擊了，卻是用他來點綴魏其、武安的結怨，彷彿是一個傳令兵一樣，讓全文的消息更靈通些。

在伯夷列傳中，是用孔子攜帶著顏淵，當了司馬遷的一支奇兵。其中如：「孔子序列古之仁聖賢人，如吳太伯、伯夷之倫詳矣。」如：「且七十子之徒，仲尼獨薦顏淵爲好學，然回也屢空，糟糠不厭，而卒早夭。」如：「顏淵雖篤學，附驥尾而行益顯。」這都是。但這回奇兵的用處又不是傳令了，卻是像哨探一樣，站在了幾個山頭上。

第七　減輕律

這就是司馬遷在敍述很嚴重的事情的時候，卻有時會忽然出現輕鬆之筆，讓人的精神得到刹那間的解放，對他所說的故事會更集中注意的聽下去，同時也別有一種新鮮的趣味。例如孔子世家，本來先敍孔子的譜系，又敍他出生的年代，儼然是一個敎主的降世似的，卻忽然說：「生而首上圩頂，故因名曰丘云。」這輕鬆的筆調恰恰給那太嚴肅的空氣一種補償。又如蕭相國世家，本寫他處在忌主漢高祖的手下，時時提心弔膽，已經很緊張了，而在他被拜爲相國時，一般人來賀，召平卻來弔，我們以爲下面應該緊接召平的警告了吧，然而不，司馬遷卻寫道：「諸君皆賀，召平獨弔。召平者，故秦東陵侯，秦破，爲布衣，貧，種瓜於長安城東，瓜美，故世俗謂之東陵瓜，從召平以爲名也。」下面纔寫「召平謂相國曰：禍自此始矣。」這樣便像驚濤駭浪之中，忽然出現了馴良的白鷗似的，叫人有一種暫時解放的快感。再如淮南衡山列傳，淮南王要造反，伍被竭力諫阻，這也是十分緊張的局面，而伍被在諫詞中卻忽然講到徐福告訴秦始皇在海上遇仙的故事，說他「東南至蓬萊山，見芝成宮闕，有使者銅色而龍形，光上照天」。李將軍列傳，在寫他的命運蹭蹬之中，忽然敘到他「出獵，見草中石，以爲虎而射之，中石沒鏃，視之，石也，因復更射之，終不能復入石矣。」都有這種作用。

同時我們可以注意的，就是司馬遷凡寫一個人的面貌性情時，決不在篇首，而是在敘過許多事情之後，揀一個適合的場合透露出來，可說毫無例外。我們略舉數例吧：

項羽本紀：「籍長八尺餘，力能扛鼎，才氣過人。」敘在項梁帶他偷看秦始皇渡浙江以後，而在他拔劍殺會稽守之前。

孔子世家：「孔子長九尺有六寸，人皆謂之長人而異之。」敘在他當季氏史和司職吏之後，而在適周問禮之前。

留侯世家：「張良多病，未嘗特將也，常爲畫策臣，時時從漢王。」敍在他爲高祖籠絡黥布、彭越、韓信之後，而在勸高祖不能聽酈食其立六國之前。

絳侯周勃世家：「勃爲人木彊敦厚，高帝以爲可屬大事。勃不好文學，每召諸生、說士，東鄉坐而責之，趣爲我語，其椎少文如此。」敍在他的許多軍功之後，而在誅諸呂之前。

刺客列傳：「荊軻雖游於酒人乎，然其爲人沈深好書，其所游諸侯，盡與其賢豪長者相結。」敍在漫遊各地之後，而在會燕太子丹之前。

魏其武安列傳：「武安者，貌侵，生貴甚，又以爲諸侯王多長，上初即位，富於春秋，蚡以肺腑爲京師相，非痛折節以禮詘之，天下不肅。」敍在他當過太尉、拜過丞相之後，而在權移主上之前。

李將軍列傳：「廣爲人長，猨臂，其善射亦天性也。雖其子孫他人學者，莫能及廣。廣訥口少言，與人居，則畫地爲軍陳，射闊狹以飲。」這也敍在他贖爲庶人，拜爲右北平太守之後，而在以郎中令攻匈奴之前。

平津侯主父偃列傳：「弘爲人意忌，外寬內深，諸嘗與弘有郤者，雖詳與善，陰報其禍。」敍在公孫弘被汲黯數度庭詰之後，而在畏責請退之前。

司馬相如列傳：「相如口吃，而善著書，常有消渴疾。」敍在他使蜀之後，而在諫獵之前。其他像大宛列傳中之敍張騫「爲人彊力，寬大信人，蠻夷愛之」；汲鄭列傳中之敍「黯爲人，性倨少禮，面折，不能容人之過」；游俠列傳中之敍郭解「爲人短小，不飲酒，出未嘗有騎」；都是敍在中間的。

這種在文章的中間忽然敍出一個人的面貌性情的方法，也可以說是減輕律的一種應用，定有著一種調劑的效果，這固不特敍在適合的地位使人印象格外深，並恰滿足了讀者之要知其爲人的興味而已。

這七種形式律則：統一律、內外諧和律、對照律、對稱律、上昇律、奇兵律、減輕律，統統是司馬遷在他的藝術製作過程中的指導原理。其中除了對稱律是中國人的美感所特有，奇兵律和減輕律是司馬遷的藝術所獨具外，也可說是世界上任何藝術作品所共遵的律則。我們並不是說一個藝術家先曉得了這些律則而後去製作，我們也無意要求任何藝術上的學徒來探尋方法於此，我們只是在客觀的事實之中而歸納出他——司馬遷或其他藝術天才——所無意間而採取的途徑而已。這像研究生物的行爲一樣，生物未嘗爲律則所支配，但生物學家卻可以發現那些可以統攝事實的律則而已。

三　建築結構與韻律

一種藝術品，都有他的結構。史記一部書，就整個看，有它整個的結構；就每一篇看，有它每一篇的結構。這像一個宮殿一樣，整個是堂皇的設計，而每一個殿堂也都是匠心的經營。司馬遷自己說：「罔羅天下放失舊聞，王跡所興，原始察終，見盛觀衰，論考之行事，略推三代，錄秦漢，上記軒轅，下至於茲，著『十二本紀』，既科條之矣；並時異世，年差不明，作『十表』；禮樂損益，律曆改易，兵權，山川，鬼神，天人之際，承敝通變，作『八書』；二十八宿環北辰，三十輻共一轂，運行無窮，輔拂股肱之臣配焉，忠信行道，以奉主上，作『三十世家』；扶義俶儻，不令己失時，立功名於天下，作『七十列傳』。」照他看，史記不唯是一個建築，簡直是一個宇宙的縮影，秩序的天體之副本了。

當然，我們不能不注意，司馬遷是一個浪漫派的藝術家，他之組織全書，是像李廣用兵一樣，好像沒有部伍行陣，人人自便的光景，然而卻並非絕對散漫。（絕對散漫，就不能帶兵了。）司馬遷有意把他的全書造成一個有機體。大抵「本紀」和「世家」是代表上古的統治階級的譜系的，「列傳」是以事情的性質配上時代的前後相類次的，「十表」和「八書」則是有意的補足全書的經緯的。

我們再詳細的看吧。司馬遷在陳杞世家中說：「舜之後，周武王封之陳，至楚惠王滅之，有世家言；禹之後，周武王封之杞，楚惠王滅之，有世家言；契之後爲殷，殷有本紀言；殷破，周封其後於宋，齊湣王滅之，有世家言；后稷之後爲周，秦昭王滅之，有本紀言；皐陶之後，或封英六，楚穆王滅之，無譜；伯夷之後，至周武王復封於齊，曰太公望，陳氏滅之，有世家言；伯翳之後，至周平王時封爲秦，項羽滅之，有本紀言；垂、益、夔、龍，其後不知所封，不見也。——右十一人者，皆唐虞之際名有功德臣也，其五人之後，皆至帝王，餘乃爲顯諸侯。」在這十一人中，有四人不知所封，有一人無譜，所以結果只有六人可說。所謂五人之後皆爲帝王，就是指舜、禹、契、后稷和伯翳，這就是虞本紀（五帝本紀的一部分）、夏本紀、殷本紀、周本紀和秦本紀的由來。他們都是唐虞時的名臣，而唐堯是黃帝、帝顓頊、帝嚳一系的（至少就司馬遷的看法是如此），所以五帝本紀便作了本紀的第一篇。

秦到了始皇，局面是很不同了，所以不能不擴大而獨立了，成爲秦始皇本紀。

項羽是秦漢之際的過渡統治者，雖和劉邦同樣是揭竿而起的平民，但司馬遷卻這樣問道：「吾聞之周生曰，舜目蓋重瞳子，又聞項羽亦重瞳子，羽豈其苗裔邪？」這是頗有問津於遺傳學而假定項羽是舜後之意了，大概到項羽本紀爲止，司馬遷是把他們都算在古代帝王的大譜系裏去的。

然而純粹平民的劉邦成了功，於是有高祖本紀。下面四個本紀都是分別敍到漢代的君主的。以上就是十二本紀的來歷。

司馬遷在管蔡世家中又說：「伯邑考，其後不知所封，武王發，其後爲周，有本紀言；管叔鮮，作亂，誅死，無後；周公旦，其後爲魯，有世家言；蔡叔度，其後爲蔡，有世家言；曹叔振鐸，其後爲曹，有世家言；成叔武，其後世無所見；霍叔處，其後晉獻公時滅霍；康叔封，其後爲衛，有世家言；冉季載，其後世無所見。」這是說文王十子的下落的。其中五人或不知所封，或爲人所滅，或後世無所見，其中一人入於本紀，四人入了世家。（即魯周公世家、管蔡世家、衛世家，而曹世家附見管蔡世家中。）倘若拿這話和前引陳杞世家的話合看，則我們又知道陳杞世家是敍舜和禹之後，齊世家是敍伯夷之後，宋世家是敍殷之後。我們從這裏看，可以曉得，世家中一部分也是唐虞之際的名臣之後，一部分乃是周的子孫和功臣之後。屬於後者的，還有吳太伯世家、燕召公世家、晉世家、鄭世家，這可以說都屬於周本紀的系統。屬於前者的，還有顓頊之後的楚世家，禹之後的越世家，這可以說都屬於五帝本紀的系統。以上是世家中前十二篇的來歷。

晉世家中的陪臣，又化而爲趙世家、魏世家、韓世家；陳之後代齊，於是有田敬仲完世家。這是次四篇世家的來歷。到了這田敬仲完世家，所謂六國者便已經敍完了，於是司馬遷自齊王建的十六年起便總敍滅六國之事：「十六年，秦滅周，君王后卒，二十三年，秦置東郡。二十八年，王入朝秦，秦王政置酒咸陽。三十五年，秦滅韓。三十七年，秦滅趙。三十八年，燕使荆軻刺秦王，秦王覺，殺軻。明年，秦破燕，燕王亡走遼東。明年，秦滅魏；秦兵次於歷下。四十二年，秦滅楚。明年，虜代王嘉，滅燕王喜。四十四年，秦兵擊齊，齊王聽相后勝計，不戰，以兵降秦。秦虜王建，遷之共，遂滅齊為郡。天下一併於秦。」

孔子世家放在田敬仲完世家之後是有道理的，因為孔子到底與一般有國有土的諸侯不同，但是又不能劃在秦漢時代的世家之內，所以只好處於六國之後，而且「孔子，其先宋人也」，這是宋的貴族，所以也便屬於先秦這一個世家集團了。

敍孔子之後，是陳涉世家，代表一個新時代的過渡。以下十二個世家統統是屬於漢代了。所以司馬遷這三十世家也是頗有系統和次第的。

在七十列傳之中，大概也可以劃分幾個集團：上古至春秋是一個集團，包括伯夷列傳、管晏列傳、老莊申韓列傳、司馬穰苴列傳、孫子吳起列傳、伍子胥列傳、仲尼弟子列傳，即列傳的前七篇。其中以司馬穰苴和孫子、吳起同為兵家，故前後相次。

從商鞅列傳至屈原賈生列傳，共十七篇，是第二個集團，都是六國時人。其中頭二篇商鞅列傳和蘇秦列傳彷彿六國爭雄的前奏，所以冠首。而蘇秦傳中稱：「方誅商鞅，疾辯士，弗用，乃東之趙。」可見蘇秦傳在商鞅傳後是有道理的。張儀為蘇秦所激而說秦，故張儀傳又次之。張儀尚詐謀，下即接以「秦人稱其智」的樗里子列傳。因敍及秦，故穰侯列傳、白起王翦列傳又以類相從。這時與潮流不合的迂闊之士是孟子、荀卿，故又以孟子荀卿列傳次之。各國並起抗秦，於是有四國公子，遂以孟嘗君列傳、平原君列傳、信陵君列傳、春申君列傳再次之。但終於抗不住秦，故以秦相范睢蔡澤列傳接敍。以下敍各國掙扎奮鬬的名將賢人，先是樂毅列傳，因蔡澤是燕人，所以先敍燕事。廉頗、藺相如屬於趙，田單和魯仲連屬於齊，屈原屬於楚，又分別敍之。鄒陽也是齊人，也善尺牘，所以附在魯仲連列傳中，賈生也是詩賦家，所以附在屈原列傳中。

以下呂不韋列傳、刺客列傳、李斯列傳、蒙恬列傳四篇，屬於秦始皇時代的集團。刺客列傳重在荆軻，不過既敍其事，便也把荆軻以前的同類事也敍起來。

張耳陳餘列傳、魏豹彭越列傳、黥布列傳，三篇又是一個集團，這是陳涉、項羽之際的人物的傳記。

自淮陰侯列傳到季布欒布列傳，共九篇，所敍卻屬漢高祖時人。

自袁盎鼂錯列傳到吳王濞列傳，共六篇，所敍卻屬文景二帝時代人，其中扁鵲倉公列傳本重在倉公，而扁鵲也是因同爲名醫而先敍及之。

此下自魏其武安列傳到太史公自序共二十四篇，所敍大體上屬於武帝時的人物。這其中只有循吏列傳、滑稽列傳、貨殖列傳似乎所敍都不是武帝時代的人物，但滑稽列傳和貨殖列傳本不能放在列傳的前頭，而循吏列傳是爲與酷吏列傳相對，所以只好放在酷吏列傳之前。中間因爲汲鄭二人也勉強可以稱爲漢武帝時的循吏，而儒林諸公也受酷吏的摧殘與利用，故併插入二者之間。至於李廣爲名將，自然當在衛青霍去病傳之前，顧炎武說：「因爲匈奴犯塞而有衛霍之功，故序匈奴於衛將軍驃騎傳之前。」因而中間又插入匈奴列傳。南越、東越、朝鮮、西南夷四傳都是以類相從。公孫弘、主父偃都有諫邊郡之事，所以也次於四夷傳之前，而在霍衛傳之後。因西南夷而及於奉使巴蜀的司馬相如，所以司馬相如列傳又在西南夷列傳之後。只有大宛列傳何以在酷吏列傳與游俠列傳之間，而不在四夷傳前後，我們卻想不出什麼理由。

然而大體上說，七十列傳是有計畫排列的。至於十個年表是以時代相次，卻又參照先貴族後功臣的原理，所以漢興以來將相名臣作了殿尾。八書的次第大概是依照了六藝，所以禮樂二書居首；律書是兵書，相當於射；曆書和天官書，相當於數。封禪接近於天官，故又次之。

「不封禪兮安知外」，因封禪而知水災，故河渠書再次之。平準書在最後，像貨殖列傳在列傳的末尾一樣，是用經濟來解釋社會和政治的。

這樣一看，可以見出司馬遷對於史記一書的整個設計，而造成了全書之整個建築的美。

現在再就司馬遷對於單篇的結構看，他也是有意的要造成部分的建築美的：

第一、他所寫的合傳，都是有理由纔合併寫的。就史學的意義說，他是要在演化之中而尋出體系；就美學的意義說，他是利用對照或對稱的原理，而組成一種藝術品。這都是我們已經講過的。

不過也有不十分明顯的，我們在這裏再補充說明一下。平原君虞卿合傳，單就本傳看是看不出理由的，就范睢傳看就曉得了，原來他兩人對於魏齊都很有些古道熱腸：虞卿肯爲朋友棄了相印，平原君肯爲朋友而爲秦昭王所困，這氣味實在有些相投。並且由范睢傳看，纔曉得司馬遷在平原君傳贊中所下的「翩翩濁世之佳公子也」的評語之故。韓王信和盧綰合傳是因爲二人同是處於一種情勢而反漢，這就是贊中所謂「日疏自危，事窮智困」。樊、酈、滕、灌四人之合傳，是因爲都有武功，又都沒有叛。張丞相列傳中附及周昌、任敖、申屠嘉，是因爲四人都是高祖時人，都老壽，又都各有所長。萬石張叔列傳中附及衛綰、直不疑、周文，是因爲這一羣都是恭謹之流。不過司馬遷敍他們很有分寸，贊中說：「仲尼有言：君子欲訥於言而敏於行，其萬石、建陵、張叔之謂邪？是以其教不肅而成，不嚴而治；塞侯微巧，而周文處諂，君子譏之，爲其近於佞也，——然斯可謂篤行君子矣。」是在他們共同點之中而又分出差等的，這贊語眞是銖兩悉稱了。平津侯、主父偃之所以合傳，除了有著對照外，又因爲主父偃是公孫弘殺之。在合傳中寫得最有統一性的，是廉頗藺相如列傳和魏其武安列傳，那故事眞是有機的穿插在一起了，業已超出了形式律則的應用。

第二、史記在每一篇文字中，確乎有首尾的呼應。例如封禪書中，開頭即謂：「自古帝王曷嘗不封禪，蓋有無其應而用事者矣，未有睹符瑞見而不臻乎泰山者也。雖受命而功不至；至矣，而德不洽；洽矣，而日有不暇給，是以即事用希。」後來說秦始皇上泰山，爲暴風所擊，不得封禪，便道：「此豈所謂無其德而用事者邪？」再後來在講過許多神怪之後，說到漢武帝要封禪了，便道：「上與公卿諸生議封禪，封禪用希曠絕，莫知其儀禮。」這就是回應上邊的「即事用希」。司馬遷慣於以秦罵漢，上面一個回應，即旨在說漢武帝之無其應而用事；後一個回應，卻是重在功不至，德不洽。封禪書是叫人看得相當散漫的文字，但在這建築物之中，仍然像設下鋼骨水泥，架子很堅牢。在越世家中，後半敍范蠡成爲大富翁，雖然有堅忍的線索在貫穿著，但仍然似乎有些牽合，於是司馬遷早已有了主意，在開始勸越王暫時屈膝時，范蠡已經這樣說：「持滿者與天，定傾者與人，節事者以地。卑辭厚禮以遺之，不許而身與之市。」這裏已經提到市了，范蠡會大做買賣也就不突兀了。又如在貨殖列傳中，表面看也是散漫的文字，但是開頭所謂「君子富好行其德」，就是由下面范蠡去回應，「十九年之中，三致千金，再分散與貧交疏昆弟，此所謂富好行其德者也」；開頭所謂「人富而仁義附焉」，就是下文所謂「夫使孔子名布揚於天下者，子貢先後之也，此所謂得勢而益彰者乎」；開頭所謂「天下熙熙，皆爲利來」，就是下文所舉壯士在軍，閭巷少年，趙女鄭姬，游閑公子，弋射漁獵，博戲馳逐，醫方技術，吏士弄法，一切在求富益貨的總說明。下半則全然講素封，先說：「今有無秩祿之奉，爵邑之入，而樂與之比者，命曰素封」；中謂：「蜀卓氏之先，……富至僮千人，田池射獵之樂擬於人君」；結謂：「千金之家，比一都之君，巨萬者，乃與王者同樂，豈所謂素封者邪！非也？」所以這篇文章依然有著首尾皆具的形式。再如酷吏列傳中，先提出「法令者治之具，而非制治淸濁之源也；昔天下之網嘗密矣，然姦僞萌起」的結論，其後敍到義縱時說：「取爲小治，姦益不勝」；敍到王溫舒等時說：「自溫舒等以惡爲治，而郡守都尉諸侯二千石欲爲治者，其治大抵盡放溫舒，而吏民益輕犯法，盜賊滋起。……其後小吏畏誅，雖有盜，不敢發，恐不能得，坐課累府，府亦使其不言，故盜賊寖多，上下相爲匿，以文辭避法焉。」都是順著同一個筋骨的。至於李將軍列傳中，在篇首敍他的先人李信，篇末敍他的子孫李敢、李陵，也叫人覺得有一種形式。這種在每一篇中的結構形式，頗像一個紀念殿堂，在那前後都各有一個小牌坊似的。

更可注意的，這又不獨一篇爲然，就一般小文，記某一個人的一段詞令，也往往採取此法，書中例子隨處皆是。

項羽本紀中樊噲對項羽道：「臣死且不避，卮酒安足辭？夫秦王有虎狼之心，殺人如不能舉，刑人如恐不勝，天下皆叛之。懷王與諸將約曰：『先破秦入咸陽者王之。』今沛公先破秦，入咸陽，毫毛不敢有所近，封閉宮室，還軍霸上，以待大王來。故遣將守關者，備他盜出入與非常也。勞苦功高而如此，未有封侯之賞，而聽細說，欲誅有功之人，此亡秦之續耳，竊爲大王不取也。」在這裏，「秦王有虎狼之心」和「亡秦之續」是呼應著的。又項羽對他的騎兵說：「吾起兵至今，八歲矣，身七十餘戰，所當者破，所擊者服，未嘗敗北，遂霸有天下。然今卒困於此，此天之亡我，非戰之罪也！今日固決死，願爲諸君決戰，必三勝之，爲諸君潰圍，斬將，刈旗，令諸君知天亡我，非戰之罪也。」天之亡我，非戰之罪，其中兩言之，便也構成一種首尾呼應的形式。

越世家中范蠡獨笑曰：「吾固知必殺其弟也。彼非不愛其弟，顧有所不能忍者也。是少與我俱，見苦爲生難，故重棄財；至如少弟者，生而見我富，乘堅驅良，逐狡兎，豈知財所從來，故輕去之，非所惜吝。前日吾所爲欲遣少子，固爲其能棄財故也。而長者不能，卒以殺其弟，事之理也，無足悲者，吾日夜固已望其喪之來也。」「必殺其弟」和「卒以殺其弟」也呼應著。

平原君列傳中毛遂對楚王說：「王之所以叱遂者，以楚國之衆也。今十步之內，王不得恃楚國之衆也。王之命懸於遂手，吾君在前，叱者何也？且遂聞湯以七十里之地王天下，文王以百里之壤而臣諸侯，豈其士卒衆多哉？誠能據其勢而奮其威。今楚地方五千里，持戟百萬，此伯王之資也。以楚之彊，天下弗能當；白起小豎子耳，率數萬之衆，興師以與楚戰，一戰而舉鄢郢，再戰而燒夷陵，三戰而辱王之先人，此百世之怨，而趙之所羞，而王弗知惡焉。合從者爲楚，非爲趙也！吾君在前，叱者何也？」以及後來平原君對毛遂說：「勝不敢復相士。勝相士多者千人，寡者百數，自以爲不失天下之士，今乃於毛先生而失之也。毛先生一至楚，而使趙重於九鼎、大呂，毛先生以三寸之舌，彊於百萬之師，勝不敢復相士。」在前者，「吾君在前，叱者何也？」在後者，「勝不敢復相士。」都是首尾各自重複一次，以爲呼應的。

信陵君列傳中，「侯生笑曰：『臣固知公子之還也。』曰：『公子喜士，名聞天下，今有難，無他端，而欲赴秦軍，譬若以肉投餒虎，何功之有哉？尙安事客？然公子遇臣厚，公子往而臣不送，以是知公子恨之復返也。』」

馮唐列傳中，馮唐說文帝雖得廉頗、李牧弗能用也，文帝大怒，以爲馮唐不該當衆侮辱，後來又問他：「公何以知我不能用廉頗、李牧也？」馮唐對了一大篇，從上古之遣將推轂起，說到李牧之如何可以放手去作，說到趙王遷之因讒誅李牧，遂致爲秦所滅，說到現在就有一個魏尙，即有名將之風，而削爵被罰，他直然說文帝「法太明，賞太輕，罰太重」，於是說：「由此言之，陛下雖得廉頗、李牧弗能用也！」這小段文字則宛如坐飛機俯瞰風景一樣，迴翔一過，經歷了千巖萬壑，卻又看到原來的山麓了。

韓長孺列傳中，韓安國爲梁使，見大長公主而泣曰：「何梁王爲人子之孝，爲人臣之忠，而太后曾弗省也？夫前日吳、楚、齊、趙七國反時，自關以東，皆合從西鄉；惟梁最親，爲艱難，梁王念太后帝在中，而諸侯擾亂，一言泣數行下，跪送臣等六人，將兵擊卻吳楚，吳楚以故兵不敢西，而卒破亡，梁王之力也。今太后以小節苛禮，責望梁王，梁王父兄皆帝王，所見者大，故出稱蹕，入言警，車旗皆帝所賜也。即欲以侘鄙縣，驅馳國中，以夸諸侯，令天下盡知太后帝愛之也。今梁使來，輒案責之，梁王恐，日夜涕泣思慕，不知所爲，何梁王之爲子孝，爲臣忠，而太后弗恤也？」

這尤其是書中常見的形式了。

第三、司馬遷爲增加一篇文字的結構之美，常常使用一種重複的事項，讓他的出現就像一種旋律，又像建築長廊中的列柱似的，也的確構成一種美。例如在項羽本紀中，作爲那樣旋律的就是八千人和糧食：「遂舉吳中兵，使人收下縣，得精兵八千人。……江東已定，急引兵西擊秦，項梁乃以八千人渡江而西。……漢王則引兵渡河，復取成皋，軍廣武，就敖倉食。……絕楚糧食，項王患之。……是時漢兵盛，食多，項王兵罷食盡。……張良、陳平說曰：『漢有天下大半，而諸侯皆附之，楚兵罷食盡，此天亡楚之時也，不如因其飢而遂取之。』……項王軍壁垓下，兵少食盡，漢軍及諸侯兵圍之數重，夜聞漢軍四面皆楚歌。……項王笑曰：『天之亡我，我何渡爲？且籍與江東子弟八千人渡江而西，今無一人還，縱江東父兄憐而王我，我何面目見之？縱彼不言，籍獨不愧於心乎？』」八千人代表項羽起事時的豪氣，最後無一人還，眞有些不堪回首，糧食一節則是他的致命傷，篇中都頻頻提及，這都增高了全文的悲劇情調。

在蕭相國世家中，蕭何爲避漢高祖的猜忌，讓封並以家私財佐軍，「高祖乃大喜」；又多買田地，賤貰貸以自汙，「上乃大說」；果然怨聲載道了，「上大笑曰：夫相國乃利民。」這大喜、大說、大笑也都是韻律。

留侯世家中，張良遇圯上老人一段，先叫他拾鞋，他「愕然，欲毆之」；以後老人又伸腳叫他給穿上，他「殊大驚，隨目之」；老人與他相約會，他「因怪之」；到了老人與他相會時，第一次怒曰：「與老人期，後何也？」第二次復怒曰：「後何也？」最後一次，張良不到夜半就去先等了，老人喜曰：「當如是！」這也很有一種韻律。這情景宛如信陵君之待侯生，那裏一方面是上昇律的應用，一方面也是這種韻律的表現。

在平原君列傳，寫毛遂使楚事，是用十九人爲韻律：「得十九人，餘無可取者，無以滿二十人。……平原君竟與毛遂偕，十九人相與目笑之而未發也。毛遂比至楚，與十九人論議，十九人皆服。平原君與楚合從，言其利害，日出而言之，日中不決，十九人謂毛遂曰：『先生上。』……遂定從於殿上。毛遂左手持盤血，而右手招十九人曰：『公相與歃此血於堂下。公等錄錄，所謂因人成事者也。』」這十九人不過抵毛遂一人，這一方面是對照律的應用，卻也是表現散文的韻律。

在刺客列傳中，寫燕太子丹約荊軻刺秦王，說了一大篇以後，久之，荊軻曰：「此國之大事也，臣駑下，恐不足任使。」後來答應了，燕太子丹給他車騎、美女，以順適其意，但「久之，荊軻未有行意。」這兩個「久之」也是韻律。同樣的是張釋之列傳中，也屢用「久之」，以爲節奏：「於是釋之言秦、漢之間事，秦所以失，而漢所以興者。久之，文帝稱善。……乃詔釋之拜嗇夫爲上林令。釋之久之前曰：『陛下以絳侯周勃何如人也？』……頃之，太子與梁王共車入朝，不下司馬門，於是釋之追止太子、梁王，無得入殿門，遂劾不下公門，不敬，奏之。……頃之，至中郎將，從行之霸陵。……頃之，上行出中渭橋，有一人從橋下走出，乘輿馬驚，於是使騎捕，屬之廷尉，釋之治問。……良久，上曰：『廷尉當是也。』……久之，文帝與太后言之，乃許廷尉。……張廷尉事景帝歲餘，爲淮南王相，猶尚以前過也。久之，釋之卒。」一頭幾個「久之」是見雖以文帝之賢，而張釋之執法的態度之難入；最後一個「久之」是寫景帝仍然忌恨張釋之從前劾他不敬的事，而使張釋之鬱鬱而終。其中又用「頃之」以爲對照，「頃之」者見不合法的事情之層見疊出，這韻律是太有意義了！

再如盧綰列傳中則以「至其親幸，莫如盧綰」，「迺立盧綰爲燕王，諸侯王得幸，莫如燕王」爲韻律；夏侯嬰傳中則以「太僕」爲韻律；灌嬰傳中則以「疾戰」爲韻律；李將軍列傳中則以「善射」爲韻律；大宛列傳中則以「馬」爲韻律；而酷吏列傳中以「上以爲能」爲韻律，那是別有擊鼓而罵之妙了。

第四、司馬遷在一篇的末尾，善於留有一些餘韻，令人讀他的作品將畢時還要掩卷而思，或者有些詠歎似的。我們只檢最佳的例子說一說吧：如項羽本紀最後寫項羽死後，各地皆降，獨魯不下，直到持項王頭示魯，魯父兄乃降，「始楚懷王初封項籍爲魯公，及其死，魯最後下，故以魯公禮葬項王穀城，漢王爲發哀，泣之而去。」項羽是一個重感情的人，魯人對他的忠誠，可以稍慰他的寂寞，而始封魯公，終葬魯地，頗有一場大夢的感覺，劉邦和他對敵了這樣久，泣之而去，也頗有到了大限，恩怨俱消，而項羽之可愛的人格永遠在人心懷之意。所以這文字結束得太好了！

高祖本紀的結尾乃在還沛，而說：「游子悲故鄉，吾雖都關中，萬歲後吾魂魄猶樂思沛。」他也感慨傷懷起來。「及孝惠五年，思高祖之悲樂沛，以沛宮爲高祖原廟，高祖所教歌兒百二十人皆令爲吹樂，後有缺，輒補之。」這樣一來，於是一個高祖皇帝就還是一個多情的常人了。司馬遷願意和任何人的內心相接觸著！

封禪書和周亞夫傳都有鏗然而止的結束法。封禪書說：「自此之後，方士言神祠者彌衆，然其效可睹矣。」偏不說沒有效。周亞夫傳說：「條侯果餓死，死後，景帝乃封王信爲蓋侯。」便彷彿這纔稱了景帝的心願似的。平準書之以「烹弘羊，天乃雨」作結，也是這樣結得清越，而叫人覺得有爽快之感的。

信陵君列傳的結尾是：「高祖始微少時，數聞公子賢，及即天子位，每過大梁，常祠公子。高祖十二年，從擊黥布還，爲公子置守冢五家，世世歲以四時奉祠公子。」便也更增加了信陵君之可傾慕處了。

屈原賈生列傳的後面說：「於是懷石，遂自投汨羅以死。屈原既死之後，楚有宋玉、唐勒、景差之徒者，皆好辭而以賦見稱，然皆祖屈原之從容辭令，終莫敢直諫。其後楚日以削，數十年，竟爲秦所滅。自屈原沈汨羅後百有餘年，漢有賈生，爲長沙王太傅，過湘水，投書以弔屈原。」「終莫敢直諫」，這是反襯屈原的人格的；「竟爲秦所滅」，是把楚國之亡繫之於屈原，見他在楚國的分量的；百有餘年，始有賈生過湘水以弔，可以見出這些長時間內的寂寞了。

最有趣味的結尾是春申君列傳，春申君聽了李園的話，以爲與李園女弟生的孩子可以代爲楚王，自己享福，但李園把女弟進獻楚王以後，卻把春申君殺了以滅口。「是歲也，秦始皇帝立九年矣，嫪毒亦爲亂於秦，覺，夷其三族，而呂不韋廢。」司馬遷本記楚事，而忽然寫到秦，這是給仗恃裙帶關係的人一個下場的榜樣的！

感慨最深也最有情趣的結尾是刺客列傳和李將軍列傳。刺客列傳中不唯在荊軻死後又敘到那和荊軻一起飲酒慨歌的高漸離瞎眼後擊秦王的事，卻又敘到從前那怒叱荊軻的魯勾踐，魯勾踐曾這樣講：「嗟呼惜哉！其不講於刺劍之術也。甚矣吾不知人也。曩者吾叱之，彼乃以我爲非人也！」這結得太好了，話既由從前輕視荊軻的人道出，便表明魯勾踐也是和荊軻一流的豪傑，而那惋惜、贊歎卻也就更令人咀嚼無盡了。李將軍列傳的結尾敘到「而敢有女爲太子中人，愛幸；敢男禹，有寵於太子，然好利，李氏陵遲衰微矣。」責李氏子孫，正是愛護李廣，而下面緊接「李陵既壯」，這文章眞有頓挫，其聲琅琅，叫人百讀不厭。最後謂：「單于既得陵，素聞其家聲，及戰又壯，乃以其女妻陵而貴之。漢聞，族陵母妻子。自是以後，李氏名敗，而隴西之士居門下者，皆用爲恥焉。」珍惜李氏之極，也就是贊揚之極，而前文李將軍的許多轗軻蹭蹬，便突又斗然湧上讀者的心頭了！

司馬遷對全書有著設計不足爲奇，奇在他的精神——對藝術的忠誠——灌注到每一篇文章，在每一篇文章裏有著建築上的美：或則用對照和對稱，或則使首尾有著呼應，或則中間加上重複的旋律，或則末尾帶著悠揚清越的終止音符，總之，憑他的藝術本能與創作天才，務使他那作品不朽而後已呢！

四　句調之分析

文學是一種以語言爲表現工具的藝術，所以所謂文學上的天才都是由於他之控馭語言的能力而成的。現在我們就進一步從句調上分析司馬遷的藝術造詣吧。

一　句子的長短

司馬遷是有魄力能夠鎔鑄長句的人，如「初宋義所遇齊使者高陵君顯在楚軍」（項羽本紀）共十五字，「項羽怨懷王不肯令與沛公俱西入關而北救趙」（高祖本紀）共十九字，「而李園女弟初幸春申君有身而入之王所生子者遂立」（春申君列傳）共二十二字，這在中國傳統的文字中是罕見的。這樣的長句很有些像明人所譯的元朝秘史或現代的歐化文了。司馬遷在這一點上是有創造性的。——同時也見出他對語言的組織力、控馭力。

反之，他也有短句。短句多半用在緊張的場合。敍戰功用短句，如曹相國世家，即有短兵相接的光景。敍荆軻刺秦王也是用短句：「秦王發圖，圖窮而匕首見。因左手把秦王之袖，而右手持匕首揕之。未至身，秦王驚，自引而起，袖絕。拔劍，劍長，操其室，時惶急，劍堅，故不可立拔。荆軻逐秦王，秦王環柱而走。羣臣皆愕，卒起不意，盡失其度。……秦王方環柱走，卒惶急不知所爲。左右乃曰：王負劍。負劍，遂拔以擊荆軻，斷其左股。荆軻廢，乃引其匕首以擿秦王。……秦王復擊軻，軻被八創。軻自知事不就，倚柱而笑，箕倨以罵。」這是緊張萬分的局面，司馬遷便也以緊張之句寫之。他的筆墨能夠與情勢相副，這又是一個例證。

他最短的句子是一字句：「項羽之卒可十萬，淮陰先合，不利，卻。」（高祖本紀）「張儀之來也，自以爲故人，求益，反見辱，怒。」（張儀列傳）一字句實在不能再短了！

他爲了求疏朗參差之美，在行文中，往往長短句相間：

南登瑯邪，大樂之。留三月。乃徙黔首三萬戶瑯邪臺下。復十二歲，作瑯邪臺，立石刻，頌秦德，明德意。——秦始皇本紀

漢王使人閒問之，乃項王也，漢王大驚。於是項王乃即漢王相與臨廣武閒而語，漢王數之。項王怒，欲一戰，漢王不聽。項王伏弩射中漢王，漢王傷，走入成皋。——項羽本紀

孔子年三十五，而季平子與郈昭伯以鬭雞故，得罪魯昭公。昭公率師擊平子，平子與孟氏、叔孫氏三家共攻昭公。昭公師敗，奔於齊。……有司進對曰：「君子有過則謝以質，小人有過則謝以文。君若悼之，則謝以實。」於是齊侯乃歸所侵魯之鄆、汶陽、龜陰之田以謝過。……桓子卒受齊女樂，三日不聽政，郊又不致膰俎於大夫，孔子遂行。……居衛月餘，靈公與夫人同車，宦者雍渠參乘出，使孔子為次乘，招搖市過之。孔子曰：「吾未見好德如好色者也。」於是醜之，去衛，過曹。——孔子世家

今日嬴之為公子亦足矣。嬴乃夷門抱關者也，而公子親枉車騎，自迎嬴於衆人廣坐之中，不宜有所過，今公子故過之。然嬴欲就公子之名，故久立公子車騎市中，過客以觀公子。公子愈恭，市人皆以嬴為小人，而以公子為長者能下士也。——信陵君列傳

范睢辭讓。是日觀范睢之見者，羣臣莫不灑然變色易容者。秦王屏左右，宮中虛無人。——范睢蔡澤列傳

秦王之遇燕太子丹不善，而丹怨而亡歸。歸而求為報秦王者，國小，力不能。其後秦日出兵山東，以伐齊楚三晉，稍蠶食諸侯，且至於燕。——刺客列傳

張儀聞，乃曰：「以一儀而當漢中地，臣請往如楚。」如楚，又因厚幣用事者臣靳尚，而設詭辯於懷王之寵姬鄭袖。懷王竟聽鄭袖，復釋去張儀。——屈原賈生列傳

諸將皆喜，人人各自以為得大將，至拜大將，乃信也，一軍皆驚。——淮陰侯列傳

李廣上馬，與十餘騎犇射殺胡白馬將，而復還至其騎中。解鞍，令士皆縱馬臥。是時會暮，胡兵終怪之，不敢擊。夜半時，胡兵亦以為漢有伏軍於旁，欲夜取之，胡皆引兵而去。平旦，李廣乃歸其大軍。大軍不知廣所之，故弗從。——李將軍列傳

由於長短句之相間，而構成了史記之不整齊的美。

二 句子的音節

我們說過，司馬遷的散文，乃是標準的散文，乃是古文家所奉爲正統的散文。它何以構成這樣一種面目呢？原來也有一個秘密，那就是在音節上。原來詩的音節是在把單字的音節放在句尾，如：

無邊——落木——蕭蕭——下，不盡——長江——滾滾——來。

而散文的音節（特別是司馬遷及後來的追蹤者）則把單字的音節放在句中：

孔子——為——次乘，招搖——市——過之。——孔子世家

禮樂——缺——有間。——孔子世家

燕軍——夜——大驚。——田單列傳

乃今——得——聞教。——刺客列傳

相得——驩——甚，無厭，恨——相知——晚也。——魏其武安列傳

秦王——屏——左右，宮中——虛——無人。——范睢蔡澤列傳

君——卒然——捐——館舍。——范睢蔡澤列傳

理由呢，大概是因爲詩要吟哦，最後一字音節可以拖長，而散文卻需要停頓，於是非二字音節停不住，而中間的一字音節則可以拉長一個拍子，——以字音論，是單音；以拍子論，則是兩個拍子；於是和二字二拍的音節配合起來，便有整齊而變化之美了。

三　如何應付駢偶

司馬遷的散文是與駢偶對待的，因此他避免駢偶；但對稱是一種美感，尤其是中國人的一種美感，這對司馬遷也不能不是一種誘惑，於是他遂採取了一種寓駢於散的方法，淸代的批評家也有呼之爲意偶而筆不偶，或筆單而氣雙的。唯獨在有一個場合，司馬遷卻是用偶句，那就是作爲一段的收束的時候。

我們先看這些句子：

試為我著秦所以失天下，吾所以得之者何，及古成敗之國。——酈生陸賈列傳

廣行無部伍行陣，就善水草屯舍止，人人自便，不擊刁斗以自衛，莫府省約文書籍事，然亦遠斥候，未嘗遇害。程不識正部曲行伍營陣，擊刁斗，士吏治軍籍至明，軍不得休息，然亦未嘗遇害。——李將軍列傳

今先生處勝之門下，三年於此矣，左右未有所稱誦，勝未有所聞。——平原君虞卿列傳。

這些都是可以用偶句的，但司馬遷偏偏避開了。對稱的美仍然在裏邊，可是在形式上卻出之以參差不齊。

我們再看：

貴上極，則反賤；賤下極，則反貴；貴出如糞土，賤取如珠玉，財幣欲其行如流水。——貨殖列傳

其在閭巷少年，攻剽椎埋，劫人作姦，掘冢并兼，借交報仇，篡逐幽隱，不避法禁，走死地如鶩，其實皆為財用耳。——貨殖列傳

這些句子都是業已構成對偶的，但前者忽然加上「財幣欲其行如流水」，後者忽然把四字句改爲「走死地如鶩」，這是故意破壞那太整齊的呆板，以構成一種不整齊的美的。

至於同時連敍數事，故意變動句法，務期造成一種嚴格的散文，則有如下例：

初作難，發於陳涉；虐戾滅秦，自項氏；撥亂誅暴，平定海內，卒踐帝祚，成於漢家。——秦楚之際月表

故禹興於西羌；湯起於亳；周之王也，以豐鎬伐殷；秦之帝，用雍州興；漢之興，自蜀漢。——六國年表

在這裏，他都絕不用排句或偶句，便是爲了維持他那浪漫性的風格。——不整齊的美！

現在卻要看他那使用偶句的場合了，那就是以雙行作頓：

從建元以來用少，縣官往往即多銅山而鑄錢，民亦閒盜鑄錢，不可勝數，錢益多而輕，物益少而貴。——平準書

平既娶張氏女，齎用益饒，游道日廣。——陳丞相世家

楚漢久相持未決，丁壯苦軍旅，老弱罷轉漕。——項羽本紀

有時，雖不用偶句，但也是用雙筆作收：

相如既歸，趙王以為賢大夫，使不辱於諸侯，拜相如為上大夫，秦亦不以城予趙，趙亦終不予秦璧。——廉頗藺相如列傳

當是時，諸侯皆多季布能摧剛為柔，朱家亦以此名聞當世。……當是時，季心以勇，布以諾，著聞關中。——季布欒布列傳

大概這一種收頓的方法，叫人覺得有一種穩重均衡的美。司馬遷可說是不唯曉得太排比整齊的壞處，而且善爲利用了。所以他之不用偶句，不是不及，而是超越了它。

四　在整個文章結構上的作用

以偶句作停頓，這是司馬遷的句法在整個文章結構上的作用之一，其實還不止此。因爲文章的結構之故，司馬遷的句法卻有著變動。我們姑且用提筆、接筆、結筆三種來看吧：

又造銀錫為白金，以為天用莫如龍，地用莫如馬，人用莫如龜。故白金三品，其一曰重八兩，圜之，其文龍，名曰白選，直三千；二曰重差小，方之，其文馬，直五百；三曰復小，橢

之，其文龜，直三百。——平準書

這「以爲天用莫如龍」三句就是提筆。這是用整句作提的，很圓而勁。至如：

秦封范睢以應，號為應侯。當是時，秦昭王四十一年也。范睢既相秦，秦號曰張祿，而魏不知，以為范睢已死久矣。魏聞秦且東伐韓魏，魏使須賈於秦，范睢聞之，為微行，敝衣閒步之邸，見須賈。——范睢蔡澤列傳

這「范睢既相秦」三句也是提筆，這種提筆很有情趣，能敍明事情的原委，在結構上也有過一番經營。在提筆中最常見的，則是用「當是時」三字起：

當是時，楚兵冠諸侯，諸侯軍救鉅鹿下者十餘壁，莫敢縱兵。及楚擊秦，諸侯皆從壁上觀，楚戰士無不以一當十。楚兵呼聲動天，諸侯軍無不人人惴恐。——項羽本紀

當是時，諸侯以公子賢多客，不敢加兵謀魏十餘年。——信陵君列傳

不過「當是時」的作用，有時不止是提筆，而且把上文兜住，所以在清代的批評家則稱之爲「提頓」，而因爲對前文有綰束之力，也叫「鎭壓」。

接筆是敍在文中，讓上下文有連繫，司馬遷在這種場合往往用緩筆：

上拜以為治粟都尉，上未之奇也；信數與蕭何語，蕭何奇之。——淮陰侯列傳

（蘇秦）謝去之。張儀之來也，自以為故人，求益，反見辱，怒，念諸侯莫可事，獨秦能苦趙，乃遂入秦。——張儀列傳

桓公曰：「寡人北伐山戎，過孤竹；西伐大夏，涉流沙，束馬懸車，上卑耳之山；南伐至召陵，登熊耳山，以望江漢。兵車之會三，而乘車之會六。九合諸侯，一匡天下，諸侯莫違我。昔三代受命，亦何以異乎？」於是管仲睹桓公不可窮以辭，因設之以事。——封禪書

在這裏，「上未之奇也」，「張儀之來也」，「於是管仲睹桓公不可窮以辭」，都是接筆，也都是用緩筆。司馬遷慣好在一篇的中間而寫一個的面貌性情，那也是兼有以緩筆作接筆之用的。

至於結筆，大抵司馬遷在敍許多事件之後，總有一筆結束。如敍軍功：

參功，凡下二國，縣一百二十二，得王二人，相三人，將軍六人，大莫敖郡守司馬侯御使各一人。——曹相國世家

如敍世系：

釐王命曲沃武公為晉君，列為諸侯，於是盡併晉地而有之。曲沃武公已即位三十七年矣，更號曰晉武公。晉武公始都晉國。前即位曲沃，通年三十八年。武公稱者，先晉穆侯曾孫也，曲沃桓叔孫也。桓叔者，始封曲沃；武公，莊伯子也。自桓叔初封曲沃，以至武公滅晉也，凡六十七歲，而卒代晉為諸侯。武公代晉二歲，卒，與曲沃通年，即位凡三十九年而卒。——晉世家

都是。這些結筆，假若單抽出來看，或不見精彩，可是放在全文中，便也有一種美。這晉世家中的一筆總帳，尤其詳細而勁拔。又如匈奴列傳中：

自淳維以至頭曼，千有餘歲，時大時小，別散分離，尚矣，其世傳不可得而次云。然至冒頓而匈奴最彊大，盡服從北夷，而南與中國為敵國，其世傳國官號，乃可得而記云。

這也是好結筆，卻也是非從全文一氣讀至此處，不容易欣賞他那總括的氣魄的。

一篇文章之惹人注意，最重要的就是首與尾。因為首是予人印象之始，如果不佳，就令人不願意讀下去了；尾是予人印象之終，如果不佳，就讓人對以前所已獲得的好印象也破壞了。司馬遷在這方面可說全顧到了。他用種種方法以求達到這個目的，上面說的不過一端而已。至於接筆，那是

爲要在文中免除人的疲勞，所以往往出之以鬆緩。

各種人的不同性情，各種事情的不同場合，司馬遷都能把他們在對話中寫出。我們試看：

五　善於寫對話

呂后恐，不知所為；人或謂呂后曰：「留侯善畫計策，上信用之。」呂后乃使建成侯呂澤劫留侯曰：「君常為上謀臣，今上欲易太子，君安得高枕而臥乎？」留侯曰：「始上數在困急之中，幸用臣策；今天下安定，以愛欲易太子，骨肉之間，雖臣等百餘人何益？」呂澤彊要曰：「為我畫計。」留侯曰：「此難以口舌爭也。顧上有不能致者，天下有四人。四人者年老矣，皆以為上慢侮人，故逃匿山中，義不為漢臣。然上高此四人，今公誠能無愛金玉璧帛，令太子為書，卑辭安車，因使辯士固請，宜來。來以為客，時時從入朝，令上見之，則必異而問之。問之，上知此四人賢，則一助也。」——留侯世家

這是寫從容畫策的神情的。再看：

共執張儀，掠笞數百。不服，釋之。其妻曰：「嘻！子毋讀書游說，安得此辱乎？」張儀

謂其妻曰：「視吾舌尚在否？」其妻笑曰：「舌在也！」儀曰：「足矣。」——張儀列傳

這是寫家庭間夫妻的對話的，確不能與朋友間的對話相混。而：

平原君使者冠蓋相屬於魏，讓魏公子曰：「勝所以自附為婚姻者，以公子之高義，為能急人之困。今邯鄲旦暮降秦，而魏救不至，安在公子能急人之困也。且公子縱輕勝，棄之降秦，獨不憐公子姊耶？」——信陵君列傳

這就又是親戚間的對話，而不能施之家庭間其他分子。再看：

趙相貫高、趙午等，年六十餘，故張耳客也，生平為氣，乃怒曰：「吾王，孱王也！」說王曰：「夫天下豪傑並起，能者先立，今王事高祖甚恭，而高祖無禮，請為王殺之。」張敖齧其指出血，曰：「君何言之誤！且先人亡國，賴高祖得復國，德流子孫，秋毫皆高祖力也，願君無復出口！」貫高、趙午等十餘人皆相謂曰：「乃吾等非也，吾王長者，不倍德。且吾等義不辱，今怨高祖辱我王，故欲殺之，何乃汚王為乎？令事成，歸王；事敗，獨身坐耳。」——張耳陳餘列傳

一個忠厚，一個激昂，這對話能表現兩種性格。像：

於是尉佗乃蹶然起坐，謝陸生曰：「居蠻夷中久，殊失禮儀。」因問陸生曰：「我孰與蕭何、曹參、韓信賢？」陸生曰：「王似賢。」復曰：「我孰與皇帝賢？」陸生曰：「皇帝起豐沛，討暴秦，誅彊楚，為天下興利除害，繼五帝、三皇之業，統理中國，中國之人以億計，地方萬里，居天下之膏腴，人衆車轝，萬物殷富，政由一家，自天地剖泮，未始有也。今王衆不過數十萬，皆蠻夷崎嶇山海間，譬若漢一郡，王何乃自比於漢？」尉佗大笑曰：「吾不起中國，故王此；使吾居中國，何渠不若漢？」迺大悅陸生。——酈生陸賈列傳

朱家乃乘軺車之洛陽，見汝陰侯滕公，滕公留朱家飲。數日，因謂滕公曰：「季布何大罪，而上求之急也？」滕公曰：「布數為項王窘上，上怨之，故必欲得之。」朱家曰：「君視季布何如人也？」曰：「賢者也。」朱家曰：「臣各為其主用。季布為項籍用，職耳。項氏臣可盡誅耶？今上始得天下，獨以己之私怨求一人，何示天下之不廣也？且以季布之賢，而漢求之急如此，此不北走胡，即南走越耳：夫忌壯士以資敵國，此伍子胥所以鞭荊平王之墓也。君何不從容為上言耶？」汝陰侯滕公心知朱家大俠，意季布匿其所，乃許曰：「諾。」——季布欒布列傳

前一例見尉佗的豪氣，後一例見爲人說項時的語調，這都是非對於社會生活有極深的經驗的，不容易揣摩。還有：

文帝輦過，問唐曰：「父老何自為郎？家安在？」唐具以實對。文帝曰：「吾居代時，吾尚食監高祛數為我言趙將李齊之賢，戰於鉅鹿下，今吾每飯，意未尚不在鉅鹿也。父知之乎？」——張釋之馮唐列傳

太后怒，不食，曰：「今我在也，而人皆藉吾弟；令我百歲後，皆魚肉之矣。且帝寧能為石人耶？此特帝在，即錄錄，設百歲後，是屬寧有可信者乎？」——魏其武安列傳

霸陵尉醉，呵止廣。廣騎曰：「故李將軍。」尉曰：「今將軍尚不得夜行，何乃故也？」——李將軍列傳

這裏一個是寫對老人的談話，一個是老太婆的口吻，一個是寫醉漢，都多末恰切！在他寫的對話裏能夠看出年齡、性別、職業，以及處於一個什末場合。至於他能寫口語，能寫未完的語氣，那更是人所習知的了。

六　有意於造句

大凡一種藝術，如果無意去成功一種藝術品，那種藝術品是決不會成功的。「語不驚人死不休」，這可以說是一切藝術家的態度。司馬遷可說是意識地去創造他的藝術的，我們從他的造句上看出來：

是以騶子重於齊。適梁，梁惠王郊迎，執賓主之禮；適趙，平原君側行襒席；如燕，昭王擁彗先驅，請列弟子之座而受業，築碣石宮，身親往師之。——孟子荀卿列傳

這不過是寫騶子之受到處歡迎而已，你看他寫每一個地方的歡迎便各是一副樣子。這一個例子，或者還可說在字面上；再看：

老父相呂后，曰：「夫人，天下貴人。」令相兩子，見孝惠，曰：「夫人所以貴者，乃此男也。」相魯元，亦皆貴。老父已去，高祖適從旁舍來，呂后具言客有過相我子母皆大貴。高祖問，曰：「未遠。」乃追及問老父，老父曰：「鄉者夫人，嬰兒皆似君，君相貴不可言。」

——高祖本紀

這就不是在詞藻上用力了，完全是白描，而這同一個相面的，相了四人，句子都不同，都有分寸。再看：

是時天子方欲作通天臺，而未有人。溫舒請覆中尉脫卒，得數萬人作。上悅，拜為少府。徙為右內史，治如其故，奸邪少禁。坐法失官，復為右輔，行中尉事，如故操。——酷吏列傳

這「治如其故」，「如故操」，本是一個意思，但他必須變換了筆墨去寫，要說他是無意去製作一個藝術品，那眞是不可能的。

古文家所謂文氣之說，似乎司馬遷已經注意到。我們試比較：

高祖曰：「公知其一，未知其二。夫運籌策帷帳之中，決勝於千里之外，吾不如子房；鎮國家，撫百姓，給餽饟，不絕糧道，吾不如蕭何；連百萬之軍，戰必勝，攻必取，吾不如韓信；此三人者，皆人傑也，吾能用之，此吾所以取天下也。」——高祖本紀

高祖離困者數矣，而留侯常有功力焉，豈可謂非天乎？上曰：「夫運籌策帷帳之中，決勝千里外，吾不如子房。」余以為其人計魁梧奇偉，至見其圖，狀貌如婦人、好女，蓋孔子曰：「以貌取人，失之子羽。」留侯亦云。——留侯世家。

一個是「決勝於千里之外」，一個是「決勝千里外」，這是因爲前者是在三個排比之下，語勢緩；後者則因在贊語中，篇幅小，而要有許多轉折，文勢便急。再比較：

> 懷王子子蘭勸王行，曰：「奈何絕秦之歡心？」於是往會秦昭王。——楚世家
>
> 懷王稚子子蘭勸王行，「奈何絕秦歡？」懷王卒行。——屈原賈生列傳

同一事件，而前者所寫是一個事實而止，後者所寫則有一些抒情的意味，這是因爲後者在子蘭之上加了「稚子」，就更顯得那意見之無足輕重，而懷王竟聽了他，愈見懷王之昏憒，又把「奈何絕秦之歡心」縮削爲「奈何絕秦歡」，於是語意更純粹了，而聲調更沈痛了，而「於是往會秦昭王」則既冗長而僅爲一普通事實，至於「懷王卒行」便見懷王到底糊塗，楚國前途十分可悲，屈原心情非常刺痛了。

司馬遷下一個句子，是像一個老練的士兵一樣，決不虛發一彈。司馬穰苴列傳開頭即說「司馬穰苴者，田完之苗裔也。」起初我們以爲這句話很平常，其實不然，原來這文章就是記錄田齊在齊國樹立政權的鬪爭史的一個片段。這也就是司馬穰苴起初不能不在齊立威的原故，同時也是因爲後來齊威王田和對司馬兵法加以推崇的緣故。

司馬遷是一個苦心的藝術家，凡精神所注，決沒有泛泛之筆。

七　語調之美

司馬遷的語調之美，是說也說不盡的，現在姑舉最容易發覺的幾種：

一是圓渾。像酷吏列傳中所說：「漢興，破觚而爲圜，斲雕而爲樸，網漏於呑舟之魚，而吏治烝烝，不至於姦，黎民艾安。由是觀之，在彼不在此。」這古意盎然，含蓄高絕處，眞宛如三代的鐘鼎彝器，或晉人書法了。

二是韻致。像信陵君列傳中之「魏王怒公子之盜其兵符，矯殺晉鄙，公子亦自知也，已卻秦存趙，使將將其軍歸魏，而公子獨與客留趙」一段，其中「公子亦自知也」，就像春風蕩漾一般，多末有著韻致。汲鄭列傳中之「每朝，候上之間，說未嘗不言天下之長者，其推轂士及官屬丞史，誠有味其言之也，常引以爲賢於己」一段，其中「誠有味其言之也」，也很有贊歎的韻致。而屈賈列傳中之「王怒而疏屈平，屈平嫉王聽之不聰也，讒諂之蔽明也，邪曲之害公也，方正之不容也，故憂愁幽思而作離騷」，這更是有名的例子，簡直是詩了。所謂韻致，就是既從容，又有餘味。在敍事文中而有如許詩意，眞是奇蹟。

三是唱歎。絳侯周勃世家中，文帝在細柳勞軍，「既出軍門，羣臣皆驚，文帝曰：『嗟乎，此眞將軍矣！曩者霸上、棘門軍，若兒戲耳，其將固可襲而虜也；至於亞夫，可得而犯邪？』稱善者久之。」在封禪書中，漢武帝聽了公孫卿講黃帝的故事後，說：「嗟乎！吾誠得如黃帝，吾視去妻子如脫躧耳。」李將軍列傳中「敢男禹，有寵於太子，然好利，李氏陵遲衰微矣。」商君列傳中「吾說君以帝王之道比三代，而君曰久遠吾不能待，且賢君者各及其身，顯名天下，安能邑邑待數十百年以成帝王乎？故吾以彊國之術說君，君大說之耳。然亦難以比德於殷周矣！」這些地方都有一唱三歎之妙。

四是疏蕩淡遠。這可以看西南夷列傳、大宛列傳、封禪書，其中這樣的句子最多，不備列。

五是沈酣。刺客列傳中寫荊軻與高漸離歌泣於市中一段，最可代表。

六是暢足。司馬遷無論寫苦與樂，一定寫得十分暢快，神理氣味十分盡致而後已。我們且看這些例子：

盧綰者，豐人也。與高祖同里。盧綰親與高祖太上皇相愛，及生男，高祖、盧綰同日生，里中持羊酒賀兩家。及高祖、盧綰壯，俱學書，又相愛也。里中嘉兩家親相愛，生子同日，壯又相愛，復賀兩家羊酒。——韓王信盧綰列傳

國家無事，非遇水旱之災，則人給家足，都鄙廩庾皆滿，而府庫餘貨財，京師之錢累巨萬，貫朽而不可校，太倉之粟陳陳相因，充溢露積於外，至腐敗不可食。——平準書

於是竇后持之而泣，泣涕交橫下，侍御左右皆伏地泣，助皇后悲哀。——外戚世家

灌夫家居雖富，然失勢，卿相侍中賓客益衰。及魏其侯失勢，亦欲倚灌夫引繩批根生平慕之後棄之者，灌夫亦倚魏其而通列侯宗室為名高，兩人相為引重，其游如父子然，相得驩甚，無厭，恨相知晚也。——魏其武安列傳

士以此多歸孟嘗君，孟嘗君客無所擇，皆善遇之，人人各自以為孟嘗君親己。——孟嘗君列傳

平原君門下聞之，半去平原君歸公子，天下士復往歸公子，公子傾平原君客。——信陵君列傳

這些都是十分帶著躊躇滿志的筆墨，所謂神完氣足，筆酣墨飽，都是指這種文字吧。一種藝術品之所以成功，必須是部分地好，合起來纔能好，像大建築一樣，一磚一瓦的堅牢美觀，正是整個建築的必需條件，縱然不是充分條件。司馬遷恰就是把精神能灌注在這一磚一瓦的！

五　司馬遷之語彙及其運用

現在我們更進一步去分析司馬遷的藝術之最基本的構成成分，那就是語彙。凡是文學上的天才，

語彙都是豐富的，這不惟見之於他們的用字之多，而且又見之於他們的用字之新。有人曾以這種用字的優長推許過莎士比亞，現在我們覺得這同樣可以應用於司馬遷。

自然，我們還不能從確切的統計上看司馬遷的語彙有多少，但無疑是非常大量的。我們看在貨殖列傳中他說到許多人都是爲錢，但他的表現法便有「爲重賞使」，「皆爲財用」，「奔富厚」，「亦爲富貴容」，「爲得味」，「重失負」，「爲重糈」，「沒於賂遺」七八種之多。

語彙之多，決不在識字多寡，而在能運用。能運用，便使許多熟字也都新鮮起來，於是一字有數字之用，無形中語彙也就豐富了。例如：

> 范睢得出，後魏齊悔，復召求之。魏人鄭安平聞之，乃遂操范睢亡。伏匿，更名姓曰張祿
> ——范睢蔡澤列傳

> 於是徙縱為定襄太守。縱至，掩定襄獄中，重罪輕繫二百餘人，及賓客昆弟私入相視亦二百餘人，縱一捕鞫，曰：「為死罪解脫！」是日皆報殺四百餘人。——酷吏列傳

> 梁召籍入，須臾，梁眴籍曰：「可行矣！」於是籍遂拔劍斬守頭。——項羽本紀

> 圍漢王三匝，於是大風從西北而起，折木發屋，揚沙石，窈冥晝晦，逢迎楚軍。楚軍大亂潰散，而漢王乃得與數十騎遁去。——項羽本紀

其中「操」，「掩」，「眴」，「逢迎」，都是普通的字，但因爲用到恰好的地方，都新穎而內涵加多。「操」有奇貨可居之意；「掩」有不分皀白之意；「眴」見當時之勢急，且先有謀；「逢迎」見風沙之猛，又好像故意和項王作對，而漢王因天幸纔能脫身似的。

司馬遷有時用代字，而且用得好，如孟子荀卿列傳中：

> 客有見髡於梁惠王，惠王屏左右，獨坐而再見之，終無言也。惠王怪之，以讓客曰：「子之稱淳于先生，管晏不及；及見寡人，寡人未有得也。豈寡人不足為言耶？何故哉？」客以謂髡，髡曰：「固也。吾前見王，王志在驅逐；後復見王，王志在音聲。吾是以默然。」客具以報王，王大駭曰：「嗟乎！淳于先生誠聖人也。前淳于先生之來，人有獻善馬者，寡人未及視，會先生至；後先生之來，人有獻謳者，未及試，亦會先生來。寡人雖屏人，然私心在彼有之。」

「驅逐」就是「馬」，「音聲」就是「謳」，但先說得混，後說得實，倘若先言馬和謳，後云馳驅與聲音，情味就很不同了。

同時司馬遷用字深穩而經濟，他說呂不韋，「孔子之所謂聞者，其呂子乎？」他用一個「聞」字，已經把呂不韋褒貶得分寸俱有了。他寫朱買臣與張湯之結怨，便說「買臣楚士」，楚士二字便把那後果已經含蓄在其中了。

他常常對一個整個傳記，因爲抓到最確切的幾個字，而用以顯示主題。屈原傳中是「志」，他說：「其志潔」，「推此志也，雖與日月爭光可也」，「悲其志」，他既抓到這個主要的字，便不放鬆了。藺相如傳中是「智勇」，傳中處處寫此二字，贊中便直然揭出「方藺相如引璧睨柱，及叱秦王左右，勢不過誅，然士或怯懦而不敢發；相如一奮其氣，威信敵國，退而讓頗，名重太山；其處智勇，可謂兼之矣」。

因爲司馬遷是這樣的善於控馭文字，所以他有時把文字當作遊戲，像小狗小貓玩一個可愛的小球似的：

> 夫賢士之處世也，譬若錐之處囊中，其末立見。今先生處勝之門下，三年於此矣，左右未有所稱誦，勝未有所聞，是先生無所有也。先生不能，先生留。——平原君虞卿列傳

> 此人親驚吾馬，吾馬賴柔和，令他馬，固不敗傷我乎！——張釋之馮唐列傳

> 公所事者且十主，皆面諛以得親貴。今天下初定，死者未葬，傷者未起，又欲起禮樂。禮樂所由起，積德百年而後可興也。吾不忍為公所為；公所為，不合古，吾不行，公往矣，無汚我！——劉敬叔孫通列傳

文中的「先生」，「馬」，「公」，便都是那撥弄著滾來滾去的皮球呢。

但司馬遷尤其擅長的，卻是他之運用虛字。這須要詳細的欣賞下去：

㈠「矣」：「矣」字最能夠代表司馬遷的諷刺和抒情：

天子識其手書，問其人，果是偽書，於是誅文成將軍，隱之。其後則又作柏梁銅柱、承露仙人掌之屬矣。——封禪書

這是寫武帝之時而覺悟，但又不能自拔處。

大見數月，佩六印，貴震天下，而海上燕齊之間莫不搤捥而自言有禁方，能神僊矣。——封禪書

這是寫那些方士之趨利騙人處。

況乃以中國一統，明天子在上，兼文武，席捲四海，內輯億萬之衆，豈以晏然不為邊境征伐哉？自是後，遂出師北伐彊胡，南誅勁越，將卒以次封矣！——建元以來侯者年表

這是諷刺武帝之好事，將卒之利用征伐。

其治所誅殺甚多，然取為小治，姦益不勝，直指始出矣！吏之治，以斬殺縛束為務，閻奉以惡用矣！——酷吏列傳

這是慨歎酷刑之深刻化的。

敢男禹，有寵於太子，然好利，李氏凌遲衰微矣！——李將軍列傳

這是對李廣寄以無限的同情與惋惜的。「矣」字可說是司馬遷運用得最靈巧的一種武器了。

(二)「也」：用「也」字的時候，讓文字格外多了一番從容，有舒緩悠揚之致：

及高祖、盧綰壯，俱學書，又相愛也。里中嘉兩家親相愛，生子同日，壯又相愛，復賀兩家羊酒。——韓王信盧綰列傳

然好學，游俠，任氣節，內行修絜，好直諫，數犯主之顏色，常慕傅柏、袁盎之為人也。善灌夫、鄭當時及宗正劉棄，亦以數直諫，不得久居位。——汲鄭列傳

(三)「而」：「而」字有時代表一種結果，「當是之時，彭王一顧與楚則漢破，與漢而楚破。」(季布欒布列傳)但大多是轉折：

於是縣官大空，而富商大賈或蹛財役貧，轉轂百數，廢居居邑，封君皆低首仰給，冶鑄煮鹽，財或累萬金，而不佐國家之急。——平準書

秦王使使者告魏王曰：「吾攻趙，旦暮且下，而諸侯敢救者，已拔趙，必移兵先擊之！」——信陵君列傳

以「而」字爲轉折，原很普通，但司馬遷用來卻特別有一種娟峭之美，清脆之聲。他之用「然而」亦然：

淳于髡，齊人也；博聞彊記，學無所主。其陳說慕晏嬰之為人也，然而承意觀色為務。——孟子荀卿列傳

本把淳于髡說得很好，然而一轉，便一文不值了。

(四)「故」：「故」字本也很普通，但司馬遷用來便能發揮它特有的作用：

於是以東郭咸陽、孔僅為大農丞，領鹽鐵事，桑弘羊以計算用事侍中。咸陽，齊之大煮鹽；孔僅，南陽大冶；皆致生累千金，故鄭當時進言之。弘羊，雒陽賈人子，以心計，年十三侍中。故三人言利，事析秋毫矣。——平準書

或聞上無意殺魏其，魏其復食治病，議定不死矣。乃有蜚語為惡言聞上，故以十二月晦，論棄市渭城。——魏其武安列傳

前「三人言利」之「故」字，是慨歎這事情的原委；後「以十二月晦」之「故」字，是指出那結果出於意外，卻隱指武安從中造謠陷害。

㈤「則」：司馬遷用「則」字也很別緻：

項王曰：「壯士！賜之卮酒。」則與斗卮酒。噲拜謝，起，立而飲之。項王曰：「賜之彘肩。」則與一生彘肩。樊噲覆其盾於地，加彘肩上，拔劍，切而啗之。……項王乃大驚曰：「漢皆已得楚乎？是何楚人之多也！」項王則夜起，飲帳中。——項羽本紀

這三個「則」字都有無限的聲色。

㈥「乃」：司馬遷能把「乃」字用得很響：

項王大怒，乃自被甲持戟挑戰。樓煩欲射之，項王瞋目叱之。樓煩目不敢視，手不敢發，遂走還入壁，不敢復出。漢王使人間問之，乃項王也，漢王大驚。——項羽本紀

諸將皆喜，人人各自以為得大將，至拜大將，乃信也，一軍皆驚。——淮陰侯列傳

(七)「亦」：司馬遷在輕易之中，卻也把「亦」字發揮了許多作用。春申君列傳的末尾說：「嫪毒亦爲亂於秦，覺，夷其三族，而呂不韋廢。」陳丞相世家中，陳平說：「高祖時，勃功不如臣平，及誅諸呂，臣功亦不如勃，願以右丞相讓勃。」前一「亦」字映帶裙帶關係之不可恃，後一「亦」字寫出陳平以謙詞居功，確是老官僚的詞令。

(八)「竟」：信陵君列傳中有「公子竟留趙」，「竟病酒而死」，前一「竟」字表現那時的情勢，指魏公子盜兵符，殺晉鄙，於是不敢歸魏；後一「竟」字是哀其被毀，抑鬱以死。李將軍列傳中有「專以射爲戲，竟死」，外戚世家中有「竟不復幸」，「然竟無子」，都有出乎意料之外之意。前者重在惜李廣之才，後者重在寫人之不能操持命運。

(九)「卒」：「卒」和「竟」差不多；用得最有情味的是孔子世家：

公山不狃以費畔季氏，使人召孔子，孔子循道彌久，溫溫無所試，莫能己用。曰：「蓋周文武起豐鎬而王，今費雖小，儻庶幾乎？」欲往。子路不說，止孔子。孔子曰：「夫召我者，豈徒哉？如用我，其為東周乎？」然亦卒不行。

妙在孔子駁斥了子路以後，自己也沒有去。見他一面用世之急，一面卻終於出處之慎，子路不能服孔子之口，但已動孔子之心了。這一個「卒」字代表多少情味！

(十)「欲」：魏其武安列傳中，「武安侯新欲用事爲相，卑下賓客，進名士家居者貴之，欲以傾魏其諸將相。」加一「欲」字，便寫出田蚡之好客是有作用，是矯揉，什麼也不值了。

(十一)「言」：孟子荀卿列傳中，「自如淳于髡以下，皆命曰列大夫，爲開第康莊之衢，高門大屋，尊寵之，覽天下諸侯賓客，言齊能致天下賢士也。」所謂「言」就是齊之好士，只爲虛名而已，一場熱鬧又化爲烏有。

其他像用「當是時」以振起上下文，用「於是」以掘發一事之因果，同時又都有一種節奏上的作用，這都處處見出司馬遷之駕馭語言文字的能力，他能在基礎的工作——句調和語彙——上已經做到止於至善的地步了！

六　司馬遷的風格之特徵及其與古文運動之關係

自來論史記的文章的多極了，我們現在姑舉比較中肯的幾種說法於此：

(一)韓愈說柳宗元的文章雄深雅健似司馬子長，可知他是以「雄深雅健」作爲司馬遷的風格的特色的。

(二)柳宗元說：「參之太史，以著其潔。」則柳宗元係以「潔」許史記的。

(三)蘇轍說：「太史公行天下，周覽四海名山大川，與燕趙間豪傑交遊，故其文疏蕩，頗有奇氣。」

這裏指出的特徵是「疏蕩」「奇氣」。

㈣王楙說：「新唐書如近日許道寧輩畫山水，是眞畫也；史記如郭忠恕畫，天外數峯，略有筆墨，然而使人見而心服者，在筆墨之外也。」這是以「筆墨之外」論之。

㈤茅坤說：「案太史公所爲史記，百三十篇，除世所傳褚先生別補十一篇外，其他帝王世系或多舛訛，法度沿革或多遺佚，忠賢本末或多放失，其所論大道，而折衷於六藝之至，固不能盡如聖人之旨。而要之，指次古今，出風入騷，譬之韓白提兵，而戰河山之間，當其壁壘部曲，旌旗鉦鼓，左提右絜，中權後勁，起伏翺翔，倏忽變化，若一人舞劍於曲旃之上，而無不如意者，西京以來，千年絕調也。即如班掾漢書，嚴密過之，而所爲疏蕩遒逸，令人讀之，杳然神遊於雲幢羽衣之間，所可望而不可挹者，予竊疑班掾猶不能登其堂而洞其竅也，而況其下者乎？」這裏形容最爲詳盡，但最重要的自然是「疏蕩遒逸」四字。

㈥姚祖恩說：「其文洸洋瑋麗，無奇不備。……如遊禁籞，如歷鈞天，如夢前生，如泛重溟。」這是說他的風格之豐富。又說：「龍門善遊，此亦如米海嶽七十二芙蓉，研山几案間，臥遊之逸品也。」這是以「逸品」目史記的。

㈦章學誠說：「史記體本質蒼，而運之以輕靈。」這是以「質蒼」作爲史記的特質的。

㈧曾國藩說：「自漢以來，爲文者莫善於司馬遷。遷之文，其積句也皆奇，而義必相輔，氣不孤伸。」這是仍以「奇」為司馬遷之特色，特又注意到了司馬遷之應付對稱之美的底蘊。

㈨劉熙載論史記最詳細，也最能探本。他說：「學離騷得其情者為太史公。」這是說司馬遷之承繼楚文化處。他又說：「文之有左馬，猶書之有羲獻也。張懷瓘論書云：若逸氣縱橫，則羲謝於獻；若簪裾禮樂，則獻不繼羲。」這也是以「逸氣」許司馬遷。但他卻更說：「子長精思逸韻俱勝孟堅，或問逸韻非孟堅所及固也，精思復何以異？曰：子長能從無尺寸處起尺寸，孟堅遇尺寸難施處則差數覩矣。」他並說：「太史公文，韓得其雄，歐得其逸。雄者善用直捷，故發端便見出奇；逸者善用紆徐，故引緒乃覘入妙。」這都比前人的觀察又進了一步。他更說：「太史公文如張長史於歌舞戰鬬，悉取其意與法，以為草書，其秘要則在於無我，而以萬物為我也。」這就已經發現司馬遷的風格多端，並非文如其人，而為文如其所傳之人、文如其所傳之事了。

以上九人，代表了自唐宋到明清的批評家對於司馬遷的風格的認識。他們的用語雖不同，但大致卻可以得到共同或相似的看法。韓愈所謂「雄健」，就是章學誠所謂「質蒼」；韓愈所謂「雅」，就是章學誠所謂「輕靈」，也就是柳宗元所謂「潔」。蘇轍所謂「疏蕩有奇氣」，就是姚祖恩所謂「逸品」，就是王楙所謂「筆墨之外」，就是劉熙載所謂像王獻之的書法那樣「逸氣縱橫」。其中「逸」的一點，尤為一般人所一致感覺。

究竟「逸」是什麼？用我們現在的話講，可說就是司馬遷在風格上所表現的浪漫性而已。浪漫者在追求無限，所以司馬遷在用字遣詞上也都努力打破有限的拘束，所謂「疏蕩有奇氣」也不過是這意思的另一種說法罷了。像他的精神是在有所衝決，有所追求，有所馳騁一樣，他的風格也是的。這可以說是他的風格之本質底特徵。

不過同時當注意者，就是他這種逸品的風格：一、不柔弱；二、不枯燥；三、不單調；四、不粗疏。不柔弱就是雄健，所以茅坤稱之爲「遒逸」，單是逸是容易不深厚有力的。不枯燥就是有韻致，所以劉熙載稱爲逸韻。不單調者是司馬遷的風格的特質。雖是逸，但不能限於逸，有所限就不足代表浪漫精神了，他卻有時超乎逸，不拘拘於逸，正如他不拘拘於一切。這種風格上的豐富，爲姚祖恩所感覺到，而稱之爲「無奇不備」，也爲劉熙載所感覺到，而稱之爲「無我，而以萬物爲我」。逸即是不拘，便很容易和粗疏相混，然而不然，司馬遷之逸，卻是經過雕琢磨鍊的經營苦心，那就是劉熙載所謂「精思」。以畫喻之，司馬遷的文如寫意畫，但並非率爾的寫意，卻是由工筆而寫意，正如齊白石晚年的畫，雖一兩筆畫一個鳥雀，但從前卻是經過了把蜻蜓的翅紋也畫出來的那樣的苦工的。以書法喻之，司馬遷的文如米芾的字，表面看是不拘常調，其實卻是經過了觀摩善碑名帖，集大成而爲之。總之，他的逸是高一級的發展，雖若與低一級的狀態近似，而實不同了。能從分析上切實窺探這種秘密而最有收穫的，那就是曾國藩，以及爲他所領導的吳汝綸和張裕釗，「義不相輔，氣不孤伸。」不過所發現的其中秘密之一而已。

一切是進步的，對於司馬遷的風格之欣賞也可以看出愈後來愈精，我們眞是叨時代之福了！

現在我們再說到司馬遷和後來古文派的關係。司馬遷是被後來的古文家所認爲宗師的。其中幾乎有著「文統」的意味。因爲，第一次的古文運動領袖是韓愈，他推崇司馬遷。第二次的古文運動領袖是歐陽修，他推崇韓愈。後來的桐城派的先驅歸有光，以司馬遷爲研究目標，後來者則追蹤韓歐，而曾國藩一派又探索於史記。這樣一來，前前後後，司馬遷便成了古文運動的一個中心人物。

但我們現在要看看：究竟古文家所得於司馬遷的是什麼？是否及到司馬遷，或不及司馬遷，而且有著什麼原因。劉熙載所謂「韓得其雄，歐得其逸」，而且一個善於發端，一個須看引緒，這便已經說出古文家大師之所以得於司馬遷的了。大抵韓愈所得的是豪氣，歐陽修所得的是唱歎，而司馬遷兼之。

司馬遷的文章可說是抒情的記事文，在這一點上能追蹤的，我們不能不推歸有光，雖然歸有光所記的事卻未必有什麼價值。

一般的古文家所得於司馬遷的卻是一種調子。這種調子在史記中雖不普遍，但已確乎存在：

> 若伯夷、叔齊，可謂善人者，非耶？積仁絜行如此而餓死。且七十子之徒，仲尼獨薦顏淵為好學，然回也屢空，糟糠不厭，而卒蚤夭。天之報施善人，其何如哉！盜跖日殺不辜，肝人

之肉，暴戾恣睢，聚黨數千人，橫行天下，竟以壽終。是遵何德哉？此其尤大彰明較著者也。若至近世，操行不軌，專犯忌諱，而終身逸樂富厚，累世不絕；或擇地而蹈之，時然後出言，行不由徑，非公正不發憤，而遇禍災者不可勝數也。……伯夷、叔齊雖賢，得夫子而名益彰；顏淵雖篤學，附驥尾而行益顯。巖穴之士，趨舍有時，若此類名堙滅而不稱，悲夫！閭巷之人，欲砥行立名者，非附青雲之士，惡能施於後世哉？——伯夷列傳

其游諸侯，見尊禮如此，豈與仲尼菜色陳蔡，孟軻困於齊梁同乎哉？故武王以仁義伐紂而王，伯夷餓不食周粟，衛靈公問陳而孔子不答，梁惠王謀欲攻趙，孟軻稱太王去邠，此豈有意阿世俗苟合而已哉？持方枘欲內圜鑿，其能入乎？——孟子荀卿列傳

晉楚齊衛聞之，皆曰：非獨政能也，乃其姊亦烈女也，鄉使政誠知其姊無濡忍之志，不重暴骸之難，必絕險千里以列其名，姊弟俱僇於韓市者，亦未必敢以身許嚴仲子也；嚴仲子亦可謂知人能得士矣！——刺客列傳

讀書懷獨行君子之德，義不苟合當世，當世亦笑之。……今游俠，其行雖不軌於正義，然其言必信，其行必果，已諾必誠，不愛其軀，赴士之阸困，既已存亡死生矣，而不矜其能，羞伐其德，蓋亦有足多者焉。且緩急，人之所時有也，……此皆學士所謂有道仁人也，猶然遭此菑，況以中材而涉亂世之末流乎？其遇害何可勝道哉？……今拘學或抱咫尺之義，久孤於世，

豈若卑論儕俗，與世沈浮而取榮名哉？而布衣之徒，設取予然諾，千里誦義，為死不顧世，此亦有所長，非苟而已也。故士窮窘而得委命，此豈非人之所謂賢豪間者邪？……然其私義廉潔退讓，有足稱者。名不虛立，士不虛附。至如朋黨宗彊比周，設財役貧，豪暴侵凌孤弱，恣欲自快，游俠亦醜之。余悲世俗不察其意，而猥以朱家、郭解等，令與暴豪之徒同類而共笑之也。——游俠列傳

是以無財作力，少有鬭智，既饒爭時，此其大經也。今治生不待危身取給，則賢人勉焉。是故本富為上，末富次之，姦富最下，無巖處奇士之行，而長貧賤，好語仁義，亦足羞也。——貨殖列傳

這等文字都大抵是鬱勃蓄勢，最後一瀉而出，而古文家往往專摹此種。實則是司馬遷因爲「意有所鬱結，不得通其道」，故文格如此，別人沒有他的感情那樣濃烈，身世又沒有他那樣可悲可憤，學來學去就是空架子了。

總而言之，司馬遷的風格與他的人格是一事，浪漫精神是那共同的底蘊，古文家充其量所學的，不過是司馬遷之雅潔而已，不過是司馬遷在表面上的一點姿態而已。古文家對於司馬遷的風格之研究，可說愈來愈精，但能夠多少創作那同等（未必一樣）的有生氣的文章的，卻愈來愈希。沒有生活，

沒有性格，寫不出那樣文章，又有什麼奇怪！可是司馬遷的文章卻畢竟可以永遠不朽了！

第九章　文學史上之司馬遷

一　史記是中國的史詩

常有人說中國沒有史詩，這彷彿是中國文學史上一件大憾事似的，但我認爲這件大憾事已經由一個人給彌補起來了，這就是兩千年前的司馬遷。

不錯，他把縉紳先生所不道的事加過了選擇，然而在五帝本紀中終於記載了上古的傳說（像黃帝、堯、舜的故事），在封禪書中也多少繪出了古代的神話，即在其他文字中也保存了一大部分春秋、戰國、秦、漢間的傳奇。保存古代史詩材料的，就是他。

誠然以形式論，他沒有採取荷馬式的敍事詩，但以精神論，他實在發揮了史詩性的文藝之本質。這是就他創作的本身論又是如此的。

試想史詩性的文藝之本質首先是全體性，這就是其中有一種包羅萬有的欲求。照我們看，司馬遷的史記是作到了的。他所寫的社會是全社會，他所寫的人類生活是人類生活的整體，他所寫的世界乃是這個世界的各個角落。

史詩性的文藝之本質之第二點是客觀性，這就是在史詩中作者要處於次要的隱藏的地位，描寫任何人物，無論邪惡或善良，描寫任何事件，無論緊張或激動，而作者總要冷冷的，不動聲色。在這點上，司馬遷也作到了。他可以寫典型的小人趙高，但也可以寫仁厚的公子信陵，他可以寫楚漢的大戰，但也可以寫魏其、武安的結怨；他可以寫許多方士之虛玄弄鬼，但也可以寫灌夫之使酒罵座；他可以寫堅忍狠毒的伍子胥，但也可以寫溫良爾雅的孔子；他可以寫將軍，可以寫政客，可以寫文人，可以寫官僚，又可以寫民間的流氓大俠；這些人物也有爲他所痛恨的，也有爲他所向往的，但他寫時卻都是一樣不苟，他只知道應該忠實於他的藝術而已。有些場面，在讀者或者已經忍不住恐怖或悲傷了，但他冷冷地，必須把故事寫下去。他很巧妙的把他的主觀意見和客觀描寫分開，對於前者，他已經盡量的劃出，寫在本文之外，而歸入贊或者序裏。

史詩性的文藝之本質之第三點是發展性，那就是一個人物的性格發展，或者一件事情的逐漸形成。他又作到了。他寫的李斯，是如何一步步下水，如何爲了官祿地位，而和趙高合作，又如何終於爲趙高所賣，那是寫性格發展之最佳的例證。他寫的魏其、武安之逐漸生怨，而灌夫之使酒罵座之逐漸爆發，這又是寫事態的發展之最好的標本。他善於寫一事之複雜的因素，以及這複雜的因素之如何產生一種後果。

最後一點，我們不能不說，史詩性的文藝之本質在造型性。這更是司馬遷所拿手，他天生有種對事物要加以具體把握的要求。諸侯之沒落，他是說他們或乘牛車；國家的富庶，他是說倉庫裏的米已經腐爛，而穿錢的繩子是已經壞掉了。他寫女人就是女人，驪姬、鄭袖都純然是女子的聲口；他寫英雄就是英雄，項羽是典型的青年男性。他寫的馮唐，絕對是一個老人；他寫的公孫弘，絕對是一個精於宦途的官僚。他寫的李廣，定是一個在性格上有著失敗的悲劇的人物；他寫的周勃，便又一定是一個粗鹵無謀的勇夫。

同時難得的，他之寫成他的史詩並不是專在謹細上用功夫，卻在於他之善於造成一種情調，一種氛圍。他同樣寫戰場，韓信作戰是軍事學識的運用，項羽作戰是憑才氣，而衛將軍、霍去病和匈奴作戰那就是憑運氣了，這三個不同的戰場，司馬遷便都能分別地寫成不同的氛圍。他同樣寫失意，寫項羽之敗是由於太剛必折，寫李廣之敗是一個才氣不能發展的人之抑鬱，寫信陵之敗卻是一個沒受挫折的人之逢到不可抵抗的打擊；而屈原之敗，則彷彿哀怨無窮；孔子之敗，卻又似乎始終屹然而立了。這些濃淡不同的陰影，便都系諸司馬遷所造成的情調。

文學家之造成情調，是要歸功於他之控馭文字的能力的，那就又不能不讓人想到司馬遷之運用語彙的從容，以及遣詞造句之創造的氣魄了。

就抒情方面說，司馬遷也許是一個最主觀的詩人，但就造型藝術說，司馬遷卻能盡量地維持他對於藝術的忠實，於是中國便有了無比的史詩性的紀程碑——史記——了。

二 史記與中國後來的小說戲劇

以司馬遷的史詩之筆，他可以寫小說。事實上他的許多好的傳記也等於好的小說。自來在對司馬遷以古文大師視之之外，也就有一種把史記當作小說的看法。不過這看法並不早，大概始於明，大盛於清，又爲近代人所強調。這種看法原不錯，司馬遷原可以稱爲一個偉大的小說家呢。

假若照我的看法，中國小說史可以分爲五個時代，一是小說之名未確立，大家認爲小說是瑣碎雜說的時代，這時代包括先秦到漢。二是志怪時代，那就是漢魏六朝。三是傳奇時代，從隋唐到宋。四是演義時代，從宋到明清。五是受歐洲小說影響時代，那就是現代。現代沒有完，我們不敢也不能有總括的說明。其他四個時代卻都有一種演化的共同點，那就是大都是由神怪而到人情。例如第二個時代中是以神異記、十州記那樣的書開始，而最高峯卻是世說新語。第三個時代是以白猿傳、古鏡記那樣的神怪開始，而最高峯卻是鶯鶯傳那樣的人情小說。第四個時代亦然，最高峯便是紅樓夢一類寫實的人情小說。而在第一時代中，假如以莊子那樣的神怪寓言作爲開端，而司馬遷的史記便恰又代表一個最高峯，乃是中國小說史上第一期中的寫實的人情小說了。

同時司馬遷也確乎是生在中國小說史上有意義的時代的，因爲那同時便有一個大小說家虞初，說不定他們見過面，虞初的有些材料是得之於他的！

這是就司馬遷的史記本身說是如此，倘若就以後的影響說，不但東周列國誌、西漢演義等頗有自司馬遷的史記中採取了的材料，就是司馬遷寫的司馬相如、卓文君的故事，便也很像給後來的戀愛小說作了先驅，而朱家、郭解的故事也直然是水滸傳一類小說的前身。聊齋志異中的「異史氏曰」，那更是仿效史記中的「太史公曰」了。過去的小說家，在意識上或不意識上，受司馬遷之賜，恐怕是不可計量的。

同時因爲司馬遷的史記富有那末些傳奇的材料之故，也成了後來戲曲家的寶庫，試看元曲選中的：

鄭廷玉楚昭王　　紀君祥趙氏孤兒

高文秀誶范叔　　無名氏賺蒯通

李壽卿伍員吹簫　　無名氏凍蘇秦

尚仲賢氣英布　　無名氏馬陵道

元槧古今雜劇三十種中又有：

鄭光祖周公攝政　　狄君厚晉文公火燒介子推

金仁傑蕭何追韓信

脈望館鈔本元曲中另有：

李文蔚圯橋進履　楊梓豫讓吞炭

鄭光祖伊尹耕莘　丹丘先生卓文君私奔相如

高文秀澠池會（錄鬼簿正音譜作廉頗負荊）

這是現存的一百三十二種元劇中之十六種採取自史記故事的劇本。還有逸套見於雍熙樂府中者二種：

趙明道范蠡歸湖　王仲文漢張良辭朝歸山

而京劇中之：

渭水河　武昭關

八義圖（或稱搜孤救孤）　文昭關

戰樊城　浣紗計

長亭會
澠池會（或稱完璧歸趙）
五雷神（或稱孫龐鬭智）
黃金臺
宇宙鋒
博浪椎
霸王別姬
魚腸劍
未央宮
喜封侯（或稱蒯徹裝瘋）
盜宗卷（或稱興漢圖）
監酒令
文君當鑪

也統統是由史記中的故事而變爲劇本的，正如唐人的傳奇之作爲元明劇作家的材料來源一樣，也正如中世紀的傳說之爲莎士比亞所取資一樣。司馬遷的史記是成了宋明清的劇作家的探寶之地了。

我們說過司馬遷不惟影響了後來的小說，他本人就也是一個小說家；這話同樣可以說他和戲劇的關係。在某種意義上說，他也是一個出色的劇作家，這是就他之善於寫緊張的局面（如楚漢大戰，荊軻刺秦王，灌夫鬧酒等），以及善於寫對話而可見的。

因此，司馬遷不唯在傳統的文藝上有他的地位，就是以現代的文藝類屬去衡量時，也同樣有他在文學史上不可動搖的比重了。

三　司馬遷之文學批評

司馬遷是一個創作家，但是，同時也是一個批評家。——中國的文學批評本來常和歷史家成爲不解緣。司馬遷在這一方面的貢獻，我們可由理論與實踐兩方面去看。

先說他的理論，這又可分爲五項：

一、文藝創作之心理學的根據　人爲什麼要創作？歷來學者的答覆是並不一致的。有的以爲有利於「世道人心」；有的以爲是一種經濟行爲；有的以爲是爲求偶；又有的以爲是替統治階級說話，以擁護其利益；更有的則以爲有如清泉松風，無非是一種天籟而已。

這些答案都可以說明一部分的作品，或作品的一部分，但不能解釋所有作品，或整個作品，因爲他們全然忽略了文藝創作家個人的心理的緣故。創作本是人類心靈至高的活動，在心理方面豈可以無因？所以現代的心理學界，有以壓抑說和補償說來解釋文藝的創作的了，但我們在兩千多年前，卻也早已有了一個同調，這就是司馬遷的「發憤著書說」：

昔西伯拘羑里，演周易；孔子戹陳蔡，作春秋；屈原放逐，著離騷；左丘失明，厥有國語；

孫子臏脚，而論兵法；不韋遷蜀，世傳呂覽；韓非囚秦，說難孤憤；詩三百篇，大抵聖賢發憤之所為作也。此人皆意有所鬱結，不得通其道也，故述往事，思來者。——太史公自序

古者富貴而名磨滅，不可勝記，唯俶儻非常之人稱焉。蓋文王拘而演周易；仲尼厄而作春秋，屈原放逐，乃賦離騷；左丘失明，厥有國語；孫子臏脚，兵法修列；不韋遷蜀，世傳呂覽；韓非囚秦，說難孤憤；詩三百篇，大抵聖賢發憤之所為作也。此人皆意有所鬱結，不得通其道，故述往事，思來者。乃如左丘無目，孫子斷足，終不可用，退論書策以舒其憤，思垂空文以自見。——報任少卿書

孔子明王道，干七十餘君莫能用；故西觀周室，論史記舊聞，興於魯而次春秋。——十二諸侯年表序

虞卿料事揣情，為趙畫策，何其工也！及不忍魏齊，卒困於大梁，庸夫且知其不可，況賢人乎？然虞卿非窮愁，亦不能著書以自見於後世云。——平原君虞卿列傳

這也可說是司馬遷自己的體會和自白。我們不要忘了他是一個創作家，他之體會到創作的衝動之來源時，與其謂爲由往例歸納而得，無寧說也是由自己的實際體驗擴充而出，卻又悟到前人也是如此而已。你看他在「故述往事，思來者」之後緊接著說：「於是自述陶唐以來，至獲麟止，自黃

帝始。」在「左丘無目，孫子斷足，終不可用，退而論書策以舒其憤，思垂空文以自見」之後，緊接著說：「僕竊不遜，自託於無能之辭。」可知他完全是以一個創作家而作的一種創作過程的自白，說到前人處卻只是印證而已。

因爲它是一個創作家的創作過程之自白，所以更值得我們重視，也更增加了我們的信賴，並更顯得其中確有幾分眞理。按照變態心理學家佛洛乙特（Freud）說：創作是人類受了壓抑的慾望，在一種象徵世界裏的滿足，所以創作與夢同功。廚川白村之苦悶的象徵即根據於此。不過佛洛乙特在人類壓抑的慾望中特別強調「性的要求」，未免把人類的生活看得太狹，——至少把一般的偉大的文藝作品之創作的動機看得太狹了。後來阿德勒（Adler）又創了一種補償說，以爲人類在某一方面有著缺陷，便會發生「落伍情意綜」（Inferiority Complex），於是常在另一方面要求勝過他人，以爲補償。例如他說許多寫實的小說家都是因爲眼睛近視，看不清楚，由於這方面不如人，遂發生落伍情意綜，結果遂在想像方面特別用力，思有以勝過他人，於是那描寫入微的栩栩欲生的作品便產生了。司馬遷的學說和他們有些相近，但佛洛乙特、阿德勒都是心理學家，廚川白村只是文藝理論家，遠不如司馬遷以一個創作家而「現身說法」來得更眞切，更可靠，更中肯。

我們試加以比較。照司馬遷的意思，創作的動機無疑也是一種補償。他所謂「意有所鬱結」恰可相當於「情意綜」。既然說「有所鬱結」，又說「不得通其道」，可知是有所壓抑的成分了，這一點和佛洛乙特的看法相同;但被壓抑的卻並不一定是性的要求,則和佛洛乙特相異。而且司馬遷認爲文藝者並不是這種被壓抑的慾望之象徵的滿足,卻是在另一方面求一種補償,此則更和佛洛乙特有距離而接近於阿德勒。然而阿德勒的說法卻又嫌過分重視落伍情意綜,所給的說明也未免瑣碎鄙近,難道一個大寫實主義的作家如莫泊桑的創作也只是因爲眼睛的近視麼?至於司馬遷的解釋,卻是多方面的:或事業失敗,如孔子;或精神鬱悶,如虞卿;或遭遇不平,如屈原、韓非;或肢體受難,如孫臏、左丘。司馬遷的看法是廣闊得多,注意之點也大得多了。

然而司馬遷的意思尚不止此。他覺得另有兩點也很重要:一是文學家對於自己的才華總有一種自覺,而不願意隨便埋沒,這就是所謂:「所以隱忍苟活,幽於糞土之中而不辭者,恨私心有所不盡,鄙陋沒世而文采不表於後世也。」(報任少卿書)貌美的人不會躲在家裏,口才好的人不會學緘默,天才總是自知的,也沒有不愛表現的。虛僞謙卑的人決不會有偉大的作品。二是創作由於寂寞。人類最難爲懷的時候,無過於「前不見古人,後不見來者,念天地之悠悠,獨愴然而涕下」的時候了。到了這個時候,就不得不寫一寫荆軻如何刺秦王,楊志如何賣刀,或者林沖如何雪夜上梁山了!「述往事,思來者」,正就是這種心情。

補償,寂寞,表現才華,這都是文藝創作之心理學的根據。創作由於受了壓抑後的補償,由於寂寞,由於表現才華,這觀點是由人類之非理性成分出發的,所以就是單以司馬遷的文藝理論看,司馬遷也是浪漫的。

二、文藝創作之有用與無用　文藝創作是無用的，然而這種無用正是大用。此種無用爲大用的道理，老、莊、易傳裏都有所推闡；但具體引用到文藝上，則自司馬遷始。他一則說：「思垂空文以自見」；再則說：「自託於無能之辭」。無能者就是無「奇策才力」之能，無「招賢進能」之能，無「攻城野戰」之能，無「取尊官厚祿」之能。就淺近之功利的觀點看，文學家誠然無能，文學家的文章也誠然無用，然而「古者富貴而名磨滅，不可勝記，唯俶儻非常之人稱焉」，到底是哪一類人更有永久性呢？所謂究天人之際，通古今之變，成一家之言」，到底是不是眞無能呢？藝術的天才高於一切，藝術品的征服，所向無敵。以漢武帝與司馬遷比，司馬遷在我們心目中的地位決不會不及漢武帝，從這裏看也就可看出在一方面無用而在另一方面卻是大用的道理了。文學家常常卑視自己的成就，但卻也常常對自己的才能與事業有著自負。這是因爲文學家一方面既意識著他的大用，但也悲哀著另一方面的無用。可見他不必悲哀，他的大用正是無用的補償！他倒應該感謝他的挫折、憤懣和鬱結！

三、創作原理　創作有兩種原理：一是當人類看見世界上許多具體的事物時，每想從中得到一些抽象的道理，這種道理不只在科學書與哲學書中有，就是文藝書中也有。例如「交情老更親」，就幾乎像一個普遍的原則，像這種原則的獲得，可稱之爲創作上的抽象律。一是當人類空有一些觀念或情緒時，卻又每喜歡把它推之於具體的事物上，例如先有「四海之內皆兄弟也」的情感，而去寫出具體的一百單八個好漢的故事便是。這可稱之爲具體律。抽象律是給許多肉體以靈魂，具體律是給一個靈魂以許多肉體。司馬遷在司馬相如列傳的贊裏說：「春秋推見至隱，易本隱以之顯。」㈠「推見至隱」就是抽象律，「本隱以之顯」就是具體律。

四、藝術之節制作用　藝術是人類情感的宣洩，其作用是節制而非激動，所以說：「凡作樂者，所以節樂」；（樂書）㈡正義對這話的解釋是：「不樂至荒淫也」，正說對了。

五、幽默解　幽默（Humour）是人生和文藝裏很重要的一個成分，在西洋的美學家或批評家都有很多學說去討論它。在中國有與之略略相當的一個名詞，就是所謂「滑稽」。滑稽和幽默當然有距離，這距離越到後來越大，但在司馬遷所解釋下的滑稽則與幽默的眞解不相遠。他曾說：「不流世俗，不爭勢利，上下無所凝滯，人莫之害。」（太史公自序）又說：「談言微中，亦可以解紛。」（滑稽列傳）凝滯和糾纏的確是幽默的反對物，凡是「化不開」的人物不會懂得幽默。功利觀點也是凝滯和糾纏的一種，所以懂得幽默的人或者在某一剎那而處在幽默空氣中的人，他一定持有一種超功利的態度。所謂「不流世俗，不爭勢利」，正是指此。幽默是不傷害人的，否則變成冷諷；因此人類對於幽默的反應也是沒有惡意的，所謂「人莫之害」是。幽默包括智慧和超脫，而且還有一點悲憫和溫暖；它是會心的微笑，但其中含有淚。我們可以這樣說：高等的滑稽就進而入於幽默，低級的幽默卻不免流於滑稽。太史公在七十篇列傳之中，居然給滑稽留出了一個獨立的節目，可知他對此道之重視。他的滑稽列傳贊也非常幽默：「淳于髡仰天大笑，齊威王橫行（指連趙事）；優孟搖頭而歌，負薪者以封；優旃臨檻疾呼，陛楯得以半更；豈不亦偉哉！」

以上是司馬遷在批評上的理論。

我們現在再說司馬遷在批評上的實踐。司馬遷是富有天才、識力和同情的大批評家，他具備著所有偉大批評家所應當有的條件。雖然他不曾寫什麼條分理析的批評論文，但他用敍述的方法把他那深刻而中肯的了解織入他的創作中。他像近代歐洲文藝傳記家一樣，描寫就是批評。因爲他觀察深入和清楚，能夠見到一個人的底蘊（包括好和壞），而出之以贊美或憎惡的濃烈情感；且即使是憎惡，卻又不失其對書中人物的同情，所以他的書富有無限的魔力，我們可以說，他的書是時時在創造著，也時時在批評著。所以我們假如要在其中找出幾段純粹的批評文字是不可能的。下面也不過是一點「樣本」而已。

一、對於孔子之禮讚　批評孔子，是一大難題，因爲孔子的地位太重要，方面也太多，價值更是太大。如何稱譽纔能不失分寸？這應該是使太史公棘手的事。然而他卻輕鬆的寫出來了：

詩有之：「高山仰止，景行行止。」雖不能至，然心鄉往之。余讀孔氏書，想見其為人，適魯，觀仲尼廟堂、車服、禮器，諸生以時習禮其家，余祗回留之，不能去云。天下君王至於賢人衆矣，當時則榮，沒則已焉。孔子布衣傳十餘世，……自天子王侯，中國言六藝者，折中於夫子，可謂至聖矣！——孔子世家贊

他清楚的指出孔子的整個價值在對於六藝的貢獻，尤其是禮。言簡意賅，這是何等的識力！所以他時時以六藝和孔子並稱，例如：「秦繆公立三十九年而卒，其後百有餘年，而孔子論述六藝。」（封禪書）「周室既衰，諸侯恣行，仲尼悼禮廢樂崩，追修經術，以達王道，匡亂世，反之於正，見其文辭，爲天下制儀法，垂六藝之統紀於後世。」（太史公自序）都是。

六藝中，司馬遷尤其著重孔子與禮的關係。孔子世家可說就是以禮爲線索的，從「孔子爲兒嬉戲，常陳俎豆，設禮容」，到「適周問禮」，到「君君、臣臣、父父、子子」，到「臣無藏甲，大夫無百雉之城」，到「與弟子習禮大樹下」，到「追跡三代之禮」，到「書傳禮記自孔氏」，直到「諸儒亦講禮——鄉飲，大射——於孔子冢」，在太史公心目中，孔子一生是與禮結不解之緣的。孔子的倫理思想原是由羣到個人的，個人與羣如何相安？孔子的解答也就是「禮」。——禮是就羣的立場而給予個人的一種合理的制裁。太史公是眞能了解孔子的。

同時太史公也很了解禮，所以他能夠知道一生汲汲於禮的孔子的重要；但一般人常不願受禮的

約束，於是孔子就不免成爲一個寂寞的失敗者了。他說：

洋洋美德乎！宰制萬物，役使羣衆，豈人力也哉！余至大行禮官，觀三代損益，乃知緣人情而制禮，依人性而作儀，其所由來尚矣。……所以防其淫侈，救其彫敝，是以君臣、朝廷、尊卑、貴賤之序，下及黎庶、車輿、衣服、宮室、飲食、嫁娶、喪祭之分，事有宜適，物有節文。……周衰，禮廢樂壞，……循法守正者見侮於世，奢溢僭差者謂之顯榮。自子夏，門人之高弟也，猶云「出見紛華盛麗而說，入聞夫子之道而樂，二者心戰，未能自決」，而況中庸以下，漸漬於失教，被服於成俗乎？孔子曰：「必也正名」，於衛，所居不合，仲尼沒後，受業之徒，沈湮而不舉，或適齊楚，或入河海，豈不痛哉！——禮書㈢

孔子是極其熱心實現理想的人，但也是不輕易和現實妥協的人。例如太史公寫道：

定公九年，陽虎不勝，犇於齊，是時孔子年五十。公山不狃以費畔季氏，使人召孔子。孔子循道彌久，溫溫無所試，莫能己用，曰：「蓋周文武起豐鎬而王，今費雖小，儻庶幾乎？」欲往，子路不說，止孔子，孔子曰：「夫召我者，豈徒哉？如用我，其為東周乎？」然亦卒不行。

索隱上說：周文武起豐鎬而王，「檢家語及孔氏之書，並無此言，故桓譚亦以爲誣」。其實太史公所寫的是藝術的眞，是一種心靈的記錄，原不必拘拘於出處。「溫溫無所試」，是孔子的熱心和寂寞；「然亦卒不行」，就是孔子的不苟。又如史記寫孔子（六十八歲了！）歸魯的一段：

冉求將行（先是，在孔子六十歲時，康子召冉求），孔子曰：「魯人召求，非小用之，將大用之也。」是日孔子曰：「歸乎，歸乎，吾黨之小子狂簡，斐然成章，吾不知所以裁之！」子貢知孔子思歸，送冉求，因誡曰：「即用，以孔子為招」云。

把孔子的渴望返魯，與其對於自己手底下人才的滿意，先作一番烘托，於是寫孔子一直過了八年，果然可以返魯時的情形：

會季康子逐公華、公賓、公林，以幣迎孔子，孔子歸魯……凡十四歲而反乎魯。魯哀公問政，對曰：「政在選臣。」季康子問政，曰：「舉直錯諸枉，則枉者直。」康子患盜，孔子曰：「苟子之不欲，雖賞之不竊。」

眼看孔子實現政治理想的機會要到了，可是下面緊接著說：「然魯終不能用孔子，孔子亦不求仕。」終於把一個倔強而自重的老人之命運和骨格合盤托出！孔子是失敗了，但孔子的失敗是偉大而富有悲劇感的失敗。孔子世家便是要傳達這種悲劇於永久的。司馬遷在比較騶衍和孔子的遭遇時曾說：

王公大人初見其術，懼然顧化，其後不能行之。是以騶子重於齊。適梁，梁惠王郊迎，執賓主之禮。適趙，平原君側行襒席。如燕，昭王擁彗先驅，請列弟子之座而受業，築碣石宮，身親往師之，作主運。其游諸侯，見尊禮如此，豈與仲尼菜色陳蔡，孟軻困於齊梁同乎哉？故武王以仁義伐紂而王，伯夷餓不食周粟；衛靈公問陳而孔子不答；梁惠王謀欲攻趙，孟軻稱太王去邠：此豈有意阿世俗苟合而已哉！持方枘欲內圜鑿，其能入乎？——孟子荀卿列傳

不阿世苟合以實現其主張，這就是孔子（孟子亦然）人格的硬朗處。荀子只講究「固寵無患，崇美諱敗」（夏曾佑中國古代史，頁三三八，大學叢書本），品格就較差了。司馬遷對於荀子並無什麼讚語，可見司馬遷是有眼力的。

孔子的事業在禮，禮是「羣」對於「個人」所加的正當的制裁，已如上述，所以如果禮行，孔子的理想政治便可實現了。孔子為說明他的理想政治起見，於是作春秋。春秋不僅記「已然」，且標明「當然」，而其根據就是「禮」。司馬遷很懂得這個道理，所以說「春秋者，禮義之大宗」。司馬遷甚至以為春秋一書等於一種政變和革命，所以有「桀紂失其道而湯武作，周失其道而春秋作，

秦失其政而陳涉發跡，諸侯作難」（自序）的話。因此孔子不唯是一個帝王，教主了，而且是一個革命領袖。史記就是想繼承春秋的，這也可見出司馬遷自負之重來；至於他對於春秋之了解，則多半近於公羊家言。

二、對於老莊申韓之批評　司馬遷所處的時代，正是「世之學老子者則絀儒學，儒學亦絀老子」的時代，卻難得司馬遷給孔子寫了那樣向往的傳記以後，卻又分出篇幅來寫了老莊申韓。他說老子是：「無爲自化，淸靜自正。」說莊子是：「其言洸洋自恣以適己，故自王公大人不能器之。」說申子是：「本於黃老而主刑名。」說韓非是：「喜刑名法術之學，而其歸本於黃老。」他又加以總評道：

> 老子所貴道，虛無因應，變化於無為，故著書辭，稱微妙難識。莊子散道德放論，要亦歸之自然。申子卑卑，施之於名實；韓子引繩墨，切事情，明是非，其極慘礉少恩，皆原於道德之意。而老子深遠矣！

在那一個混亂的思想鬪爭中，司馬遷獨能超出儒道之上，作如此精確而公允的批評；兩千載之下獨感到他的目光如炬，令人震懾，誠不愧爲一偉大的批評家！

他說韓非「引繩墨，切事情，明是非，其極慘礉少恩」，是頗有微詞的；但他並不因此減卻對韓非的同情。他一則說：「韓非知說之難，爲說難書甚具，終死於秦，不能自脫」；二則說：「余獨悲韓子爲說難，而不能自脫耳！」有人以爲批評家不能帶情感，怕影響他的識力，其實不然，情感與識力原可並存不悖，大批評家且必須兼具此二者，吾於司馬遷見之。

三、對屈原之了解　司馬遷所寫的傳記有時不是純粹的記敍，而是論文或隨筆。就像培忒(Walter Pater)的名著文藝復興一樣，論到達文西和溫克耳曼，到底是論文？還是傳記？實在沒法說清。史記中尤其表現了這種體裁的是屈原賈生列傳。這是理想的批評文章，也是完整的文藝創作。他爲了要描寫一個正直忠貞的人的眞面貌，於是先寫下周圍那羣小人的姿態以作襯托：

屈原……入則與王圖議國事，以出號令，出則接遇賓客，應對諸侯，王甚任之。上官大夫與之同列爭寵，而心害其能。懷王使屈原造為憲令，屈平屬草藁未定，上官大夫見而欲奪之，屈平不與，因讒之曰：「王使屈平為令，衆莫不知，每一令出，平伐其功，曰：『以為非我莫能為也。』」王怒而疏屈平。……秦割漢中地與楚以和，楚王曰：「不願得地，願得張儀而甘心焉。」張儀聞，乃曰：「以一儀而當漢中地，臣請往如楚。」如楚，又因厚幣用事者臣靳尚，而設詭辯於懷王之寵姬鄭袖，懷王竟聽鄭袖，復釋去張儀。……時秦昭王與楚婚，欲與懷王會，懷王欲行，屈平曰：「秦虎狼之國，不可信，不如無行。」懷王稚子子蘭勸王行：「奈何絕秦歡？」懷王卒行，……竟死於秦而歸葬。

結果正直忠貞的人失敗，只好去作他的離騷了。在這裏又用得著司馬遷那發憤著書說了。所以說：「憂愁幽思而作離騷，離騷者猶離憂也。」又說：「信而見疑，忠而被謗，能無怨乎？屈平之作離騷，蓋自怨生也。」

屈原的眞價值到底何在？有的人以爲他是忠君愛國，又有的人以爲他不過作一姓的奴才，殊不知屈原的眞價值卻在「與愚妄戰」！他明知自己的力量不大；但他以正義和光明來與一切不可計量的惡勢力戰鬬，他雖然是孤軍，但「終剛強兮不可陵」。司馬遷了解這一點，所以不側重屈原之忠君愛國，而側重「疾王聽之不聰也，讒諂之蔽明也，邪曲之害公也，方正之不容也，故憂愁幽思而作離騷」。邪曲害公，方正不容，就是中國整個社會上下五千年的總罪狀，屈原的價值乃是在對這種社會作戰士，後人只能見其小，司馬遷獨能見其大。

在太理智的人看來，也許覺得離騷，詞句太重複雜沓，甚而不合邏輯，（邏輯傷害了多少生命和創造力！）天問更凌亂，簡直有不知所云之感。可是司馬遷卻認爲這是可珍的文藝創作，是痛苦至極的呼號，所以他從人性的深處去了解屈原爲什麼問天：

夫天者人之始也，父母者人之本也；……故勞苦倦極，未嘗不呼天也，疾痛慘怛，未嘗不呼父母也。屈平正道直行，竭忠盡智，以事其君，讒人間之，可謂窮矣。

「人窮則反本」，這是何等深刻的體會！和那「意有所鬱結，不得通其道，故述往事，思來者」，同讓人吟味無窮。他在這裏提到「正道直行」，這正是屈原碰壁的根本原因，卻也是屈原人格的永不可磨滅處！一個社會而不容一個正道直行的人存在，這是這個社會最大的恥辱！

司馬遷更從屈原的人格而談到了他的風格，他說：「其文約，其辭微，其志潔，其行廉，其稱文小，而其指極大，舉類邇，而見義遠。其志潔，故其稱物芳，其行廉，故死而不容自疏，濯淖汙泥之中，蟬蛻於濁穢，以浮游塵埃之外，不獲世之滋垢，皭然泥而不滓者也。推此志也，雖與日月爭光可也。」㊃屈原的人格固高，文字固美，而司馬遷的評傳也眞夠藝術，他是那樣說到人底心裏，讓人讀了感到熨貼。

最後，司馬遷之寫屈原，始終爲深摯而沈痛的同情所浸潤著，他說：「余讀離騷、天問、招魂、哀郢，悲其志，適長沙，觀屈原所自沈淵，未嘗不垂涕，想見其爲人。及見賈生弔之，又怪屈原以彼其才，游諸侯，何國不容，而自令若是？讀鵩鳥賦，同生死，輕去就，又爽然自失矣！」粗看起來，好像司馬遷沒有堅持的主張或見地一樣，一會兒垂涕，一會兒又怪屈原，一會兒又爽然自失了。其實不然，這不過是表示他在豐盛的情感之下，感受力特別強些而已。批評家須有躍入作者精神世界裏的本領，以作者之憂喜爲憂喜，這一點，司馬遷正是作到了。

司馬遷既深切的了解孔子而加以禮讚過，現在又深切的了解屈原而加以禮讚著，孔子和屈原乃是中國古典主義和浪漫主義的兩個極峯，他們可以不朽，司馬遷也可以不朽了。但司馬遷的根性自是浪漫的，所以他對孔子有欣羨而不可企及之感；對於屈原，他們的精神交流卻更直接些。至於宋玉、唐勒、景差之徒，因爲「終莫敢直諫」，缺少屈原之「正道直行」的精神，這是司馬遷所不重視的。就是司馬相如也不過是一個長於堆垛的辭匠，司馬遷雖爲之立傳，但什麼嚮往禮讚的話也沒有（只是他說明子虛賦是藉三人爲詞，以推苑囿之大，而歸於節儉以諷，卻頗能舉出賦體的文章之典型的結構所在），我們更不能不佩服他的卓識和分寸了。

四 司馬遷之諷刺

曾有人寫過罵人的藝術這樣的書，但我認爲在中國文人中最精於罵人的藝術的，恐怕沒有超過司馬遷的了。從前有人稱司馬遷的史記爲謗書，章學誠很不以爲然，說這是「讀者之心自不平耳」，然而照我們看，史記卻實在是不折不扣的謗書，它盡了諷刺的能事，也達到了諷刺技術的峯巔。

他諷刺什麼，以及如何諷刺，經過了清代學者的研究，已經漸漸有了確切的結論。大概中國讀書人的理解力自明末清初便有了飛躍的進步，以後也更有著繼續的發揮。倘若單以考據推許這個時代，那就只見其一面而已。

我們現在先說司馬遷的諷刺目標吧。廣泛地說，他所諷刺的就是他所處的朝代——漢。詳細說，他所諷刺的是漢代之得天下未免太容易，有些不配；是漢初的人物——自帝王以至將相——之無識與不純正；是漢朝一線相承的刻薄慘酷的家法；是武帝之愚蠢可笑，貪狠妄爲。總之，他要在他的筆下，而把漢代形容得一文不值。

司馬遷在秦楚之際月表中說：「五年之間，號令三嬗，自生民以來，未始有受命若斯之亟也。」下面即歷敍虞夏之興，積善累功數十年，湯武之王，修仁行義十餘世，就是秦之統一，也百有餘載，結論是：「以德若彼，用力如此，蓋一統若斯之難也」，言外是漢憑什麼，旣無德，又沒費力，卻這樣容易得天下！他譏諷地說：「此乃傳之大聖乎？」「非大聖孰能當此受命而帝者乎？」假若只看這兩句，也許以爲他是眞地在頌揚了，然而這兩句之間，卻插入「豈非天哉，豈非天哉」的重複慨歎，就知道他確乎是以贊作諷了！

整個的漢代之來歷，在司馬遷眼光中是如此。而劉邦之爲人，司馬遷尤其挖苦得利害。在項羽本紀中，項羽要烹他的父親了，他說：「吾翁即若翁，必欲烹而翁，則幸分我一杯羹」；在高祖本紀中，他曾給太上皇拜壽，說：「始大人常以臣無賴，不能治產業，不如仲力，今某之業，所就孰與仲多？」在蕭相國世家中，特別給蕭何的封地多，那是因爲「帝嘗繇咸陽，時何送我獨贏奉錢二也」；第一例見他之不孝，第二例見他之無賴，第三例見他之小氣。而蕭何的功績雖然那樣大，但如果不以家財佐軍，不強買民田，以表示不能順從民欲，則劉邦對他的猜忌是一點也不會放鬆的。就是對於韓信，韓信每打一次勝仗，他便「使人收其精兵」（淮陰侯列傳），這同樣見劉邦之忌刻。至於眞正打仗的本領，那更沒有。他有許多神異的事，彷彿是眞命天子了，可是司馬遷早藉蕭何之口說出：「劉季固多大言」，那末一切神異也就多半是劉邦自造，化爲烏有了。

和劉邦作對比的是項羽。項羽有眞本領，有眞性情，有眞氣概，在司馬遷的筆下，項羽纔是一個眞正英雄，劉邦卻是一個庸才而已。

不唯劉邦本人如此，就是他的周圍，除了張良、陳平常設詭計之外，大半都是一些不學無術的老粗。司馬遷在樊酈滕灌列傳的贊中說：「吾適豐沛，問其遺老，觀故蕭、曹、樊噲、滕公之家，及其素行，異哉所聞！方其鼓刀屠狗賣繒之時，豈自知附驥之尾，垂名漢庭，德流子孫哉？」蕭相國世家中也說：「蕭相國何，於秦時爲刀筆吏，碌碌未有奇節」，曹相國世家中說：「曹相國參，攻城野戰之功，所以能多若此者，以與淮陰侯俱」，絳侯周勃世家中說：「絳侯周勃，始爲布衣時，鄙朴人也，才能不過中庸」，意思是說他們統統是夤緣時會，因人成事而已。

這樣的一個低能集團，那有才能的人處於其中，就未免太委屈了。韓信就是這樣一個可惜的人才。司馬遷在淮陰侯列傳中說：「而天下已集，乃謀叛逆，夷滅宗族，不亦宜乎？」他並非責備韓信之不當叛逆，卻只責備他發動得有些遲了而已！這意思多末明顯！

司馬遷在諷刺整個漢代以及漢初人物之外，時常揭發漢家一線相承的刻薄。高祖的猜忌，已見於蕭何傳和韓信傳不必說。文景二帝似乎是忠厚正經的人，其實不然，在適當的時候，司馬遷就不惜揭穿那眞相了。例如張釋之傳中，文帝爲一人驚了自己的馬，就要致之死地，虧得釋之據法力爭，纔處了罰金。可見這位廢除肉刑的文帝，也是一個僞君子而已。又如佞幸列傳中，文帝爲愛一個宦者鄧通，便許他鑄錢成爲富翁，文帝的行爲何嘗不乖張荒淫？至於景帝的刻薄寡恩，只要看張釋之傳中，因爲釋之曾在景帝爲太子時彈劾過他不下司馬門，到即位後，雖口頭上說不忌恨此過，但只有一年多，便把張釋之調爲淮南王相了。司馬遷在記「景帝不過也」之後，便拆穿了說：「猶尙以前過也。」又如周亞夫傳中，因爲周亞夫不許給王信封侯，景帝雖默然而止，但後來便故意請他吃飯不放筷子，給他難堪，到逼他死後，「景帝乃封王信爲蓋侯」了。司馬遷冷然寫去，已把景帝的眞面目揭露了。

可是在這種種之中，司馬遷所要諷刺的最下的目標，卻是漢武帝。在封禪書中關頭即說：「自古受命帝王，曷嘗不封禪？蓋有無其應而用事者矣，未有睹符瑞見而不臻乎泰山者也。雖受命而功不至，至矣而德不洽，洽矣而日有不暇給，是以即事用希。」無其應而用事，功不至，德不洽，都是暗指武帝。封禪的本身，原已荒唐，但即退一步講，卻也有配有不配，司馬遷是直然認爲武帝不配的。他不好明講，便藉管仲阻齊桓公，仲尼不肯論封禪，作爲武器，略事攻擊。整個文章中，都是寫武帝之愚蠢、幼稚與可笑的。

封禪書之外，司馬遷便在酷吏列傳中寫漢代慘酷的家傳，而尤重在武帝。其中屢有「天子聞之，以爲能」之語，可見那酷吏之慘無人性，實在是武帝的授意和慫恿。那最大的酷吏如張湯、杜周也不過是「善伺候」，能窺探武帝的意旨，而去找出理由，又去執行而已。

武帝之刻薄寡恩，不止對一般的臣下爲然，就是對於宗室貴族也毫無留情。司馬遷一則在漢興以來諸侯年表中說推恩（其實是削弱諸侯）的辦法是「強本幹，弱枝葉之勢」，他說這樣一來，就可以「尊卑明而萬事各得其所矣」，其實他只是在打官腔，下面卻說出了實話：「令後世得覽，形勢雖彊，要之以仁義爲本。」意思是說如果不仁不義，手腕雖高，畢竟還是危險的了。二則在高祖功臣侯年表中說：原先受封的百有餘人，到了太初，不過百年之間，只存在了五個人，其餘都坐法亡國。司馬遷在表面上把「子孫驕溢」放在首要的地位，而把「網亦少密焉」放在次要的地位。就是這樣，他仍怕別人把「網密」看重了，下面緊接「然皆身無兢兢於當世之禁云」，目的在再沖淡一下。然而其實他卻正是重在「網密」的。太沖淡了，也怕別人把他的眞正意思誤會，但他又不能明言，於是只好混統的說：「居今之世，志古之道，所以自鏡也，未必盡同。」意思是就是兢兢於當世之禁，也未必不犯法，因爲「網密」的緣故！他的文字富有層次轉折，於是讓他的眞意在若明若闇之間了。

武帝之好事，司馬遷藉汲黯之口直說出來，「陛下內多欲，而外施仁義。」而在建元以來侯者年表中則說自來都是喜歡外攘夷狄的，「況乃以中國一統，明天子在上，兼文武，席卷四海，內輯億萬之衆，豈以晏然不爲邊境征伐哉？自是後，遂出師北討彊胡，南誅勁越，將卒以次封矣！」就是天下太平，也要動動刀槍呢，於是有了許多封侯！

至於武帝之橫征暴歛，讓民生凋弊，是見之於平準書中。但他不明指漢，卻罵秦；也不說當代，卻說古代不然：

> 及至秦中，一國之幣為二等，黃金以鎰名，為上幣；銅錢識曰半兩，重如其文，為下幣；而珠玉龜貝銀錫之屬，為器飾寶藏，不為幣。然各隨時，而輕重無常。於是外攘夷狄，內興功業，海內之士力耕不足糧饟，女子紡績不足衣服。古者嘗竭天下之資財，以奉其上，猶自以為不足也？無異故云，事勢之流，相激使然，曷足怪焉！

武帝周圍那些人物，他也很少瞧得起。公孫弘、張湯都是外寬內深的官僚。在張丞相列傳中更說：「及今上時，柏至侯許昌、平棘侯薛澤、武彊侯莊青翟、高陵侯趙周等爲丞相，皆以列侯繼嗣，娖娖廉謹，爲丞相備員而已，無所能發明，功名有著於當世者。」則武帝時之無人也就可知了。至於能爲社稷臣的汲黯，以及已成爲名將的李廣，卻只有埋沒抑鬱以終而已。

武帝所用的人多半是恃裙帶關係的親幸之輩。田蚡、衛青、霍去病、李廣利都是。司馬遷都對他們各加譏諷。其中衛青、霍去病尤受寵愛，他們都以衛皇后爲靠山。司馬遷寫衛皇后時便說：「生微矣，蓋其家號曰衛氏。」提到霍去病時便說：「及衛皇后所謂姊衛少兒，少兒生子霍去病。」這都是說他們出身微賤，父女姊妹的關係也在可考不可考之間的。筆端是十分鄙夷著。

雄才大略的漢武帝，到了司馬遷的筆下，算是一無所長了，浪漫精神是無限的，是不屈服於任何權威的，是沒有任何奴隸的烙印的，我們於司馬遷之諷武帝見之。以上尚是明顯的，可指的諷刺，另外有些散布在各篇的夾縫裏的，還有很多很多。

司馬遷諷刺的目標既明，我們現在就要看看他的陣法。他的陣法大概是這樣的：一則用揭穿事實的方法，事實往往是最強有力的諷刺。如他寫景帝，只說周亞夫死後，乃以王信爲蓋侯，就夠了。二則用無言的諷刺，凡是他不贊成的事便不去寫，如循吏列傳中不敍漢代，張丞相列傳中不敍那些備員的人物的事跡，讀者自然可以曉得什末是在缺乏著了。三則用互見的方法，他決不把高祖的庸俗行徑及小氣忌刻寫在高祖本紀裏，卻分散在項羽本紀、蕭相國世家裏。四則用反言的方法，他口頭在贊揚，骨子裏卻是在譏諷。五則用輕重倒置的方法，偏把主旨放在次要。六則用指桑罵槐的方法，他不罵漢而罵秦，其實他對秦並不壞，六國表可見。七則用借刀殺人的方法，用孔子抵擋封禪，用汲黯直斥武帝。八則全然在語氣裏帶出來，他用幾個「矣」字，往往就把他的意思表達出來了。九則常用無理由爲理由，如三世爲將不祥，坑降不得封侯之類，那眞正的理由卻是統治者的忌刻。總之，他的方法是逃避和隱藏，這樣便瞞過了那時當局者的檢查，也瞞過了後來太忠厚以及太粗心的讀者了！

撇開司馬遷的一切文學造詣不談，即僅以諷刺論，他也應該坐第一把交椅！

五　總結——抒情詩人的司馬遷及其最後歸宿

然而在說過一切之後，司馬遷卻仍是一個抒情詩人！只是感情纔是司馬遷的本質。不錯，他有識力，也有學力，但就他本身而論，這卻並不是他的性格中之最可貴，最可愛的。

他雖然因爲家庭教育之故，對於儒學有些傾慕！然而並沒有掩遮他的道家的自然主義的根性。即以這道家的自然主義論，卻也仍沒有淹沒了他那更根本的一點內心的寶藏，那便是他的濃摯、奔溢、衝決、對一切在同情著的感情。不錯，他看事情很明銳而透達，可是感情卻是他的見解的導引之力。不錯，他諷刺的對象很多，然而就是他所諷刺的人物，在他筆下寫來，也依然帶有大量的可愛的成分。他的自然主義，如果不加上「浪漫的」三個字，便成了沒有生命的概念，與他的本質毫不相干了。

他的事業，在他自己看來，也許另有不朽的地方，但我們認爲最重要的一點，卻是留下了最偉大的抒情篇什，雖然形式上卻是歷史。在他後代有許多知己，有無數的追蹤的人物，但與他本身似乎沒有什麼太大的連繫，除非那些知己和追蹤的人物在感情上和他有著共鳴。「發憤以抒情」，這是楚文化的精神，卻也是西漢所承受了的偉大的精神遺產，而集中並充分發揮了的，只有司馬遷。那是一個浪漫的世紀。司馬遷就是那一個浪漫世紀的最偉大的雕像。

因爲他是抒情詩人，所以他的作品常新，——情感本是常新的。因爲他是抒情詩人，他的識力和哲學並沒引導他走入眞正理智的陷阱。他對於若干歷史上的大小事件，似乎很有所理解，然而歸到根底，他唱起命運感的調子來了！「余甚惑焉！儻所謂天道，是邪非邪？」「孔子罕稱命，蓋難言之也！非通幽明之變，惡能識乎性命哉！」因爲他有命運感，所以他有著深切的悲劇意識，他贊賞那些不顧命運的渺茫而依然奮鬪，卻又終於失敗了的偉大人格。孔子是如此，屈原是如此，信陵是如此，荆軻、項羽也是如此！

司馬遷能赤裸裸的接觸一切人物的本質，又能燭照一切人生的底層，於是而以情感唱歎著，同情著，描繪著了。

他是熱情到這樣的地步，因爲熱情而造成了自己的悲劇。他所覺得不可知的命運最後卻也和他自己開起玩笑來。他在極大的屈辱之中，而與世長辭了！確切的卒年，我們不曉得。但公元前九〇年，也就是司馬遷四十六歲以後的生活，已經渺茫漶漫了。

司馬遷身後的情形如何，我們所知的，也一如他的卒年之那樣模糊。他的家庭生活怎樣，也從沒有記載。有人說他有兩個兒子，但那是根據華山道士的胡言，當然不可信。有人說他有一個侍妾隋清娛，可是這是褚遂良所見的一個女鬼，更覺荒唐。

唯一可靠的倒是司馬遷有一個女兒，嫁給了楊敞。楊敞是一個老實人。楊敞的兒子楊惲卻很有稜角，頗有外祖之風，連文格也十分相似（他之報孫會宗書直然是他的外祖報任安書的姊妹篇），他很愛讀他外祖的史記，但他卻因口禍被腰斬。司馬遷的一生是一幕悲劇，連這和司馬遷最有著精神上的連繫的親屬卻也以悲劇終！

㈠ 司馬相如傳的贊，因爲其中有楊桂的「靡靡之賦，勸百諷一」兩句話，王若虛辨惑說是「後人以漢書贊益之」。現在看漢書贊，的確和史記贊文字差不多，不過開首有「司馬遷稱」字樣。我們現在實在辨不清到底史公的原文是保留多少了，但無論如何，我所引用的二句緊接「司馬遷稱」四字之下，必是史公原文無疑。

㈡樂書多取樂記，但我所取的這一段在篇首，仍是司馬氏文字。

㈢禮書多取荀子，但我所取的這一段在篇首，仍是司馬氏文字。

㈣因爲班固的離騷序上有：「昔在孝武，博覽古文，淮南王安敍離騷傳，以『國風好色而不淫，小雅怨誹而不亂，若離騷者可謂兼之。蟬蛻濁穢之中，浮游塵埃，皭然泥而不滓，推此志與日月爭光可也。』此論似過其實」的話，後人遂以爲司馬遷屈賈列傳係採淮南王安文，我以爲未必可靠。淮南王安作離騷傳的話，只見於漢書卷四十四淮南衡山濟北王列傳，而不見於史記卷一百十八淮南衡山列傳。就班固所引者而言，這離騷傳的確作得不壞，司馬遷不該在淮南傳裏抹煞不提，況且他果已引用，更不會對此事推作不知，此其一。我們再看淮南王安的行事，只是一個庸才，就是所傳的淮南內篇也多半是「集體創作」，他本人能否作出這樣好的文章，誠爲疑問，此其二。況且高誘（建安時人）的淮南子敍目上乃是說：「詔使爲離騷賦」，並不是傳，王念孫讀書雜志漢書離騷傳條說「傳」應該是「傅」字。「傅」與「賦」古字通，頗可信。即文心雕龍雖然在離騷篇上說淮南作，而神思篇就又說「淮南崇朝而賦騷」了。可知劉勰已不能肯定。淮南作離騷賦比較可能，因爲他作過那種招隱士一類的「楚辭」。我疑惑屈原賈生列傳根本並無襲取淮南王安之處，反之，有人襲取史記而托之淮南，爲班固誤信，倒是可能的。班固的取材本不嚴格，不然，何以古今人表上有許多荒誕不經的人物？此其三。退一步言，司馬遷就是採取淮南離騷傳，也不過漢書所引的幾句而已，而且即這幾句，爲史公使用時也業已鑄入史公的風格，是史公的創作而與淮南無涉了，此其四。總之，我們有理由說，屈原賈生列傳的著作權應該歸給司馬遷。

慶祝里仁30週年

新資訊情報

網上書城 紅樓夢書店 開張了！

自胡適之、顧頡剛、俞平伯推廣「紅樓夢學」以來，有關書籍可說是汗牛充棟、浩如煙海，大家爲了蒐集《紅樓夢》的相關書籍，即便不勝其煩地東奔西跑、苦苦搜尋，卻還是有很多書因絕版或限量印刷之故，而難以求得。

本書局有鑑於此，特成立「網上書城 紅樓夢書店」。

我們的目標是參考紅學家們的推薦，彙編相關書目，找到坊間可得之存本，以方便讀者買書，並儘量做到有適量之庫存，以免讀者向隅。

我們將陸續補充書籍書目，也歡迎讀者提供新書資訊。所有的書均經過紅學家們大致的認定，有一定的品質。

詳情請參看里仁書局網上書城 http://lernbook.webdiy.com.tw/

【夢梅館校本】金瓶梅詞話

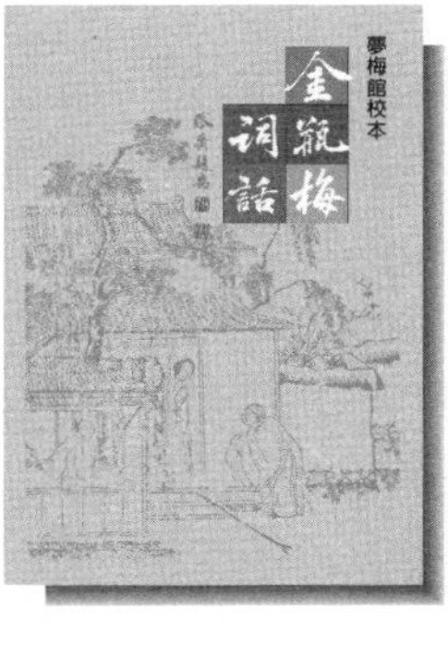

原著：蘭陵笑笑生

校注者：梅節

出版日期：2007／11

ISBN：978-986-6923-24-1

參考售價：1000元／25開軟皮精裝三冊

論題材、行文，《金瓶梅詞話》皆當得「第一奇書」之名，然歷來諸本屢因故不全，世人無從窺得其全豹。

在各界殷殷期盼之下，由梅節先生以日本大安本爲底，覆以北京中土等本，參酌鄭振鐸、施蟄存、姚靈犀、魏子雲等人研究成果，所作第四度校注的《金瓶梅詞話》，已由本書局出版。

本書採軟皮精裝三冊，並承襲里仁既有古典小說讀本之優良製作傳統，各回前均附二禎刻本插圖，引用詩詞以標楷體標出，本版較前版字體加大、行距變寬。章末均附注釋，方便學子閱讀。

夢梅館四校本不獨一掃「全本」之疑慮，對擴清、建立新文本立下里程碑，並爲晚明文學研究、社會文化研究提供豐富參考的素材。

本書出版以後，引起海內外網路的熱烈討論。

絕唱：漢代歌詩人類學

作者：高莉芬

出版日期：2008／2

ISBN：978-986-6923-15-9

參考售價：450元／25開平裝

本書在文學人類學的研究視野下，運用豐富的地下出土材料，在歌詩與圖像的互文闡釋中，跳脫傳統詩學以「純文學」、「書面文學」的批評模式，回歸歌詩口傳性質之語境探討。

上篇以「倡優」爲主，探討倡優身份、身體、樂舞專技與漢代歌詩生成之關係，以見漢代歌詩的具體表演語境與集體性、娛

樂性、口傳性質。下篇則以文本爲主，探討漢魏樂府歌詩創作由集體到個人、由緣事到抒情的創作轉換，以見文學語言藝術之發展與嬗變。

高莉芬，國立政治大學中國文學研究所博士，現任國立政治大學中國文學系教授。多年來從事古典詩歌以及神話學之研究與教學。除本書外，另撰有《蓬萊神話－神山、海洋與洲島的神聖敘事》（已由本書局出版）。

蓬萊神話：神山、海洋與洲島的神聖敘事

作者：高莉芬

出版日期：2008／3

ISBN：978-986-6923-16-6

參考售價：450元／25開平裝

本書跨越神話與仙話的界線，運用比較神話學的方法，由「蓬萊」想像的思維前提入手，彙整相關文獻及前人研究成果，對於其間的發展脈絡，逐一分析，使「蓬萊」由樂園而上昇至宇宙創生的高度，從而能夠梳理出比較完備的「蓬萊」意象與形象。對於神話宇宙思維的探討，跨度雖大，卻能在神話表層敘事與深層象徵間，進行深入的論述。

回歸文學性質的神話研究，反映出作者對於實證性要求與浪漫性理解的兼容並蓄，擺脫純然訓詁、考古的窠臼，而能夠具體引發出神話語言的特質。

高莉芬，現任國立政治大學中國文學系教授。除本書外，另撰有《絕唱：漢代歌詩人類學》（已由本書局出版）。

清初理學思想研究

作者：楊菁

出版日期：2008／1

ISBN：978-986-6923-27-2(平裝)

978-986-6923-28-9(精裝)

參考售價：500元／25開平裝

700元／25開漆布精裝

理學自宋代以來即深深影響中國學術、文化，至清初，仍盛極一時。此時期的理學思想欲擺脫明末以來虛浮的學風，而有強調實踐，使學風趨於醇篤等特色。

本書針對康熙帝，以及清初入仕清朝的理學名臣之理學思想作一全面探討，兼論這些理學家如何輔助國家訂立制度、推動民生利用，並以其理學素養修身、治國，推廣教化，將儒家內聖外王的文化理想充分實踐。

楊菁，東吳大學文學博士，現任國立彰化師範大學國文學系助理教授。著有：《李光地與清初理學》；譯有《論語思想史》（合譯）；點校有《翼教叢編》、《蘇輿詩文集》等。

澎湖民間故事研究

作者：姜佩君

出版日期：2007／12

ISBN：978-986-6923-26-5(平裝)

978-986-7908-89-6(精裝)

參考售價：550元／25開平裝

800元／25開漆布精裝

本書爲第一本研究澎湖民間故事之學術著作，針對澎湖地區之神話、故事、傳說等敘事性口傳文學，做一全面性的探究。

本書蒐集六六一則澎湖民間故事，予以分析研究，其中大部分是實地採錄所得的第一手資料或未刊稿，書中透過類型分析，考察故事之源流演變、分佈區域與傳播狀況，然後經由其他地區同類型故事之對照比較，彰顯澎湖民間故事之特色與價值。本書資料齊全，爲目前蒐集澎湖民間故事最多的一本著作，相當值得參考。

姜佩君，中國文化大學文學博士，現任國立澎湖科技大學通識教育中心副教授。因地利之便，致力於澎湖民間故事、民俗信仰之採錄研究，著有《澎湖民間傳說》及相關論文多篇。

結構與符號之間：
台灣現代女性詩作之意象研究

作者：李癸雲

出版日期：2008／3

ISBN：978-986-6923-22-7

參考售價：400元／25開平裝

本書試圖超越女性主義權力論述，提出「女性書寫」的眞實面貌，因此以意象研究爲主體，深析台灣現代女性詩作中之意象使用如何成爲詩人自視、自塑的策略。書中援引並檢討結構主義、接受美學、解構思潮等相關論點，將意象統整爲具有變動性與對話性的符號。

李癸雲，台灣師範大學國文所博士，現任政治大學中文系助理教授。本書之外，作者的學術著作另有《朦朧、清明與流動

── 論台灣現代女性詩作中的女性主體》（萬卷樓出版）、《與詩對話 ── 台灣現代詩評論集》（台南縣立文化中心出版），以及多篇台灣現代詩學研究論文。

典範與創意學術研討會論文集

主編者：張高評

出版日期：2007／12

ISBN：978-986-6923-29-6

參考售價：1000元／18開精裝

本書爲成功大學文學院主辦之「文藝典範與創意研發學術研討會」會後論文集。會中論及典範者三篇；研發美學與文藝作品中創意之論文有十三篇；尙有現代美術論文兩篇。會後將本研討會論文修訂潤色後，集結出版。

本書作者有：賴俊雄、林湘華、林幸慧、黃忠天、許東海、蔡榮婷、張高評、劉昭明、王偉勇、廖宏昌、陳昌明、仇小屏、張清榮、應鳳凰、蕭瓊瑞、林伯欣。

當代的民間文化觀照

執行者：周益忠・吳明德

出版日期：2007／12

ISBN：978-986-6923-32-6

參考售價：800元／16開精裝

本書共十二篇論述，大致上可以分爲兩類議題：一是台灣民間文化（九篇）；一爲中國

歷史與民間文化（三篇）。前者例如：謝宗榮〈台灣民俗藝術的文化脈絡〉、柯榮三〈有關鄭成功小說與傳統的一項考察〉、郭侑欣〈烏托邦與叛亂之島－郁永河《裨海紀遊》中的台灣論述〉、祁立峰〈我遲早會成為火影 —— 論《火影忍者》在當代台灣文學中的文化意識〉；後者包括：林穎政〈小人物的歷史 —— 逢丑父考〉、鄭天蕙〈宋代民間童蒙教育研究〉與陳嘉琪〈略論中國西南少數民族創世史詩的流傳特色〉。

本書的出版，說明了新世代繳交民間文化寶藏的挖掘成果，也毋寧宣示台灣學界詮釋傳統菁華的視野與能量。

魏晉南北朝史（增訂本）

編著者：鄭欽仁・吳慧蓮
　　　　呂春盛・張繼昊

出版日期：2007／9

ISBN：978-986-6923-21-0

參考售價：450元／18開軟皮精裝

本書由「承先啓後」的角度，強調了魏晉南北朝在中國歷史中的重要性、多采多姿及對當代世界多民族、多國家的諸多啓示作用。

同時，對當時中國南北勢力，有著等同份量的敘述；對複雜的北方民族史事更要言不煩。

本書初版原由國立空中大學印行。里仁書局為此做了很多的努力，並增補歷代形勢彩圖及文物圖。

編著者：鄭欽仁，現任國立台灣大學歷史系名譽教授；吳慧蓮，曾任淡江大學歷史系副教授；呂春盛，現任國立台灣師

範大學歷史學系教授；張繼昊，現任國立空中大學人文學系教授。

陶淵明集校箋（2007增訂本）

校箋者：龔斌

出版日期：2007／8

ISBN：978-986-6923-20-3

參考售價：450元／25開軟皮精裝

600元／25開漆布精裝

中國古代的一部分大作家，往往注本頗多，使人有眼花撩亂之感。經過一段時間的注釋積累，需要有一個匯萃眾說的集注本，使讀者獲得觀一書而眾說備的樂趣和方便。龔斌這本箋注適應了這一要求，它完成於二十世紀末葉，總結了宋代以來以至近百年陶淵明作品的研究成果，不愧爲陶集注本中具有集大成意義的佳著，我爲此異常欣喜。（摘自王運熙為本書所做序文）

本書原由上海古籍出版社出版。此次增訂除參校焦本《陶靖節集》外，並參考王叔岷等海外之研究成果。里仁書局編輯部並爲每條資料回查原書。

龔斌，上海華東師範大學中文系教授。

楚辭註繹（上、下冊）

作者：吳福助

出版日期：2007／3

ISBN：978-986-6923-13-5（上）

978-986-6923-17-3（下）

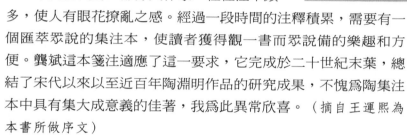

參考售價．上、下各400元／25開軟皮精裝

本書選錄以屈原爲代表的戰國南楚作家群的作品。註釋融裁古今諸家之說，擇善而從，力求簡切平正，不留疑難。繹文不拘泥原作體式，力求詳盡發揮內容旨趣，破解其中奧義。

全書著重就楚文化的背景和屈原的特殊境遇，解析屈原充滿活力的政治家與文學家兩種心向衝突所形成的人格結構，屈原作品中鮮明的個體意識與民族意識、高度清醒的理智與狂熱迷亂的情感的奇特交融現象，以及大起大落的篇章結構、神奇而怪誕的浪漫思想、援用原始而神秘的巫風與充滿地方色彩的楚方言等特殊表現技巧，從而窺探其所散發無與倫比的向心力與感染力，驚采絕豔的永恆藝術魅力的奧密。

「楚辭學」目前正處於歷史上突出的高峰期。本書充分吸收最新研究成果，是理想的「楚辭學」奠基入門讀本。

中國哲學史三十講

作者：張麗珠

出版日期：2007／8

ISBN：978-986-6923-19-7

參考售價：500元／18開軟皮精裝

本書是近數十年來台灣學者重新改寫中國哲學史的最新力作，是立足於原典而以講論方式寫作的中國哲學簡史。該著並根據出土簡帛，補充了孔孟之間百年空白的儒家早期性論、老莊思想外的黃老道家；復擺脫儒家本位，爲墨家、法家重新定位；又以全新角度評價漢代思

想、重建清代思想史，更銜接民國以來的現代新儒學。在沉寂已久的中國哲學史論著中，其觀點新穎而論證翔實、綱舉目張。

張麗珠，現任國立彰化師範大學國文系所教授。近著「清代新義理學三書」（已皆由本書局出版），極受海內外學者好評。

唐宋名家詞選（增訂本）

編選者：龍沐勛　注説者：卓清芬

出版時間：2007／11

ISBN：978-986-6923-23-4

參考售價：600元／18開軟皮精裝

800元／18開漆布精裝

龍沐勛（榆生）先生是近代詞學名家，其所撰《唐宋詞格律》、《倚聲學》（以上二書已由本書局出版）等專書和爲數甚夥的相關論文，以及所編選的《唐宋名家詞選》、《近三百年名家詞選》、《東坡樂府箋講疏》，早已蜚聲國際，爲士林所推崇。

本書當可稱爲：在張惠言《詞選》、周濟《宋四家詞選》、朱彊村《宋詞三百首》之後所出現，一本極爲完善的詞選。

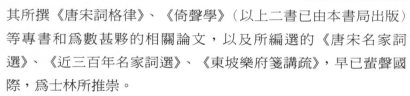

本編所錄各家，以能卓然自樹或別開生面者爲準。本編所選作品，以能代表某一作家的作風，或久經傳誦者爲準。詞緣樂曲產生，故於聲律方面，不容忽視，本編於此亦加注意。本編所錄唐、五代詞，兼收若干七言絕句體，以見詩、詞遞嬗之跡。本編所收各作家，酌採舊聞作爲傳記。另酌採前人評語，作爲參考之助。

本書原無注釋、說明，爲求全責備，特請中央大學卓清芬，

爲本書所有詞逐首作注，並補加說明，如此選說相得益彰。卓清芬，國立臺灣大學文學博士，現任教於國立中央大學中文系。

崑曲中州韻教材（附DVD）

編著者：石海青　示範者：王芳

出版日期：2007／2

ISBN：978-986-6923-10-4

參考售價：880元／16開軟皮精裝

本教材是曲界內外久久以來翹首以待的學術成果，首次完整地敘述崑曲中州韻的實際字音體系，專業者可以此爲標準，愛好者可以此爲津梁。

編著者：石海青，日本東京人，蘇州大學文學碩士、京都大學文學碩士，長崎綜合科學大學講師。研究漢文及其影響下的漢文圈語言文化音樂，以曲學爲主攻方向。

示範者：王芳，江蘇省崑劇院副院長，著名演員，中國戲劇梅花獎。

回車：中古詩人的生命印記

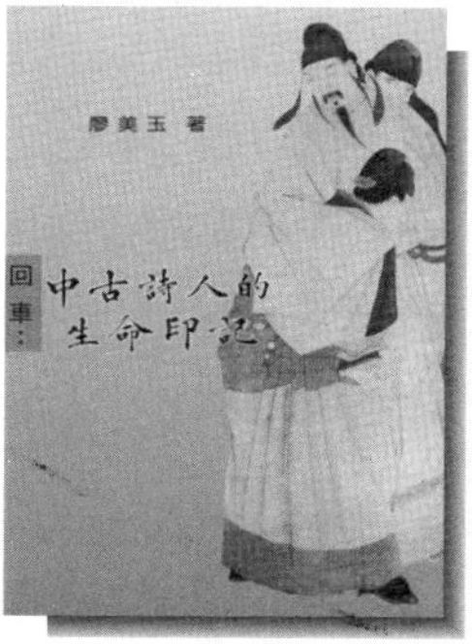

作者：廖美玉

出版日期：2007／2

ISBN：978-986-6923-08-1

參考售價：500元／25開平裝

本書以「回車」爲切入點，探索郭璞、陶潛、杜甫、李白等六朝唐宋詩人在特定脈

絡下「接軌」的可能性。對於詩人如何由「失意人生」走向「詩意人生」、如何在得失進退的抉擇展開沉思與究詰、如何在鬱滯中蘊積且煥發出詩人的生命圖像與創作向度，分別以不同的視角，考察其深邃飽滿的生命感悟和情感體驗，並揭示豐盈多元的創作意涵。

廖美玉，臺灣大學文學博士，現任成功大學中國文學系教授。

文學與圖像的文化美學
── 想像共同體的樂園論述

作者：鄭文惠

出版日期：2005／9

ISBN：978-986-7908-72-8

參考售價：450元／25開平裝

本書分上下二編：〈上編〉分析武氏祠石刻畫像的套語結構與寓意系統及文學／圖像的互文修辭與轉義結構，以探討宗法共同體的死亡想像與死後樂園的建構；〈下編〉分析晉、元〈桃花源〉文本的樂園想像與其傳衍時所開顯出新的轉喻內涵及所再現的樂園理想圖式。無論是石刻畫像或桃花源文本之文學／圖像互文修辭空間，實質凝鑄了想像共同體的集體情感與心理意識。

鄭文惠，國立政治大學文學博士，現任國立政治大學中國文學系教授。

清代漢學與左傳學

——從「古義」到「新疏」的脈絡

作者：張素卿

出版日期：2007／3

ISBN：978-986-6923-14-2

參考售價：600元／25開平裝

本書以惠棟等清代漢學代表性學者爲徵檢對象，爬梳統整諸家對《左傳》及杜注之新詮，析理漢學發展的脈絡，不僅是清代《左傳》學史的優良佳作，也是一部精審的中國《左傳》學史縮影。

張素卿，臺灣大學中國文學研究所博士，現任臺灣大學中國文學系教授，一向專研《左傳》，近年來尤致力於清代《左傳》學，並由《左傳》敘學延伸涉獵中國敘事傳統的議題。

歷代散文選注

張素卿・詹海雲・廖棟樑
方　介・周益忠・黃明理　選注

18開精裝上、下二冊，排校中

中國寓言選讀

林淑貞　選注

18開平裝，寫作中

中國笑話選讀

林淑貞　選注

18開平裝，寫作中

詩韻集成（新校本）

18開精裝，排校中

史記會注考證（新校本）

18開精裝，排校中

儒林外史

吳敬梓　原著　　徐少知　校注

25開精裝，排校中

里仁叢書總目

下列價格西元2008年12月31日以前有效；超過此時限，請來信或電話詢問。

※① 表內價格全係優待價（含稅），書後括號爲初版年度（西元紀年）。

※② 所有訂單一律免郵資。

※③ 您可選擇郵局宅配貨到立即付款或先自行劃撥（匯款）。

※④ 郵政劃撥、支票、電匯等相關資訊請見本書訊p.32。

一、總論

①章太炎與近代中國學術研討會論文集　善同文教基金會編　18開平裝　特價500元(1999)

②碩堂文存三編　何廣棪著　25開平裝　特價200元(1995)

③碩堂文存五編　何廣棪著　25開平裝　特價360元(2004)

④春風煦學集　賴貴三等編　18開精裝　特價500元(2001)

⑤含章光化——戴璉璋先生七秩哲誕論文集　戴璉璋先生七秩哲誕論文集編輯小組編輯　18開精裝　特價700元(2002)

⑥廖蔚卿教授八十壽慶論文集　廖蔚卿教授八十壽慶論文集編輯委員會編輯　18開精裝　特價600元(2003)

⑦魏晉南北朝文學與思想學術研討會論文集（第五輯）　成功大學中文系主編　18開精裝　特價1000元(2004)

⑧遨遊在中古文化的場域——六朝唐宋學術研討會論文集　臺灣大學中文系、成功大學中文系「六朝唐宋學術研討會」編輯小組　18開精裝　特價800元(2004)

⑨2004臺灣書法論集　張炳煌・崔成宗合編　18開精裝　特價800元(2005)

⑩2004年文字學學術研討會論文集　王建生・朱歧祥合編

18開平裝　特價800元(2005)

⑪傳播與交融——第二屆中國小說戲曲國際學術研討會論文集　徐志平主編　18開精裝　特價1000元(2006)

⑫當代的民間文化觀照　周益忠・吳明德執行　16開精裝　特價800元(2007)

⑬典範與創意學術研討會論文集　張高評主編　18開精裝　特價1000元(2007)

二、中國哲學・思想

①論語今注　潘重規著　25開平裝　特價360元(2000)

②老子校正　陳錫勇著　25開平裝　特價300元(1999)

③郭店楚簡老子論證　陳錫勇著　25開平裝　特價380元(2005)

④郭象玄學　莊耀郎著　25開平裝　特價350元(1998)

⑤清代義理學新貌　張麗珠著　25開平裝　特價360元(1999)

⑥清代新義理學——傳統與現代的交會　張麗珠著　25開平裝　特價300元(2003)

⑦清代的義理學轉型　張麗珠著　25開平裝　特價400元(2006)

⑧清初理學思想研究　楊菁著　25開平裝　特價500元；25開漆布精裝　特價700元(2008)

⑨聖賢典型的儒道義蘊試詮　吳冠宏著　25開平裝　特價300元(2000)

⑩魏晉玄義與聲論新探　吳冠宏著　25開平裝　特價450元(2006)

⑪道家思想的哲學詮釋　陳德和著　25開平裝　特價380元(2005)

⑫中國哲學史　王邦雄・岑溢成・楊祖漢・高柏園合著　18開平裝　上下各特價300元(2005)

⑬中國哲學史三十講　張麗珠著　18開精裝　特價500元(2007)

⑭淮南鴻烈論文集　于大成著　25開精裝二大冊　特價1800元(2005)

⑮朱熹與四書章句集注　陳逢源著　25開平裝　特價600元(2006)

三、美學

①六朝情境美學　鄭毓瑜著　25開平裝　特價200元(1997)

②文學與圖像的文化美學——想像共同體的樂園論述　鄭文惠著　25開平裝　特價450元(2007)

四、經學

①周易陰陽八卦說解　徐志銳著　25開平裝　特價160元(1994)

②周易大傳新注　徐志銳著　25開平裝二冊　特價400元(1995)

③周易新譯　徐志銳著　25開平裝　特價250元(1996)

④詩本義析論　車行健著　25開平裝　特價350元(2002)

⑤儀禮飲食禮器研究　姬秀珠著　18開精裝　特價800元(2005)

⑥陳振孫之經學及其《直齋書錄解題》經錄考證　何廣棪著　25開精裝　特價1200元(1997)

⑦昭代經師手簡箋釋——清儒致高郵二王論學書　賴貴三編著　25開平裝　特價500元(1999)

⑧焦循手批十三經註疏研究　賴貴三著　25開平裝二冊　特價1000元(2000)

⑨臺灣易學史　賴貴三主編　18開精裝　特價800元(2005)

⑩易傳與儒道關係論衡　顏國明著　25開平裝　特價800元(2006)

⑪清代漢學與左傳學——從「古義」到「新疏」的脈絡　張素卿著　25開平裝　特價600元(2007)

五、中國歷史

①秦漢史　韓復智・葉達雄・邵台新・陳文豪編著　18開精裝　特價450元(2007)

②魏晉南北朝史　鄭欽仁・吳慧蓮・呂春盛・張繼昊編著　18開精裝　特價450元(2007)

③隋唐五代史　高明士・邱添生・何永成・甘懷真編著　18開精裝　特價400元(2006)
④國史論衡(一)　鄺士元著　25開精裝　特價400元(1992)
⑤國史論衡(二)　鄺士元著　25開精裝　特價400元(1992)
⑥中國經世史稿　鄺士元著　25開精裝　特價400元(1992)
⑦中國學術思想史　鄺士元著　25開精裝　特價400元(1992)
⑧中國上古史綱　張蔭麟著　25開平裝　特價170元(1982)
⑨中國歷史研究法（正補編及新史學合刊）　梁啓超著　25開平裝　特價180元(1984)
⑩中國史學名著評介　倉修良主編　25開精裝三冊　特價1200元(1994)
⑪明清史講義　孟森（心史）著　25開精裝　特價500元(1982)
⑫清代政事軍功評述　唐昌晉著　25開精裝三冊　特價1500元(1996)
⑬中國近三百年學術史（附：清代學術概論）　梁啓超著　25開精裝　特價400元(1995)
⑭史記選注　韓兆琦選注　25開精裝一大冊　特價500元(1994)
⑮司馬遷之人格與風格　李長之著　25開平裝　特價200元(1999)
⑯秦始皇評傳　張文立著　25開精裝　特價600元　平裝特價450元(2000)

六、文學概論・文學史

①文學概論　朱國能著　25開平裝　特價300元(2003)
②嘉義地區古典文學發展史　江寶釵著　18開平裝　特價300元(1998)

七、文學評論

①楚辭文心論——諷諫抒情與神話儀式　魯瑞菁著　25開平

裝　特價550元(2002)

②香草美人文學傳統　吳旻旻著　25開平裝　特價450元(2006)

③世說新語的語言與敘事　梅家玲著　25開平裝　特價400元(2004)

④文心雕龍注釋（附：今譯）　周振甫著　25開精裝　特價500元(1984)

⑤沈迷與超越──六朝文學之感官辯證　陳昌明著　25開平裝　特價400元(2005)

⑥韓柳古文新論　王基倫著　25開平裝　特價200元(1996)

⑦唐宋古文論集　王基倫著　25開平裝　特價300元(2001)

⑧女性・帝王・神仙──先秦兩漢辭賦及其文化身影　許東海著　25開平裝　特價350元(2003)

⑨歷史・空間・身分──洛陽伽藍記的文化論述　王美秀著　25開平裝　特價450元(2007)

⑩流變中的書寫──祁彪佳與寓山園林論述　曹淑娟著　25開平裝　特價600元(2006)

⑪寓莊於諧：明清笑話型寓言論詮　林淑貞著　25開平裝　特價450元(2006)

⑫溪聲便是廣長舌　王保珍著　25開平裝　特價300元(2003)

八、文學別集・選集

①楚辭註繹　吳福助著　25開精裝　上下各特價400元(2007)

②陶淵明集校箋（增訂本）　龔斌校箋　25開軟皮精裝　特價450元；25開漆布精裝　特價600元(2007)

③謝靈運集校注　顧紹柏校注　25開精裝　特價400元(2004)

④中國文學名篇選讀　林宗毅・李栩鈺選注　18開平裝　特價350元(2002)

九、詩詞

①人間詞話新注　王國維著　滕咸惠校注　25開平裝　特價150元(1987)

②歷代詞選注（附「實用詞譜」、「簡明詞韻」）　閔宗述・劉紀華・耿湘沅選注　18開精裝　特價450元(1993)

③蘇辛詞選注　劉紀華・高美華選注　18開精裝　特價450元(2005)

④會通與適變——東坡以詩爲詞論題新詮　劉少雄著　25開平裝　特價400元(2006)

⑤讀寫之間——學詞講義　劉少雄著　25開平裝　特價380元(2006)

⑥唐宋名家詞選（增訂本）　龍沐勛編選・卓清芬注說　18開軟皮精裝　特價600元；18開漆布精裝　特價800元(2007)

⑦唐宋詞格律　龍沐勛著　25開平裝　特價200元(1995)

⑧倚聲學（詞學十講）　龍沐勛著　25開平裝　特價180元(1996)

⑨袖珍詞學　張麗珠著　25開平裝　特價380元(2001)

⑩袖珍詞選　張麗珠選注　18開平裝　特價350元(2003)

⑪海綃翁夢窗詞說詮評　陳文華著　25開平裝　特價250元(1996)

⑫唐宋詩舉要　高步瀛選注　18開精裝　特價450元(2004)

⑬歷代詩選注　鄭文惠・歐麗娟・陳文華・吳彩娥選注　18開精裝一大冊　特價600元(1998)

⑭袖珍詩選　吳彩娥選注　18開平裝　特價380元(2004)

⑮唐詩選注　歐麗娟選注　25開精裝　特價500元(1995)

⑯杜詩意象論　歐麗娟著　25開平裝　特價200元(1997)

⑰唐詩的樂園意識　歐麗娟著　25開平裝　特價400元(2000)

⑱唐詩論文集及其他　方瑜著　25開精裝　特價400元(2005)

⑲杜甫與唐宋詩學——杜甫誕生一千二百九十年國際學術研

討會論文集　陳文華主編　18開精裝　特價800元(2003)
⑳杜甫自秦入蜀詩歌析評　黃奕珍著　25開平裝　360元(2005)
㉑賈島詩集校注　李建崑校注　25開精裝　特價600元(2002)
㉒唐詩學探索　蔡瑜著　25開平裝　特價250元(1998)
㉓說詩晬語論歷代詩　朱自力著　25開平裝　特價200元(1994)
㉔田園詩派宗師——陶淵明探新　陳怡良著　25開平裝　特價500元(2006)
㉕南朝邊塞詩新論　王文進著　25開平裝　特價280元(2000)
㉖回車：中古詩人的生命印記　廖美玉著　25開平裝　特價500元(2007)
㉗蒹葭樓詩論　陳慶煌著　25開平裝　特價230元(2001)
㉘夢機六十以後詩　張夢機著　25開平裝　特價300元(2004)
㉙王東燁槐庭詩草　鄭定國編注　25開平裝　特價350元(2004)
㉚日治時期雲林縣的古典詩家　鄭定國主編　25開平裝　特價400元(2005)
㉛湖海樓詞研究　蘇淑芬著　25開平裝　特價450元(2005)
㉜李商隱詩箋釋方法論——中國古典詮釋學例說　顏崑陽著　25開平裝　特價380元(2005)
㉝李商隱詩選註　黃盛雄編著　18開平裝　特價380元(2006)
㉞表意・示意・釋義——中國寓言詩析論　林淑貞著　25開平裝　特價450元(2007)
㉟絕唱——漢代歌詩人類學　高莉芬著　25開平裝　特價450元(2008)

十、戲曲

①西廂記　王實甫著　王季思校注　25開平裝　特價200元(1995)
②牡丹亭　湯顯祖著　徐朔方等校注　25開平裝　特價220元(1995)

③《牡丹亭》錄影帶　張繼青主演　VHS二捲一套　特價600元(1997)
④長生殿　洪昇著　徐朔方校注　25開平裝　特價200元(1996)
⑤桃花扇　孔尚任著　王季思等校注　25開平裝　特價200元(1996)
⑥琵琶記　高明著　錢南揚校注　25開平裝　特價200元(1998)
⑦關漢卿戲曲集　吳國欽校注　25開平裝二冊　特價500元(1998)
⑧王國維戲曲論文集（宋元戲曲考及其他）　25開平裝　特價300元(1993)
⑨戲文概論　錢南揚著　25開平裝　特價300元(2000)
⑩歷代曲選注　朱自力・呂凱・李崇遠選注　18開精裝　特價400元(1994)
⑪袖珍曲選　沈惠如選注　18開平裝　特價350元(2004)
⑫傳統戲曲的現代表現　王安祈著　25開平裝　特價300元(1996)
⑬京劇發展V.S.流派藝術　林幸慧著　25開平裝　特價400元(2004)
⑭戲曲批評概念史考論　李惠綿著　25開平裝　特價500元(2002)
⑮清代戲曲研究五題　陳芳著　25開平裝　特價360元(2002)
⑯清人戲曲序跋研究　羅麗容著　25開平裝　特價450元(2002)
⑰曲學概要　羅麗容著　18開平裝　特價400元(2003)
⑱中國神廟劇場史　羅麗容著　18開平裝　特價500元(2006)
⑲規律與變異：明清戲曲學辨疑　林鶴宜著　25開平裝　特價360元(2003)
⑳西廂記的戲曲藝術——以全劇考證及藝事成就爲主　陳慶煌著　25開平裝　特價400元(2003)
㉑元雜劇的聲情與劇情　許子漢著　25開平裝　特價250元(2003)
㉒崑曲中州韻教材（附DVD）　石海青編著　16開精裝　特

價880元(2007)

㉓臺灣歌仔戲史論與演出評述　蔡欣欣著　25開精裝　特價600元(2005)

十一、俗文學・神話

①民俗文化與民間文學　陳益源著　25開平裝　特價200元(1997)

②台灣民間文學採錄　陳益源著　25開平裝　特價300元(1999)

③俗文學稀見文獻校考　陳益源著　25開平裝　特價450元(2005)

④蔡廷蘭及其海南雜著　陳益源著　25開平裝　特價450元(2006)

⑤周成過台灣的傳述　王釗芬著　25開平裝　特價450元(2007)

⑥澎湖民間故事研究　姜佩君著　25開平裝　特價550元；25開漆布精裝　特價800元(2007)

⑦敘事性口傳文學的表述　巴蘇亞・博伊哲努（浦忠成）著　25開平裝　特價300元(2000)

⑧中國民間文學　鹿憶鹿著　25開平裝　特價350元(1999)

⑨洪水神話——以中國南方民族與台灣原住民爲中心　鹿憶鹿著　25開平裝　特價400元(2002)

⑩中國神話傳說　袁珂著　25開平裝三冊　特價500元(1987)

⑪山海經校注　袁珂校注　25開精裝　特價450元(1982)

⑫中國古代神話選注　徐志平編著　18開平裝　特價380元(2006)

⑬蓬萊神話——神山、海洋與洲島的神聖敘事　高莉芬著　25開平裝　特價450元(2008)

⑭民間文學與民間文化采風　鍾宗憲著　25開平裝　特價400元(2006)

十二、古典小說

①革新版彩畫本紅樓夢校注　馮其庸等注　汪惕齋畫　25開精裝三冊　特價1000元(1984)

②彩畫本水滸全傳校注　李泉・張永鑫校注　戴敦邦等插圖　25開精裝三大冊　特價1200元(1994)

③三國演義校注　吳小林校注　附地圖　25開精裝二大冊　特價700元(1994)

④西遊記校注　徐少知校　朱彤・周中明注　25開精裝三冊　特價800元(1996)

⑤〔夢梅館校本〕金瓶梅詞話　梅節校注　25開精裝三冊　特價1000元(2007)

⑥魯迅小說史論文集（中國小說史略及其他）　25開平裝特價250元(1992)

⑦古典短篇小說之韻文　許麗芳著　25開平裝　特價300元(2001)

⑧世說新語的語言與敘事　梅家玲著　25開平裝　特價400元(2004)

⑨紅樓夢的語言藝術　周中明著　25開平裝　特價300元(1997)

⑩紅樓夢人物研究　郭玉雯著　25開平裝　特價380元(1998)

⑪紅樓夢學——從脂硯齋到張愛玲　郭玉雯著　25開平裝　特價400元(2004)

⑫詩論紅樓夢　歐麗娟著　25開平裝　特價400元(2001)

⑬紅樓夢人物立體論　歐麗娟著　25開平裝　特價450元(2006)

⑭金瓶梅與紅樓夢　王乃驥著　25開平裝　特價260元(2001)

⑮紅樓夢指迷　王關仕著　25開平裝　特價400元(2003)

⑯紅樓搖夢　周慶華著　25開平裝　特價450元(2007)

⑰六朝小說本事考索　謝明勳著　25開平裝　特價300元(2003)

⑱身體・性別・階級——六朝志怪的常異論述與小說美學

劉苑如撰　特價220元(2002)（經售）

⑲金瓶梅藝術論　周中明著　25開平裝　特價300元(2001)

⑳飲食情色金瓶梅　胡衍南著　25開平裝　特價400元(2004)

㉑金瓶梅餘穗　魏子雲著　25開平裝　特價450元(2007)

㉒三國演義的美學世界　廖瓊媛著　25開平裝　特價300元(2000)

㉓古典小說中的類型人物　林保淳著　25開平裝　特價350元(2003)

㉔古典小說的人物形象　張火慶著　25開平裝　特價600元(2006)

㉕古典小說與情色文學　陳益源著　25開平裝　特價380元(2001)

㉖王翠翹故事研究　陳益源著　25開平裝　特價350元(2001)

㉗唐人小說選注　蔡守湘選注　25開平裝三冊　特價600元(2002)

㉘唐代小說承衍的敘事研究　康韻梅著　25開平裝　特價450元(2005)

㉙唐傳奇名篇析評　楊昌年著　25開平裝　特價300元(2003)

㉚西遊記探源　鄭明娳著　25開平裝　特價400元(2003)

㉛聊齋誌異癡狂士人類型析論　陳葆文著　25開平裝　特價400元(2005)

㉜歷代短篇小說選注　劉苑如・高桂惠・康韻梅・賴芳伶選注　18開精裝　特價600元(2003)

十三、近現代文學

①魯迅小說合集（吶喊・彷徨・故事新編）　25開平裝　特價250元(1997)

②魯迅散文選集——《野草》《朝花夕拾》及其他　徐少知編　25開平裝　特價350元(2002)

③呼蘭河傳　蕭紅著　25開平裝　特價135元(1998)

④生死場　蕭紅著　25開平裝　特價135元(1999)

⑤人間花草太匆匆——卅年代女作家美麗的愛情故事

蔡登山著　25開平裝　特價200元(2000)

⑥人間四月天——民初文人的愛情故事　蔡登山著　25開平裝　特價200元(2001)

⑦水晶簾外玲瓏月——近代文學名家作品析評　楊昌年著　25開平裝　特價300元(1999)

⑧兩岸小說中的少年家變　石曉楓著　25開平裝　特價400元(2006)

十四、近現代學人文集

①聞一多全集(一)　神話與詩　25開精裝　特價450元(1993)

②聞一多全集(二)　古典新義　25開精裝　特價400元(1996)

③聞一多全集(三)　唐詩雜論　25開精裝　特價450元(2000)

④聞一多全集(四)　詩選與校箋　25開精裝　特價450元(2000)

⑤廖蔚卿先生文集①　中古詩人研究　25開精裝　特價400元(2005)

⑥廖蔚卿先生文集②　中古樂舞研究　25開精裝　特價450元(2006)

十五、教學與寫作

①創意與非創意表達　淡江大學語文表達研究室編　25開平裝　特價250元(1997)

②文學論文寫作講義　羅敬之著　25開平裝　特價250元(2001)

③論亞里斯多德《創作學》　王士儀著　25開平裝　特價360元(2000)

④實用中文寫作學　張高評主編　25開平裝　特價400元(2004)

⑤實用中文寫作學（續編）　張高評主編　25開平裝　特價400元(2006)

⑥傾聽語文——大學國文新教室　謝大寧主編　18開平裝　特價400元(2005)

⑦語文教學方法　周慶華著　25開平裝　特價400元(2007)

十六、語言文字・文法

①甲骨文研究（中國古文字與文化論稿）　朱歧祥著　18開平裝　特價500元(1998)

②甲骨文讀本　朱歧祥著　18開平裝　特價450元(1999)

③甲骨文字學　朱歧祥著　18開平裝　特價500元(2002)

④圖形與文字——殷金文研究　朱歧祥著　18開平裝　特價600元(2004)

⑤「往」「來」「去」歷時演變綜論　王錦慧著　25開平裝　特價350元(2004)

⑥桂馥的六書學　沈寶春著　18開平裝　特價450元(2004)

⑦辭章學十論　陳滿銘著　25開平裝　特價500元(2006)

十七、圖書文獻

①圖書文獻學考論　趙飛鵬著　25開平裝　特價400元(2005)

十八、藝術

①八大山人之謎　魏子雲著　25開平裝　特價250元(1998)

②八大山人是誰　魏子雲著　25開平裝　特價160元(1999)

③詩歌與音樂論稿　李時銘著　25開平裝　特價350元(2004)

十九、宗教

①中國佛寺詩聯叢話　董維惠編著　25開精裝三大冊　特價2000元(1994)

②佛教與文學的系譜　周慶華著　25開平裝　特價240元(1999)

③後佛學　周慶華著　25開平裝　特價280元(2004)

④禪學與中國佛學　高柏園著　25開平裝　特價280元(2001)

⑤天台智顗的詮釋理論　郭朝順著　25開平裝　特價300元(2004)

⑥金剛般若波羅蜜經　沈祖湜手書　菊8開平裝　特價250元(2001)

⑦鳩摩羅什般若思想在中國　涂艷秋著　25開平裝　特價400元(2006)

二十、兩性研究

①女性主義與中國文學　鍾慧玲主編　25開平裝　特價300元(1997)

②《午夢堂集》女性作品研究　李栩鈺著　25開平裝　特價250元(1997)

③不離不棄鴛鴦夢——文學女性與女性文學　李栩鈺著　25開平裝　特價450元(2007)

④清代女詩人研究　鍾慧玲著　25開平裝　特價500元(2000)

⑤性別與家國—漢晉辭賦的楚騷論述　鄭毓瑜著　25開平裝特價280元(2000)

⑥婦女與宗教：跨領域的視野　李玉珍、林美玫合編　18開平裝　特價400元(2003)

⑦婦女與差傳：十九世紀美國聖公會女傳教士在華差傳研究　林美玫著　25開平裝　特價500元(2005)

⑧民間文學的女性研究　洪淑苓著　25開平裝　特價350元(2004)

⑨現代文學的女性身影　林秀玲著　25開平裝　特價300元(2004)

⑩結構與符號之間：台灣現代女性詩作之意象研究　李癸雲著　25開平裝　特價400元(2008)

二十一、人生管理系列

①吳娟瑜的情緒管理學　吳娟瑜著　25開平裝　特價250元(1997)

②吳娟瑜的婚姻管理學　吳娟瑜著　25開平裝　特價250元(1998)

③吳娟瑜的溝通管理學　吳娟瑜著　25開平裝　特價230元(1999)

④吳娟瑜的親子成長學　吳娟瑜著　25開平裝　特價250元(1999)

⑤吳娟瑜的男性知見學　吳娟瑜著　25開平裝　特價240元(2000)
⑦大兵EQ　吳娟瑜著　25開平裝　特價200元(1999)
⑧吳娟瑜的女性成長學　吳娟瑜著　25開平裝　特價250元(2001)
⑨吳娟瑜的快樂哲學　吳娟瑜著　25開平裝　特價250元(2001)
⑩吳娟瑜的身心安頓學　吳娟瑜著　25開平裝　特價230元(2002)
⑪吳娟瑜的性愛白皮書　吳娟瑜著　25開平裝　特價250元(2003)
⑫親子溝通的藝術（CD有聲書）　吳娟瑜主講　盒裝三片　特價350元(1997)

本書局全省經銷處

（有☆符號者，書較齊整；有☆☆者書最齊整）

台北市：

①重慶南路——☆☆三民書局、☆書鄉林、☆建宏書局、☆建弘書局、阿維的書店。

②台大附近——☆聯經出版公司、☆☆唐山出版社、☆政大書城台大店、台大出版中心（台灣大學內）、秋水堂、女書店、台灣个店、南天書局。

③師大附近——☆☆學生書局、☆☆政大書城師大店、☆☆樂學書局（金山南路）。

④復興北路（民權東路口，捷運中山國中站）——☆☆三民書局。

⑤忠孝東路四段（捷運市政府站）——聯經出版公司。

⑥木柵——☆☆巨流政大書城（政治大學內）。

⑦中正紀念堂——中國音樂書房。

⑧陽明山——瑞民書局（文化大學外）。

⑨外雙溪——學連圖書有限公司（東吳大學內）。

⑩北投——藝大書店（國立台北藝術大學內）。

淡水：淡大書城（淡江大學內）。

新莊：敦煌書局（輔仁大學內）。

中壢：敦煌書局（中央大學內、元智大學內、中原大學內）。

新竹：☆☆水木書苑（清華大學內）、☆全民書局（新竹教育大學內外、交通大學內）、☆玄奘大學圖書文具部（香山玄奘大學內）。

台中：☆五楠圖書公司、☆秋水堂（東海別墅）、敦煌書局（逢甲大學內、東海大學內、靜宜大學內、中興大學內）、興

大書齋、☆闊葉林書店（中興大學附近）、上下游文化公司（中港路二段）。

南投：☆暨南大學圖書文具部。

彰化：☆復文書局（彰師大外）。

嘉義：☆復文書局（中正大學內）、滴水書坊（南華大學內）、紅豆書局。

台南：☆成大書城（長榮店）、☆復文書局（台南大學圖書文具部）、敦煌書局、超越書局、金典書局。

高雄：☆政大書城光華店（光華一路）、☆政大書城河堤店（明仁路）、☆復文書局（高雄師大內、中山大學內）、☆五楠圖書公司（中山一路）。

花蓮：瓊林圖書事業有限公司、復文書局（花蓮教育大學內）、☆東華大學東華書坊。

台東：☆銓民書局台東店（新生路）。

連鎖店：全省誠品書店、金石文化廣場、建宏書局。

網路書店：☆☆里仁書局（網址：http://lernbook.webdiy.com.tw）
☆☆博客來網路書店（網址：http://www.books.com.tw）
華文網股份有限公司（網址：http://www.book4u.com.tw）

吳娟瑜老師的書全省各大書店有售

國家圖書館出版品預行編目資料

司馬遷之人格與風格／李長之著. ——初版.
——臺北市：里仁, 民 86
面：　　公分
ISBN 957-8352-04-2（平裝）
1.（漢）司馬遷—傳記　2.（漢）司馬遷—學術思想

782.821　　86012407

李長之著

司馬遷之人格與風格

校　對：何青芬·陳志源·黃心穎
發行人：徐　秀　榮
發行所：里仁書局（請准註冊之商標）
局版台業字第二〇九六號
台北市仁愛路二段98號五樓之2
電話：2391－3325、2351－7610、2321－8231
FAX：3393－7766
印刷所：傳興印刷有限公司
郵政劃撥：01572938「里仁書局」帳戶
中華民國八十六年十月十五日初版
中華民國八十八年四月十日增訂

參考售價：平裝200元

ISBN 957－8352－04－2（平裝）